群众主体

乡镇党委书记的基层治理笔记

贺伟 著

人民东方出版传媒
People's Oriental Publishing & Media

东方出版社
The Oriental Press

图书在版编目（CIP）数据

群众主体：乡镇党委书记的基层治理笔记 / 贺伟著 .

北京：东方出版社，2025. 3. --ISBN 978-7-5207
-4419-5

　I. D676.45

中国国家版本馆 CIP 数据核字第 2025B2Q251 号

群众主体：乡镇党委书记的基层治理笔记

QUNZHONG ZHUTI：XIANGZHEN DANGWEI SHUJI DE JICENG ZHILI BIJI

作　　者：贺　伟

策划编辑：姚　恋

责任编辑：邓　翙

出　　版：东方出版社

发　　行：人民东方出版传媒有限公司

地　　址：北京市东城区朝阳门内大街 166 号

邮　　编：100010

印　　刷：北京启航东方印刷有限公司

版　　次：2025 年 3 月第 1 版

印　　次：2025 年 4 月第 2 次印刷

开　　本：880 毫米 ×1230 毫米　1/32

印　　张：11.125

字　　数：230 千字

书　　号：ISBN 978-7-5207-4419-5

定　　价：52.80 元

发行电话：（010）85924663　85924644　85924641

贺伟带领团队，将一个原本民风彪悍的地方治理成全国首批乡村治理示范乡镇。他的工作方式方法既富有创意又极具针对性，为乡村治理和乡村振兴提供了许多宝贵经验。令我意想不到的是，贺伟在繁忙的工作之余，能够撰写这本记录他在大成桥镇工作历程的图书。这本书为我们观察和了解新时代的乡村现状打开了一个窗口，具有很高的阅读和思考价值。

——湖南大学党委原书记、湖南省教育厅原厅长 蒋昌忠

本书文风直率、情感真挚，阅读时让人如临现场，足见作者对乡村工作的用心、用情。书中披露的诸多实践案例和探索的工作机制，为新时代乡村建设、社会治理和社会工作提供了重要的经验、方法和立场，值得理论界和实务界的朋友品鉴，值得全国乡镇基层领导干部参阅借鉴，更可成为新进公务员和选调生了解基层实情、驾驭基层工作的敲门砖。

——武汉大学社会学院教授、博士生导师 贺雪峰

贺伟以自己为方法，为新时代的基层治理提供了一个样本。今日，乡村社会已经高度分层和分化，群众成为一个高度复杂的行动者集合，基层工作不仅需要有正确的群众观点，还需要有科学的工作方法。这本书的启示意义在于，群众路线永不过时，它是乡村治理现代化的制度基因。

——武汉大学社会学院教授、博士生导师 吕德文

贺伟在大成桥镇担任党委书记期间搞了不少基层工作探索。在开展村庄建设中，采用了"干部参加劳动、群众参与管理"的工作方法，学习和应用了"鞍钢宪法"，是党领导下的一线工作的民主管理形式，是破除技术专断、部门利益壁垒和干部官僚作风的法宝。

——武汉大学社会学院教授、博士生导师 桂华

本书借助笔记自述的形式，高度浓缩了一位善于思考、敢于实践的乡镇主政官员对基层治理问题的深刻洞察，不仅是基层一线深耕者的宝贵"指南"，更是基层治理研究者用以理解中国基层社会变迁与治理逻辑转换的生动"窗口"，值得每一位关心乡村发展、关注基层治理的人士细细品读。

——中南大学公共管理学院院长，教授、博士生导师 许源源

本书是以大成桥镇为典型的宁乡市基层治理由乱到治、由治及兴的缩影，全面而细致地描述了基层干部在治理过程中的艰辛与付出，以及基层治理的成效与挑战，既有生动鲜活的实际案例，又有深刻隽永的反思与总结，具有很强的可读性和推广价值，对于国家构建基层治理体系、实现治理能力现代化有重要的借鉴意义。

——湘潭大学哲学与历史文化学院暨碧泉书院院长，
教授、博士生导师 张今杰

在经济下行背景下，中央和地方政府财政逐渐吃紧，降本增能成为乡村公共服务和社会治理的重要议题，也在一定程度上成为困扰各级基层政府和地方主官的难题。本书正是基于怎样发挥群众主体作用，优化基层治理和推动乡村建设的生动实践。

——同济大学政治与国际关系学院副教授、博士生导师 魏程琳

贺伟在基层治理笔记中通过详细的案例，介绍了如何在基层工作中调动群众积极性、化解基层矛盾、促进政策落地、助推乡村发展等实际问题，为同行提供了宝贵的经验和启示，具有很强的操作性和指导性。

——湖南省岳阳县柏祥镇党委书记 黄静

这是一本内容翔实的基层实录、干群情深的沟通宝典、丰富经验的工作指南、质朴有力的文学作品，让我在选调路上恰遇基层指南。

——2020届湖南省委选调生 卜赫

目录
CONTENTS

基层如何治理有效（序Ⅰ）

————

贺伟与大成桥镇工作经验

在新著《群众主体——乡镇党委书记的基层治理笔记》（以下简称《群众主体》）即将面世之际，长沙市宁乡市委社会工作部部长贺伟嘱托我作序。贺伟是我的家门，我们相识多年。他在大成桥镇担任党委书记的第三个年头，我曾前往大成桥镇调研。在那里，我不仅深受震动，更被深深感动。2024年5月，贺伟被组织安排到新成立的社会工作部担任部长，离开了他工作了五年的大成桥镇。在告别大成桥镇赴任宁乡市委社会工作部前，贺伟发表了题为"倾情五年、感恩离别"的感言。看到贺伟的感言后，我深受感动，便将这份感言发布在"新乡土"微信公众号上。感言一经发布，迅速获得了超过10万的阅读量，并被数十家微信公众号转载，引起了广泛的社会反响。在繁忙的新工作岗位上，贺伟将自己在大成桥镇工作经验进行深刻总结和理论思考，写出《群众主体》一书。2024年11月，我再次前往宁乡市调研，并与贺伟进行多次深入交流。通过交流，我不仅加深了对贺伟个人以及他在大成桥镇所取得的工作成就的理解，也极大地深化了我对基层治理的认识。

我是一口气读完《群众主体》的。这本书不仅在基层治理方面有着深刻的思考，而且文笔流畅，故事性强，读来引人入胜。贺伟记录了大成桥镇的工作实践，总结了自己 20 年的基层工作经验，不仅为全国农村基层治理提供了启示，也为学术研究提供了极好素材和理论依据。

宁乡市大成桥镇曾经是以煤炭开采为主要经济支柱的传统资源型乡镇，乡村小煤窑众多，2014 年全面关停小煤窑后，干群关系紧张，社会矛盾激增，上访事件频发，日常工作难以推进，基层治理陷入转型困境。贺伟就是在这样的情况下担任大成桥镇党委书记的。在他的带领下，在短短五年的时间里，大成桥镇实现由乱到治的转变，各项工作在全市二十多个乡镇中的排名从几乎垫底跃升至前列。这一转变的关键不仅在于群众的满意度提升、干部安心工作，更在于大成桥镇呈现出政通人和、安居乐业的和谐景象。在一定意义上，贺伟带领大成桥镇干部群众用五年时间创造了大成桥镇奇迹。

大成桥镇经验：中国农村基层治理的一般性经验

大成桥镇奇迹的创造，得益于上级的正确领导，源自大成桥镇干部对农民群众的深厚感情以及大成桥镇农民群众本身的纯朴善良。在我看来，尤其值得强调的是，以贺伟为代表的大成桥镇干部在基层治理方面所做的极其重要甚至堪称伟大的探索。这些探索为中国农村基层治理提供了可供学习借鉴的一般性的经验。《群众主体》一书正是对大成桥镇经验进行了相当深刻的总结。

在第一部分"破局突围"第一记"从破解信访困局入手"中，贺伟详细讲述了他刚到大成桥镇工作时破解信访困局的三个典型案例。他认为，解决信访问题要用心、用情、用力，在信访问题上，将心比心、以心换心是基本情感，源头治理、前端化解是基本方法，不回避、不姑息、不迁就是基本底线。他强调，干部要俯下身子倾听群众要求，疏导群众情绪；要常态化走访联系群众，跟群众提前交朋友，如果群众出现思想问题，由能够与之坦诚对得上话的干部，可以讲一些直话重话，亮明态度，不容易引起群众的反感和对抗；党委政府加大对干部能力的培养提升，让善于做群众思想工作的干部走在群众工作一线，提前化解苗头性问题，减少酿成信访事件的成因基础。

自 2019 年 4 月起，大成桥镇出台干部常态化联系走访群众工作制度，将全镇八个村划分为 154 个网格，每名干部联系一个网格，每名网格干部每月至少走访 10 户群众，每月组织网格内群众开展一次义务大扫除，每月在群众家里吃一顿饭，每半年召开一次屋场夜话会，每月至少为有需要的群众提供一次贴心服务。

关键是，大成桥镇出台的干部常态化联系走访群众工作制度并未停留在纸面上，而是在过去五年间得到了坚定不移的执行。通过五年持续不断地走访，大成桥镇每名干部至少走访了 500 户次以上的群众，平均每户群众家庭上门走访 5—10 次，每名干部对网格内群众情况了如指掌，他们也成为好朋友。作为镇党委书记，贺伟五年间走遍了154个村民小组，走访了上千户群众，召开了几十场屋场夜话会，认识了所有村民小组长和大部分邻长，对自己联系网格农户情况更是了如指掌。

走访群众，了解群众，关心群众，群众不仅会理解干部，而且会成为基层治理中最为积极、最为主动、最为活跃的建设力量。干部好不好，群众心里都有杆秤。有了群众的理解和支持，为群众服务办事的基层治理，以提高群众满意度、幸福感和安全感为目标的基层工作，就没有理由做不好。有了群众的理解和支持，信访工作就可以做得好。

在第二部分"强基赋能"第五记"组织起来就不怕任何困难"中，贺伟列举了群众从"等靠要"到主动建设自己美好幸福生活的例子，这些例子不仅生动感人，而且具有启示性。

大成桥镇从三个方面切入将农民群众组织动员起来：一是推动移风易俗，二是推动乡村建设，三是推动产业发展。将农民群众组织动员起来，核心是解决思想意识层面的认识问题。贺伟认为，只要统一了大多数人的思维、观点和价值观，一切工作都会变得简单而有动力。经过深入发动群众，大成桥镇实现了私事自己干，大事村镇管，全镇上下十分注重村上的事由群众当主角，共商共建，让村事变家事。从2020年开始，大成桥镇有80%以上的村民小组连续四年实现群众零信访、村民零违法、村庄零乱象，村民的幸福感、获得感、参与感、满意度不断提升，实现了乡村善治的目标。镇域范围无经营性麻将馆、婚丧嫁娶以外无酒席、邻里之间无礼金往来、"功德银行"积分无空白的"四无"乡村文明新风。在村庄公益事业建设方面，大成桥镇出台了《基础设施建设以奖代投"三个三分之一"模式》指导性文件，其中提出基础设施建设坚持村事村办、组事组办的基本原则，在实践探索中，所有公益基础设施建设基本按照群众筹资三分之一、乡友支持三分之一、镇村以奖代投三分之一的"三个三分之一"投入模式推动实施。大成桥镇基层治理变代民做主为民事民定，实现了从干部"一头热"到干部群众"两头热"的转变，让村民从旁观者变为村务管理决策的真正参与者；乡风文明由群众自我教化，变陋习受害者为新风引领者；农村环境由群众自觉守护，变一家之事为众人之责，真正实现了从人心的"大同"，到建设和美乡村的"大成"。

在第三部分"谋事成业"中，贺伟重点讲述了大成桥镇在人居环境建设、乡村产业发展和移风易俗诸方面的实践和取得的成效，其中推行"两参一改五结合"大成公约，特别值得重视。大成公约是大成桥镇在建设美丽屋场过程中形成的一个共识，即干部参加劳动，群众参与管理，改革乡村建设单一投入机制，以美丽屋场建设持续推动志愿服务、乡风文明、返乡创业、耕地保护、产业发展相结合。

贺伟强调，大成桥镇将网格化走访和屋场夜话作为干群信任破冰工具，利用村级干道修复、美丽屋场建设、人居环境整治等载体平台，通过乡村建设投入机制创新，实行财政支持指标竞争性申报，不搞平均分配，谁先动工完善基础，镇村优先倾斜指标，充分激发村民的参与激情。每一个环节，镇、村、群众缺一不可。群众马上行动，镇村就给予指导与支持；群众一动不动，镇村不会主动。当群众看到周边风风火火搞建设，而自家附近依然破旧不堪时，思想和行动在潜移默化中被带动起来。结果就是，以少量财政资金撬动社会资本，以利益共有激发群众力量，以情感相通发挥奉献精神，在坚持节约和高效的原则上，在政府、村级、群众间找到合适的平衡关系，从而促进实现有为而治，各美其美、美人之美、美美与共。

大成桥镇最成功的实践：将农民群众组织起来

传统时期，国家常常需要从农村汲取资源，包括基础设施和公益事业在内的几乎所有公共事业都需要向村民筹资筹劳进行建设。村庄公共事业因此具有两个特征：一是所建设公共事业一定是村庄需求最迫切、资源最稀缺的，确保了公共事业建设与村庄实际需求的紧密对接，避免了资源的浪费和需求的偏离。二是公共事业的建设必然采用最符合当地实际情况的方法，以最高效、最低成本、最高质量的方式进行。

取消农业税以来，尤其是自中共十八大以来，越来越多的农村公共事业由国家下乡资源进行建设。由于资源是国家提供的，村民往往不会对建设的公共事业是否真正满足自己的需求有所挑剔，这导致了国家建设的公共事业与村庄实际需求之间出现了错位与偏离。同时，由于村民缺乏对资源使用决策的权力，资源使用效率往往较低，造成了资源的浪费和效率的低下。

在国家资源下乡的背景下，基层治理中出现了两个预料之外的困境：一是国家资源使用效率低。国家资源的大量投入并没有为农民群众带来相应的获得感。二是"干部干、群众看"

现象。建设美好幸福生活成为国家的事情，农民群众成为乡村振兴事业中的旁观者。

贺伟在大成桥镇的实践，最重要的是探索了一条将国家资源与农民群众有效结合的道路。在大成公约"两参一改五结合"中，干部参加劳动，群众参与管理，可以说挠到了当前中国基层治理最大的痒处。只有干部参加劳动，真正融入农民群众中去，了解群众、理解群众，才能动员群众、组织群众，使群众成为主体建设自己的美好幸福生活。只有群众参与管理，具有村庄公共事业建设的参与权甚至决策权，他们才会迸发真正的积极性，投资投劳，将村庄公共事业当作自己的事业，国家投入农村的财政资源才会被珍惜，用到最该用的地方，并以最有效率的办法使用。这样一来，国家就可以用较少的财政资源调动更多的社会资源，农民群众也能借助国家资源，有主体性地创造自己的美好幸福生活。

将农民群众组织起来是本书最鲜明的主题，也是大成桥镇最成功的实践。然而，将农民群众组织起来并非易事，群众中既有积极分子，又有消极分子，大多数则是持观望态度的中间群众。贺伟在大成桥镇的实践表明，只有真正动员积极分子，带动中间大多数，孤立少数消极分子，才能使农民群众团结一致建设自己的美好幸福生活。国家向农村输入的大量资源是一个优势，但同时也带来了挑战，客观上容易引起少数对利益高度敏感的农民群众的谋利行为。在没有干部参加劳动和群众参与管理的情况下，少数谋利的"钉子户"、上访户成为基层治理中的主要工作对象，基层干部工作重点是与极少数消极分子死缠乱打，其他群众在一边看热闹，正如贺伟在书中所说的："在基层治理和服务过程中，我们把 90% 的精力用在了常闹矛盾纠纷、打 12345、信访投诉不到 5% 的那部分群众身上，面上的群众习惯性被我们视而不见。干群之间渐行渐远。"因此，借助国家资源下乡，重建基层干群之间、党群之间的"鱼水关系"，是当前基层治理中的根本问题。

贺伟带领大成桥镇干部群众通过五年的实践探索为我们提供了一个范例。《群众主体》一书，文风直率、情感真挚，阅读时让人如临现场，足见作者对乡村工作的用心、用情。本书披露的诸多实践案例和探索的工作机制，为新时代乡村建设、社会治理和社会工作提供了重要的经验、方法和立场，值得理论界和实务界的朋友品鉴，值得全国乡镇基层领导干部参阅借鉴，更可成为新进公务员和选调生了解基层实情、驾驭基层工作的敲门砖。贺伟披露的诸多基层工作所面临的困惑和挑战，值得学界和政策制定者共同研究探索，不断进行改革创新，以期打通基层治理的痛点、堵点，持续推动基层赋能减负，实现基层治理体系和治理能力建设现代化，更好助力乡村振兴战略实施。

《群众主体》一书精彩论断较多，我的以上学习体会犹如九牛一毛，建议读者细心阅读、体会。

贺雪峰 2024 年 12 月记于西海

（作者系武汉大学社会学院教授、博士生导师）

遂民所愿，方得大成（序Ⅱ）

————

初识贺伟，是在岳阳。在 2022 年岳阳市乡镇（街道）党（工）委书记抓党建促乡村振兴专题培训班上，贺伟作为特邀嘉宾，分享了大成桥镇的乡村治理经验。他以平和而生动的叙述，为我们展现了大成桥镇一幅和谐秀美、文明善治的乡村画卷。给我留下深刻印象的是，作为一位"80 后"乡镇党委书记，他的脸上虽然镌刻了基层磨砺的沧桑，但始终能让人感受到洋溢着乐于其中的幸福。

认识贺伟，是在宁乡。2024 年 3 月，怀揣建设美好柏祥的愿景，我带领镇领导班子成员和村支部书记一行前往大成桥镇学习交流。得知我们到访，他立刻放下手头繁重的工作，亲自陪同我们参观讲解。亲临大成桥镇后，我两年前留在脑海中的深刻印记与真实场景一一重合。贺伟曾经描绘的图景如同一幅精美的画卷在我眼前徐徐展开——富有特色的乡村产业、焕然一新的基础设施、淳朴友好的乡风民风、精神抖擞的干群面貌和强劲有力的发展势头。这一切让我深刻感受到大成桥镇的美誉名副其实，乡村治理成效令人赞叹。

深识贺伟，是在书中。2024 年 6 月，欣闻贺伟离开耕耘 20

多年的乡镇，调任宁乡市委社会工作部首任部长，我要来了他在大成桥镇担任党委书记期间写的基层治理笔记，先睹为快。作为一名同样身处基层的工作者，读完他的基层治理笔记，我感同身受，感慨万千，不由得产生了强烈的情感共鸣。近20万字的基层治理笔记，不仅生动记录了他在基层治理中的实践与思考，而且详细描述了大成桥镇社会环境从混乱不堪到治理有序、乡镇产业从弱到强、基础设施从废弃到兴旺的转变，堪称一本基层治理的教科书。通过近百个真实案例的现身说法，他的基层治理笔记让我仿佛亲历了大成桥镇的变迁，几番泪目，不仅震撼我的心，而且给我启迪，让我受益良多。

情怀：民之所望，政之所向

习近平总书记多次强调，人民对美好生活的向往，就是我们的奋斗目标。人民群众最朴素的愿望就是把自己的家庭经营好，期盼自己的家乡和谐稳定，人民安居乐业。大成桥镇曾因煤炭业的繁荣而兴盛，矿业的快速发展带来了经济上的丰厚收益，但同时也伴随着利益纠葛和社会矛盾的增多。许多矛盾可以通过发展来缓解，然而，当行业发展和地方经济被迫按下暂停键时，这些矛盾就会变得更加尖锐。2014年，由于政策调整，煤矿全面关停后，大成桥镇的经济陷入了停滞，遗留问题层出不穷，干群关系持续紧张，基层组织软弱涣散，人民群众对镇党委、政府的信任度降至冰点，信访不信法的现象迅速蔓延。几任班子励精图治，一直处于探索与转型阶段。2019年贺伟到任后，抓领导班子建设，构建了强有力的基层治理指挥体系；深入群众，倾听民意，做到问需于民、问计于民、问效于民，把群众的需求作为工作的根本遵循；着力解决长期积累的信访问题，缓解了群众的情绪；倡树文明乡风，推动志愿服务，出台"大成公约"，推动美丽屋场建设；发动群众广泛参与，撬动财政投入和社会资本参与乡村建设；瞄定产业发展，促进村集体经济发展，提高群众的收入。一系列"组合拳"的实施，使得民心所向得以实现，众望所归成为现实。实践证明，没有落后的群众，只有落后的干部。人心向背事关事业兴衰。只有认真倾听群众呼声，回应群众关切，维护群众利益，才会得到群众的拥护。民心顺，则事业兴。

担当：欲要破局，必先入局

"治理之道，莫要于安民；安民之道，在于察其疾苦。"基层工作的核心就是坚持人民至上，把人民放在心中最高位置。干群关系紧张的主要原因在于干部不了解群众的真实需求，以及群众不了解干部的工作情况，这种信息的不对称在干群之间构筑起了无形的壁垒。为了打破这道壁垒，贺伟提出开门办公，创新出台干部常态化联系走访群众工作制度，划网络，明责任，要求干部每月至少走访10户群众，每月组织一次义务大扫除，每月在群众家里吃一顿饭，每半年召开一次屋场夜话会……一系列"创举"，带来的是潜移默化的改变。邀请多名信访群众参加大会，既是态度，更是决心，以身入局，赢得认同；上门联系信访群众，动之以情，晓之以法，求同以理，从内心尊重，解开了信访群众心结，让他们变成了志愿者的中坚力量。广泛动员"两代表一委员"、企业家等一对一联系帮扶涉毒人员、社区矫正人员和事实无人抚养儿童。浓浓的关爱，让重点人群重拾信心。笔记中一个个到人到事的案例，倾注了贺伟的深情与心血。在他的带领下，大成桥镇从远近闻名的信访镇发展成信访问题基本肃清的省级文明镇、全国首批乡村治理示范乡镇之一。积案化解的过程成为宣传政策、与群众交心交友的过程，从信访中解脱出来的镇村干部轻装上阵，心无旁骛地投身经济建设。事实证明，坐在办公室都是问题，下到基层都是办法，接近群众才能了解群众，直面群众才能赢得群众。

底气：群众为本，三治融合

人民是历史的创造者，人民是真正的英雄。税费改革后，尤其是农业税取消后，党中央对农村地区的投入力度逐年加大，镇村的职能从管理转型为服务。在一些条件好的地方，镇村干部甚至扮演"全职保姆"的角色，却仍面临"镇村唱戏、群众看戏"的尴尬局面，关键是镇村唱的戏还得不到群众的认同。在基层工作的许多同志意识到了这个问题，但贺伟不仅认识到这个问题，更勇于突破瓶颈，寻找解决方案。他推行"三员共治"机制，健全党组织领导下的自治、法治、德治"三治融合"治理模式，重点从自治入手，广泛发动群众，充分调动群众参与大成桥镇建设的积极性，取得了显著成效。他坚持组织屋场夜话会，凝聚乡村治理和乡村建设的群众力量；充分发挥群众主人翁意识和主体作用，形成了私事自己办，大事镇村管，群众为主体，共商共建共治的良好氛围；创造群众筹一点、乡贤捐一点、政府补一点的"三个三分之一"投入模式，让大成桥镇变化日新月异，乡村面貌焕然一新。以群众为主体的做法和"三治融合"的实践，让思想意识的"大同"，带来了干事创业、乡村建设、社会治理的"大成"。大成桥镇的实践证明，只要把群众组织动员起来，我们面临的问题都不是问题，这是镇村应该努力的方向，也是干事创业最坚实的底气。

收获：修己利人，惠及一方

"物有甘苦，尝之者识；道有夷险，履之者知。"细品贺伟的基层治理笔记，每一章节都充满了深刻的洞见和实践的智慧。他的治理策略，如"开门办公""民事民定""'头雁'引领"，每一项都是对基层工作深刻理解的体现。"大成公约""三个三分之一""一二三四模式"等，则是他在基层治理中不断探索和创新的成果。在乡村建设上，贺伟强调因地制宜、统筹保护与创新；在产业发展上，他主张实事求是、统一规划、集中力量干大事；在民生治理上，他提倡因人施策、动员社会力量，确保有需求的百姓过上更加舒适的日子。在贺伟的基层治理笔记中，前瞻性的规划和清晰的工作脉络跃然纸上。从工作制度的制定、调解方法的诠释、干群关系的处理，到对文件政策的深入研究、对产业发展的深思熟虑，每一项都是基于现实情况、着眼于长远发展的深思熟虑。

"功成不必在我，功成必定有我。"五年的倾心付出结出累累硕果。大成桥镇获得《人民日报》政治版的报道，入选全国乡村治理典型案例，被列入国家农村综合性改革试点试验区，获得全国首批乡村治理示范乡镇、湖南省文明镇等荣誉称号。大成桥镇不仅成功吸引了省市领导的关注，而且成为市外、省外乡镇争相学习的标杆，并被武汉大学中国乡村治理研究中心选为调研的样本。更重要的是，贺伟在基层治理笔记中通过详细的案例，介绍了如何在基层工作中调动群众积极性、化解基层矛盾、促进政策落地、助推乡村发展等实际问题，为同行提供了宝贵的经验和启示，具有很强的操作性和指导性。对于乡镇党委书记而言，这本书提供了推进基层治理的具体方法与策略。对于刚参加工作的选调生和公务员而言，这本书能够帮助他们迅速掌握基层工作的重点和难点，提升工作技能，同时树立扎根基层、服务群众的崇高理想信念。

作为同行，我由衷地敬佩贺伟，他无疑是乡镇党委书记中的佼佼者，达到了"天花板"级别的高度。作为朋友，我为他感到无比欣喜，他能从基层一步步成长起来，如今拥有了更大的平台去施展自己的才华和智慧。"总有人间一两风，填我十万八千梦。"这本基层治理笔记令我心潮澎湃，唯有努力学习，奋起直追，让贺伟不至于有"微斯人，吾谁与归"的感慨。

心如磐石行如矢，一路泥泞一路歌。祝愿贺伟在新的工作岗位继续创新出彩！

终是，山水有来路，早晚复相逢。

黄静2024年秋记于巴陵

（作者系湖南省岳阳县柏祥镇党委书记）

前言

1999 年，是我参加工作的第一年，我的家乡湖南省宁乡县（2017 年县改市）发生了轰动一时的"道林事件"。我工作的前几年，都是伴随"道林事件"的余波度过，基层治理紊乱，干群关系紧张，基层干部唯唯诺诺，无法放开手脚开展工作。

自 2000 年以来，宁乡市不断加强基层党组织建设，增强求真务实工作作风，提升基层治理体系和治理能力建设，让中部地区一个人口超过 140 万的县走上了快速发展的道路，先后获评全国文明城市、中国最具幸福感城市。大成桥镇作为宁乡市基础条件差、基层治理起步晚的乡镇，通过近年来的奋勇直追、开拓创新，实现弯道超车，做出了成绩，积累了经验，是宁乡市推进基层治理现代化进程中的一个缩影，也是宁乡市高质量发展道路上的一个典型。

我是土生土长的宁乡人，也是全国 2.9 万多名乡镇党委书记中普通的一员。之所以有勇气以手记的形式把经历和感悟与大家分享，是因为从 1999 年 10 月开始，我就与这充满活力与缤纷色彩的乡村大地结下了不可分割之缘。在组织的培养、领导的关心以及同事朋友的支持帮助下，在乡村这个大舞台、在基层治理这个领域，我从一般干部成长为乡镇党委书记。摸爬滚打20多年，我把这份工作当成了人生事业来经营奋斗，把基层治理当成了专业领域来思考钻研，久而久之，沉淀了人生旅途最难割舍的情感。

沩水河畔，大成桥旁，逐梦五年，人生无悔。在大成桥镇工作的这五年时间，是我人生中最难忘、最珍贵、最值得铭记的时光。为什么我乐此不疲地愿意与大家分享在大成桥镇的点点滴滴呢？

其实，我写这本书的初衷非常之偶然与单纯。偶然在于在基层治理探索的过程当中，我有幸结识了武汉大学社会学院贺雪峰教授及团队，得到了湘潭大学等多所大学的专家学者的支持、指导与勉励。我虽然没有多高的学术造诣，但希望通过对具体案例"解剖麻雀"式的分析能给大家带来针对性的思考与研究。单纯在于我把自己的所作所为、所思所想抛出来，希望能够给基层的同志带来一些工作上的启示、情感上的共鸣，希望能影响或改变一些人，哪怕只是一个人，这也是我的人生价值。

我曾说过，初入大成桥镇面临的皆是挑战和压力，一度让我产生惶恐与焦虑。挑战与压力来自大成桥镇当时的基础环境，也是所有事件产生的大背景。

大成桥镇的发展经历了由富到穷，由穷到乱，再由乱到治的过程。过去，大成桥镇因煤炭而兴盛，这里煤炭资源丰富，曾有"湘中煤都""百年煤城"之称。2014年出于政策原因煤矿全部关停，地方经济陷入停滞，遗留问题众多，干群关系紧张，社会面进入将要崩溃的边缘。初来大成桥镇，我的总体感受是"四无",即无区位交通优势、无市县领导联点、无国有资本下乡、无重大项目落户,而且社会矛盾异常突出。当时,村级党组织软弱涣散,支村两委换届时拉帮结派搞小团体的有之,"你上我踩、我上他告"的现象有之,还有的村被村民贴出"村委已解散,有事找政府"的标语,甚至一个村两年内换了四个支部书记的事情也真实发生过。干群关系存在信任壁垒,开门办公竟然成了"创举",干部群众之间因信息掌握不对称,都只站在各自立场思考问题,相互不理解、不支持。项目落不了地,问题得不到解决,发展陷入停滞,曾经的大成桥镇是长沙市扫黑除恶的挂牌督办乡镇。近半个世纪的采煤作业,导致多个村地质沉陷,上千栋房屋不同程度斑裂,四成左右公路泥泞不堪,农田水塘不能蓄水,田里山里出现天坑,生态环境遭到严重破坏。社会遗留问题众多,利益终结之后,由错综复杂的利益关系导致的房屋赔偿、各类债务、群众信访问题层出不穷,一度有两个村的村账被冻结,村级负债严重。

在深入这一块亟待开垦治理的土地后,我深深地感受到了干群迫切期盼涅槃重生、破茧成蝶的美好愿望和积蓄的工作动能,促使我产生深耕于大成桥镇的强大动力。

始终相信只要干部走心,干群就能一家亲。以破解信访困局开始,大成桥镇开启了一段干部与群众关系的"破壁"之旅。通过五年如一日的网格走访,大成桥镇干部的脚步踏遍了每个村组的每家每户,真正以脚步为亲共筑起了干群鱼水情。在大成桥镇,每个干部都有与群众交心化难的故事。

始终相信干部有担当、敢作为。大成桥镇领导班子以求同存理之心来理解打动干部，以示范带头来引导教育干部，以制度建设来规范激励干部，将合适的人放在合适的岗位，人尽其才，才尽其用。很多干部找到了自己的奋斗方向与人生舞台，在不同岗位上尽情地发光发热。

始终相信志愿红是最亮丽的色彩。大成桥镇以"两代表一委员"、退休教师、退休干部等为主体招募志愿者成立八个社团，架起了党委政府发动人民群众共同建设家园的桥梁与纽带，积极开展政策宣讲、文明劝导、爱心倡议。一群人带动全镇人，文明新风吹拂大成桥镇大地。红马甲出现在每个家庭里，散是满天星，聚是一团火。

始终相信群众的力量是无穷的。一切为了群众，一切依靠群众，把群众组织动员起来就不怕任何困难。这片热土得以蝶变重生，关键在于引导群众当主人。镇党委政府以美丽屋场和乡村公益设施建设为抓手，落实赋权到村、强责到组和村事村办、组事组办的工作机制，真正实现群众自我教育、自我管理、自我服务。

始终相信栽下梧桐树，引得凤凰来。镇域的营商环境好了，乡风民风淳了，好的项目引得进、上级资金争得到，发展的路子越来越宽，大成桥镇从黑色煤炭经济成功转型为绿色生态经济，万亩香芋小镇正在逐年推进，烟叶生产如火如荼，特色水果香飘四溢，绿色波浪荡漾在大成桥镇大地。

事非经过不知难，成如容易却艰辛，大成桥镇就是我的家，我就是大成桥镇赤子，我们一路前行一路歌。和大成桥镇的离别是温暖的，大成桥镇的干部和群众给了我诸多赞誉和鼓励，我都小心珍藏着，它们成为我人生前行路上的动力。因为热爱，所以执着；因为执着，所以深情。我热泪盈眶于大成桥镇的邻里守望相助、党员群众的同舟共济，感恩感动于美丽屋场建设中群众自发筹资投劳的倾心付出，铭记难忘于大成桥镇土地上每一个细微变化与发展。

几年时间里，我们见证捷报频传。2020年9月17日，《人民日报》政治版头条三分之二版面报道大成桥镇乡村治理和平安建设工作经验；大成桥镇"'六化'社团织密善治网络"乡村治理工作经验入选全国乡村治理典型案例；大成桥镇被列入国家农村综合性改革试点试验区，获评全国首批乡村治理示范乡镇和湖南省文明镇；鹊山村获评全国文明村。大成桥镇治理成果备受瞩目，上级领导纷纷给予关注和支持，省内外学习考察调研团纷至沓来，社会治理方面的专家学者开始蹲点调研剖析大成桥镇基层治理路径。

人生得以淬炼与收获，此书得以成稿与出版，我要感谢党组织对我孜孜不倦的培养与信任，感谢领导和同事们一路走来对我的支持与勉励，感谢朋友们在我迷茫时给我鼓励、快乐时与我分享，感谢家人们对我的理解与宽容。此书也特别献给奋斗在基层一线的同志。

"物有甘苦，尝之者识；道有夷险，履之者知。"人生海海，前路漫漫，我从来没有忘记从何而来，为何出发；也从来没有忘记我是谁，为了谁。我将一如既往奔赴在提升基层治理能力建设的路上。

第一部分

破局突围

　　初入大成桥镇，我面临的皆是压力与挑战。信访矛盾突出，干群关系紧张，遗留问题丛生。想谋事做事，遇到的都是阻力；想有点时间干事，却被各类问题缠扰无法抽身。要想破局突围，必先躬身入局；要想破局起航，必先识局重生。我们深度分析问题根源，探寻主要矛盾，设法破解信访难题，用心缝合干群裂缝，呵护边缘群体，共构干群鱼水关系。

第一记　从破解信访困局入手

开门办公竟成"创举"

2019 年 3 月，根据组织安排，我由宁乡市煤炭坝镇镇长调任大成桥镇担任党委书记。从 1999 年中专毕业参加工作，在乡镇摸爬滚打 20 多年，我走上了乡镇党委书记岗位。

2019 年 3 月 21 日，组织送我到任，并召开了镇村干部和部门负责人参加的见面会。会议结束后，我刚回到办公室，发现办公室里坐着一名不认识的同志。还未等我开口问询，他便先入为主连珠炮式地质问："你是不是新来的党委书记？我被错误开除党籍三年了，怎么给我解决？之前我一直在信访局和纪委上访，北京也去了多次，要给我补偿我也没答应，你看着办吧！"因为当时完全不了解他的情况，我请他给我一个月时间，先了解具体情况，到时再到他家里进行交流。这样好说歹说，磨蹭了一个多小时，直到食堂开餐，我才把他送走。

第二天，我在办公室熟悉全镇的基本情况，办公室主任过来送文件，我感觉到他欲言又止的样子，随口问了句："还有什么事吗？"他犹豫了好久，说了句："书记，您办公的时候，是不是把门关上？"我听出这话背后不简单的潜台词，随即请他坐下来，进行了一次长谈。

从他的述说里，我才知道，大成桥镇近些年煤矿关闭后，采煤引起的地质沉陷、村级换届选举和村级债务问题，衍生了一系列难以解决的信访问题，信访量一度占到了全市29个乡镇（街道）信访总量的三分之一以上，镇主要领导和干部的大部分精力都消耗在信访工作之中。镇党委书记只要在办公室落座，就会有信访群众上门，根本无法正常办公。这也是他欲言又止提醒我关起门来办公的缘由。

不由得回想起大成桥镇党委书记任职公示期间，我接到了不少领导和友人打来的电话，有祝贺的、有勉励的，还出乎意料地收到不少委婉提醒我要有打硬仗、迎接挫折思想准备的。大成桥镇虽与我之前工作的煤炭坝镇相邻，但我对它了解甚少，想当然地认为这两个乡镇地域相连、同因采煤而资源枯竭，同在转型复苏阶段，应该不会有太多社情民意的迥异，推动工作的难度也不会有什么不同，我低估了在大成桥镇将要面临的复杂局面。

关门办公或采取消极回避的态度，终究只会让信访问题越积越多，矛盾累积到一定程度，孤立的信访个案也可能引发影响大局稳定的系统性风险。接下来的时间，我一边到各村和各部门进行调研了解，听取信访遗留问题的情况汇报，一边继续开门办公，接待群众来访。

不到半个月的时间，我在办公室接待信访群众超过50人次。群众的诉求错综复杂，有本人或家属受到治安处罚和刑事处罚要求翻案的，有民事诉讼败诉后持续上访的，有债权人因村委会不能履行人民法院的判决上访的，有采矿期间煤矿未补偿到位的工伤赔付和受损房屋补偿的，有邻居之间因一块不到十平方米的菜地纠纷折腾十多年的，还有状告村干部不履职、机关干部拆除违章建筑程序违法的，等等。

到办公室反映情况的群众，我第一次可以以情况不熟悉为由，在30—50分钟结束与其谈话。第二次来访的群众，或者个别有执念的群众，讲不清，劝不动，情绪一般很激动，一坐就是半天，严重影响到了正常办公和工作开展。机关干部被动协助对信访群众好言相劝，村支部书记时不时被通知来劝回信访群众。原以为能够安排时间下村入组调研，厘清工作思路，大刀阔斧推进工作的想法完全被现实颠覆。

寻求破局的钥匙

从半个月来被动接待信访群众的情况分析，大成桥镇的信访问题已经到了足以影响地方风气、影响干群关系、影响社会稳定的地步，稍有不慎可能导致社会治理面的崩溃。

我被迫调整原有工作思路，要求所有领导班子成员集中半个月时间主动入户走访信访群众。通过持续深入走访，在掌握不少真实情况的基础上进行分析，我们将信访问题大体分为四类：一是镇村出于多方原因应该履行职责而未能履职到位引起群众信访的；二是部分群众长年累月积累的负面情绪导致思维意识纠结，无法解开心结的；三是个别群众在以往的信访过程中得了好处变本加厉的；四是其他非政府因素导致群众利益受损而通过信访渠道主张权利的。

2019年4月25日，我主持召开了一个有全体镇村干部、部门负责同志、村民小组长、党小组长将近千人参加的大会，并且把全镇比较有名的信访群众代表请到会议室，让他们坐在第一排。会议的主题是"党建＋贴心服务群众和人居环境提升"。当时把信访群众代表请来参加会议，几乎受到了所有人的反对。大家不是说这些人的到来可能会严重影响会场纪律风气，就是说政府内部开会请一些"反对势力"来参加，大家发言都会畏手畏脚，生怕讲错话被抓了辫子，而我力排众议，坚决要把信访代表请来全程参加大会。

在这次大会上，我系统分析了全镇信访形势，全面介绍了信访问题的解决原则和方案路径，详细解读了全镇未来五年基层治理的方略举措，以及乡村振兴的蓝图。同时，我公开讲明了解决三个重点信访对象遗留问题的方案和路径，既不给自己退路，也不给信访群众过多期望和幻想。我主动要求联系化解大家公认最棘手的三个信访积案，承诺在半年时间内把问题都解决到位。其他领导班子成员每人联系1—2个案子，在我这三个积案解决之后，其他案子也要求跟进解决到位，没有解决的，联系人只要在大成桥镇工作，就终身负责包案联系。在大会上，我也向所有干部和党员响亮提出，以解决信访问题为切入口，全面破除干群信任壁垒，服务群众要拼搏到无能为力，努力到感动自己。我还把这两句话发在了当天的微信朋友圈，既是时刻提醒自己，又是向全镇群众广而告之。

会场秩序出奇地好。当我向与会人员描绘未来五年的美好蓝图和亮出服务群众的态度时，会场几次响起了经久不息的掌声。我能感受到，这种掌声发自内心，激发了与会人员潜藏于内心的渴望和共鸣；憋屈了太久，大家似乎看到了希望，看到了作为基层干部的尊严和未来。

我始终记得毛泽东同志的一句话："任何一级的首长，应当把自己注意的重心，放在那些对于他所指挥的全局说来最重要最有决定意义的问题或动作上，而不应当放在其他的问题或动作上。"[①] 在大成桥镇的工作开局，我从破解信访困局入手。我想，当主要矛盾迎刃而解时，干群关系紧张、发展受阻等附着问题也会相应地得到化解。

从执着信访的群众蜕变成最美志愿者

4月25日的会议结束后，我带上两包茶叶匆匆赶到了大成桥村玉河八组邓友良家，兑现我一个月之内上门走访交流的承诺。

邓友良就是我报到第一天来办公室反映自己被开除党籍，要求平反的对象。他对我上午开完大会，下午就来到他家还是挺吃惊的，见面第一句话，不再是第一次见面时所表现出来的冷漠与倔强，而是很客气地说了句："书记，上午散会的时候你怎么不告诉我一声，我也好有点准备，你看家里连水果都没准

---

① 《毛泽东选集》第 1 卷，人民出版社 1991 年版，第 176 页。

备。"听他这么一说，我判断今天应该是来对了，解决他的问题可能有希望。

群众到政府反映问题，本来心里有怨气，加之往返多次，受到冷遇或不公正对待，很多时候一开口就会是难听的话。但是只要干部主动走入群众家中，乡村群众总是表现得朴实善良，即使心里有怨气，也始终奉行来者皆是客，不会板着脸与人横眉冷对。我在他的招呼下坐了下来，他忙不迭地给我泡茶、递烟，态度之热情让我有一瞬间差点忘记了他是一名信访群众。

交谈的前半个小时，我都没有跟他交流与信访诉求有关的话题，而是不着边际地聊他的家人、他的养鸡事业以及他的朋友圈子和爱好。

等时机差不多的时候，我先开口说："我今天特意过来，想完整听听你信访反映问题的来龙去脉，计划在你家里吃晚饭，你看是不是把嫂子叫回来提前准备。"

"欢迎在我家吃晚饭，但我的问题不要让老婆孩子掺和，等到了五点钟我再叫她回来做饭。"他立马警觉地回答。

我敏锐捕捉到他很在意家人，他一方面执着于用信访来解决问题，另一方面担心信访会影响家人和家庭。越是这种情况，我越觉得要把他妻子叫回来，一起参加第一次的见面交流。于是，我又对他说："把嫂子叫回来，不是让她掺和你的事情，而是我想听你完整且符合逻辑地介绍情况，不要因为一会儿要加茶，一会儿要考虑晚上吃什么菜而分散精力。你让嫂子回来，她忙她的家务，我们谈我们的事。"

在我的坚持下，他可能觉得镇党委书记上门要给点面子，同时也想他妻子提前回来多张罗几个菜，所以打电话把他妻子叫了回来。

他妻子在餐厅张罗，时不时来加一下茶水，我们两个人的谈话估计她一字不漏地听进去了。我们交谈了近四小时，其实他的基本情况，在前期的调查过程中我已经了解得一清二楚，但我装作不知道。听他用将近两小时的时间，把自己从入党到参与村级相关工作，再到2017年村级换届选举因散发传单搞非组织活动被治安拘留，甚至被开除党籍的故事重新讲了一遍。

大致的情况是，在2017年的村级换届选举时，他因为对在任的支村两委班子不满意，特别是对村支部书记不满意，所以牵头散发传单协助其他候选人拉票。这导致该村的换届选举各种非组织活动此起彼伏，随即被宁乡市委组织部叫停，推倒重来。基于这种混乱局面，宁乡市纪委和公安局果断介入，进行立案调查。包括他在内的十名党员受到党纪处分，其中七人被治安处罚，四人受到开除党籍处分。被开除党籍后，他认为自己搞非组织活动虽然有错，但是出于公心，不是为自己拉票贿选，而是为了把他认为不合适的人淘汰下去，把他认为优秀的人选上来。即使有错，也不至于受开除党籍的处分。他认为处分过重、处理不公，所以一直耿耿于怀，赴省进京上访。他的诉求有三个：改变处分决定，恢复党籍；对原已查出问题的村干部特别是村支部书记加重处罚；对这些年来遭受错误处分而信访造成的损失进行赔偿。

说到这个话题，他原本心平气和的状态被打破，言辞越来越激烈，牵扯的人和事越来越多，颇有不满足信访诉求他决不罢休之势。

心结不易打开，问题不易解决，要不然他不至于持续信访这么久。等他说完了，我心平气和地表达了我个人的一些看法。我首先申明，这只是我个人对这件事的看法，不一定就是处理办法，更不是结论。其一，意图情有可原，但行为不可原谅。作为一名共产党员，一定要有政治意识和组织纪律，如果大家都搞非组织活动，那岂不基层大乱、治理无序。其二，经调查了解，我个人认定他是一个好人，一个有正义感的人，一个有群众基础的人，可以判断为好人无心犯了错误，特殊时期酿成严重后果，责任在他自己。其三，人生要看淡得失，失去党员身份不可怕，可怕的是失去做人的立场和做事的方向。他这么在意党员身份，原因是多方面的，但肯定也有重要的一条，就是基于面子。我告诉他，大成桥镇有1400多名党员，我干五年不可能做到认识每名党员，更不可能与他们成为经常在一起吃饭聊天的朋友。如果他愿意，我很乐意跟他交朋友，并且承诺每个月到他家里来吃一次饭，要么饭前要么饭后，陪着他在村子里散步一小时，让全村的父老乡亲都知道，镇党委书记很看重他，真心跟他交朋友。其四，我答应可以在镇村大会上，说说他的故事，给他客观正面的评价，虽不是平反，但也算是正名。其五，询问他的妻子，是否愿意看到他一年四季奔走在信访路上，既有出行风险更有心理健康风险。在他妻子含泪不肯作答的情况下，我替她说出了我的看法。我说假如我是他的妻子孩子，我的态度是三分支持七分反对。三分支持是因为觉得他受到了不公正对待，希望有机会撤销处分来正名；七分反对是因为替他担心，担心他在信访困局里走不出来导致精神出问题，担心他一直纠结于这个事而荒废了正事，担心他由于长年信访心态越来越失衡，做出违法乱纪的事情来。其六，我希望他暂时放下心结，用一个月时间按我的安排做点有意义的事，尝试改变生活和心理状态，给自己一个机会，如果觉得还是转不过弯来，再重操旧业也不迟。

六点建议基本得到他的认同，他虽然没有点头称是，但也没有强烈反对，更没有跟我进行辩论。近四个小时的交流算是在比较愉快的氛围中结束，在他家吃完晚餐后，我又陪他到屋场散步一个小时，到天完全黑了才离开。

当天晚上到家后，我给他打了电话："老兄，我今天刚答应你每月到家里吃一顿饭的承诺怕是要爽约了。"我故意卖了个关子，没有说具体的原因。我在电话里明显感觉到了他的失望和落寞。

"原来你也一样是忽悠我的。"听见他小声说了句，就没有了下文。

从他的失落中感觉到他的期待后，我立马接着说："不是我不愿意来你家吃饭，而是到你家的路太窄了点，又没有路灯，我驾驶技术不好，担心把车开到水塘里去。以后我可以请你在政府机关的食堂或者外面餐馆吃饭，你看怎么样？"

迎接我的是长时间的沉默。我接着又说："到你家吃饭也不是不可以，你今天跟我说自己之前那么热心公益，在地方上有号召力，你能不能跟你们村民小组的组长商量一下，发动群众筹资投劳把组上的道路拓宽？我负责帮你们争取公路建设指标和混凝土，一起想办法实现道路拓宽硬化。如果你有决心，就一个星期内召开户主会议，到时候我也来参加。"

他沉默了一会儿，说了句："我原来就有这个想法，只是现在都被开除党籍了，大家都在看我的笑话，还怎么组织得起来？"

我给他鼓励，告诉他不试怎么知道自己有没有号召力，也正好通过这样的机会测试一下，大家到底是如他所说在看他的笑话，还是如我所说对他还是之前的态度。

第二天他就和组长进行了商量，并确定三天后晚上召开户主会议进行宣传发动，邀请我到会指导。户主会召开时，经他一提议，群众高度拥护，按照 2000 元 / 户加 1000 元 / 台车进行筹资捐款。他个人带头捐资 4000 元，我也当即表态看在老邓的面子和大家的积极性上捐资 2000 元，以后要把老邓家当亲戚走动，修好路我也有义务。接下来的时间，他和组长一起，一门心思扑在修路上，为了节省资金，到处找不要钱的黄土来填充路基，找不要钱的混凝土块来做临水面的护坡料。与村上和外界接触多了，他发现大家还是一如既往地信任他，信心、底气也更足了。修筑路基整整花了三个月时间，他的心思全放在了修路上，再也没有跟任何人提起过与信访有关的话题。

在修路的过程中，我开始思考，等路修完了，人一闲下来，他会不会又胡思乱想、重操旧业？于是某一次到他家吃饭，我邀请了大成桥镇志愿者协会的会长郭燕辉一起参加，让郭会长邀请他参加志愿者协会的活动。后来志愿者协会组织的爱心助学、敬老院慰问等活动，组上、村上组织的义务大扫除，他都积极参加，成为公益队伍里最积极的一员。2020年他被推荐评选为大成桥镇"志愿服务之星"；在2021年志愿者协会换届选举中他被推选为协会理事。一个被开除党籍而最执着信访的群众，就在这种亲密互动中，蜕变成为骨干志愿者。

在大成桥镇工作的五年，我虽然没能兑现每个月都到他家里吃顿饭的承诺，但一年总要到他家小聚几次，有时候是和志愿者一起，有时候和村干部一起。逢年过节他总会热心地送给我点土鸡、肘子，偶尔也会送些乡下小菜到我办公室。而我每年正月里还没上班的时候，也会专程跑到他家，给他的孙子送个小红包当压岁钱。

通过与他的交流互动，我深感与群众的交流，只要真心俯下身子倾听他们的诉求，就能找到打开他们心门的钥匙。只要善于因人施策，通过合适的渠道转移他们的注意力，就有办法解开他们的心结。

把感恩写进公益建设里

青泉社区妇女罗海燕的丈夫原来是村委会主任，在任期间认为煤矿承包人不听村里安排，一气之下把煤矿电闸关了，导致煤矿被水淹，造成一定的经济损失，被公安机关拘留了15天。他深受打击，待在家里郁郁寡欢，三个月后检查出肺癌，并在半年后去世。十多年来，罗海燕一直为此上访，诉求主要有两个：一是公安机关拘留错了人，要求为她丈夫"平反"；二是要求人民政府赔钱。

第一次到我的办公室时，罗海燕从 15 年前的故事说起。在她的叙述里，大成桥镇人民政府做的事情没有一件是对的，21 世纪初以来大成桥镇历任党委书记没有一个是好的。后来我下村入组去了解，发现大家对她的评价几乎"一边倒"，觉得她有点"神经质"，思维方式异于常人，社会上与她无关的事，她都要去管一管。甚至还有个别群众跟我说，作为党委书记，你不必去搭理她，让她"闹闹就好"。

走访中，我还了解到，罗海燕有四个子女，他们都通过自身的勤奋努力考上大学走出了农村，其中一个在海外留学，两个在上海工作定居，一个在宁乡市的医院上班。了解到她子女的发展，我对她的问题有了更多思考。将心比心，她家四个在外拼搏的子女肯定不会认为自己的母亲有精神障碍，肯定希望母亲能放下心结过正常生活。因为在外地，不甚了解家里的情况，他们会多一些担心，惶恐于母亲哪一天在上访的路上出现状况。抛开一个乡镇党委书记的岗位职责不说，我既为人父也为人子，觉得自己有责任帮她解开心结，这既事关一个大家庭的幸福和完整，又关乎我们对在外乡友的态度和立场。

在 4 月 25 日召开的大会上，她成为被邀请参会的重点对象，并且被安排坐在会场第一排的最中间。会上我始终面带微笑地看向她，让她在我和善的目光中看到如同来自家人般的鼓励和安慰。当我在向与会者描绘建设和美乡村的愿景时，穿插讲了她和她丈夫的故事，对她和在场的人真情吐露了四个观点：第一，对她丈夫的功过是非进行了评价，大家都说她丈夫是一个好人，在村委会主任岗位上做了很多好事。第二，告诉她处罚决定已经生效多年，无法更改，而且政府的行政行为不能干扰法律，更不可能凌驾于法律之上。第三，每个人都应该相信种瓜得瓜、善有善报。她丈夫一生为善，所以现在四个子女都发展得好，好人有好报。第四，她在外工作的子女以及九泉之下的丈夫，都希望她安享晚年，不希望她为这些事情纠结奔走，担心她因信访而犯错误、出意外，甚至情绪失常、精神异常。在最正式的场合，我以温暖的话语来宽慰她，虽不是平反但胜似平反，让她瞬间就放下了一半的包袱。

后来我持续到她家做客交流，她彻底放下了思想包袱，不但不进行信访了，还让远在国外的女儿给我寄来了腰果和剃须刀，自己更是给我写了一封情真意切的感谢信，并送了一面锦旗。

2020 年，她远在国外的女儿回家结婚。得知喜讯后，我自告奋勇在她女儿的婚礼上送了几句祝福。也是在同一年，青泉社区启动一条道路的拓宽建设工程，号召全社区党员群众捐款，虽然这条道路不经过她们家，但平时省吃俭用的她，竟捐了整整一万元。事后她叮嘱社区的党支部书记，一定不能公布她的姓名，因为她儿子生小孩儿，她做奶奶的也只送上了 1200 元红包，社区修路她却捐款这么多，担心儿媳妇有想法。2022 年，她家所在的村民小组进行美丽屋场建设，她主动报名加入屋场理事会，带头捐款两万元。近半年的建设期间，她一直协助村民小组长动员群众义务投工，监管工程质量。

2023 年，她远在国外的女儿回乡探亲，在大成桥镇的饭店请我吃饭。我在赴约之前，特意去宁乡市城里的商店买了一盒较高档的茶叶准备送给她女儿。没想到在路上，她主动打了个电话给我，说能不能在政府用小铁盒子装上点茶叶，让她女儿带去国外，留下一点家乡的念想。得知我事前已经准备好了，她特别高兴，到了见面的时候，拉着我的手不放，感动感激之情溢于言表。

从起诉缠访到双向奔赴

大成桥镇永盛村原有三个村办小煤矿，鼎盛时期一年煤矿发包的承包款收入在 800 万元以上。在煤矿开采期间，村委会为了发放村民福利和投入一些超前的项目建设，要求煤矿承包人提前缴纳下一年度的承包款，并以高达 18% 的年利率向承包人借款。2014 年煤矿关停后，因为过去无节制地透支，永盛村负债严重。几个煤矿承包人因前期投入无法收回而负债累累，向村里透支的承包款无法按时返还，借出的款也血本无归，于是纷纷向人民法院提起诉讼。

其中的煤矿承包人谢某，法院判决的近 5000 万元受偿款无法执行到位，而他自身又被其他债权人和银行起诉，被列入失信被执行人黑名单，房产被冻结拍卖，逢年过节只能四处躲债，有家不能回。虽然法院冻结永盛村的账户三年，但谢某夫妇未能拿到应得的受偿款，走投无路，于是走上了信访之路。一到特殊时期，政府要么安排干部三班倒守人，要么就得安排干部到北京去接人，干部疲惫不堪，信访人欲哭无泪。

我刚到大成桥镇不久，就接到省委巡视组关于这起信访案件的交办件。宁乡市委时任主要领导也多次作出指示批示，但这起信访案件一直毫无进展。谢某夫妇更是一天一个电话，三天来一趟办公室找我哭诉。苦于镇村财力极其有限，几名信访群众加起来的判决金额高达8000万元，镇村上下一致认为根本无力解决，只能无限期拖延。我耐心地与他们沟通了差不多两年时间，也未找到解决问题的办法和途径。一直到2021年上半年，我坚持不断地向上级领导反映大成桥镇的实际困难和这些重大问题可能引发的系统性风险，终于引起了相关领导的关注。于是我紧锣密鼓地组织法律顾问、村委会和债权人进行谈判协商。我们通过讲清现实的困难、解决问题的决心以及后续的措施保障等，终于得到了债权人的理解。最后双方一致同意，谢某夫妇近5000万元受偿款，通过放弃利息、算清账目等方式，压减到2890万元，债务人每年还款10%，分十年还清，还款期间不再计算利息。如果某一年还款延期不超过六个月时间就不算违约；超过六个月的，只要求本年度未还款部分按银行同期贷款利率适当计算利息。对与谢某夫妇有债务纠纷的债权人，我、镇村干部与谢某夫妇一起一个个联系协商做工作，数额小的按照三年左右还清，数额大的同样分十年还清，过去收了利息的原则上计算为已偿还的本金。

通过多方联动，我们基本把他们的债务纠纷理顺了，得到了各方的认同。在此基础上，我积极向上争取资金，从2021年起，连续三年每年支持永盛村400万元用于还债，永盛村三年累计偿还债务1300多万元。永盛村被冻结的账户得到解冻，并且通过成立合作社发展产业，村级集体经济每年有100多万元的收入，各项工作得到正常开展。原来歇斯底里的信访人也彻底放下心来，每年能够按时收到受偿款，生活步入正轨。

2022年，谢某夫妇专程跑到我的办公室，送来了一面锦旗，并且主动提出要请电视台来采访，他希望对着镜头说出自己的感谢。他还私下里跟我说："之前一直信访，也不知道到底有没有用，能不能要回来钱。说实话，一直信访也是在表达我的一种态度，告诉其他一直在逼我还款的债主，我一直在穷尽一切办法，要不回来钱你们不能只找我，还应该找政府和永盛村。"

谢某夫妇的信访难题，是我在基层工作中遇到的最大困难，甚至一度把我逼到了山穷水尽的地步。我直面了对于基层所处困境的无力感，接触了利益诉求最具体、态度最坚决的信访群众，当然也感受到他们在看到政府态度和作为后理解妥协的一面，看到了人与人之间相互理解、相互成就的一面。从信访难题的解决，我深刻感悟到，基层的情况即使再复杂、困难再大，只要持续努力不放弃，完全有可能遇到转机，找到解决问题的方法。

态度是决定信访走向的主要成因

信访工作是乡村治理工作中的"老大难"，有信访干部直言不讳地说："要当好政府和群众之间的桥梁实为不易，一不小心会像老鼠钻风箱——两头受气。"基层的问题纷繁复杂，既有共性问题，又有个案特点。信访问题的出现，原因既有干部不敢担当作为，导致一些问题越拖越大，也有干部不善于作为，面对一些具体情况不能迎难而上、分类施策，还有干部乱作为，因害怕被追责问责而丢失了原则和立场，想花钱买平安而一味息事宁人，导致越来越多的人信访不信法。但最主要的原因还是面对信访群众和问题，不能抽丝剥茧明辨事实真相，秉持正确而坚定的立场来解决问题。

我在大成桥镇工作的五年时间，原来累积的信访问题大部分解决到位，社会风气明显好转。通过用心、用情、用力解决包括以上三个典型案例在内的诸多信访问题，我总结了解决信访问题的基本态度和处理原则。

将心比心、以心换心是基本情感，源头治理、前端化解是基本方法，不回避、不姑息、不迁就是基本底线。干部要俯下身子倾听群众诉求，疏导群众情绪；要常态化走访联系群众，跟群众提前交朋友，如果群众出现思想问题，由能够与之坦诚对得上话的干部，可以讲一些直话重话，亮明态度，不容易引起群众的反感和对抗；党委政府加大对干部能力的培养提升，让善于做群众思想工作的干部走在群众工作一线，提前化解苗头性问题，减少酿成信访事件的成因基础。对个别以信访谋利、用信访发泄私愤、思维方式实在转不过弯的群众，要公开亮明态度坚决处置到位。

在2020年召开的一次乡村治理推进工作大会上，我公开讲了这么一段话：

"我们乡镇的极个别信访群众，在我眼里，就跟撒泼打滚儿的小孩子差不多，用这种方式表达诉求，是一种非理性且不可能被接受的方式。有问题我们尽力解决，有困难我们给予帮扶，但是一些无理诉求，想通过撒泼打滚儿的方式对党委政府施加压力是没有出路的。希望全体干部一定要把这些工作立场和处理原则传递下去。基层工作特别具体，基层干部要做到良心很软，立场很硬。坚持一个事情，不要因任何压力而妥协，更不能改变基本的立场和破坏原则，应该抓好综合施策，才能系统治理。"

这些年大成桥镇通过亮明绝不无原则妥协的态度，加大对一些非法信访现象的处置力度，提高非法信访的成本和代价，让一些跟风者望而止步，让一些妄图重操旧业者及时刹车。同时，加大对一些合理诉求的解决力度，赢得面上群众的理解支持，发挥群众相互宣传帮教的作用，群众的信访问题越来越少，社会风气焕然一新。

信访难题的破解，让镇村两级干部从过去繁重的信访和维稳工作中解脱出来，轻装上阵，心无旁骛地抓实基层治理的其他工作和乡村振兴工作。

第二记 走出干群一家亲

打破"民不知官所为，官不知民所想"的信任壁垒就是要坚持走好群众路线，从群众中来，到群众中去。干部以脚步为亲，与群众面对面交流，才能用实用直白的语言宣传解读好党的政策；与群众肩并肩劳动，才能用实际行动组织更多人参与家乡建设；与群众手牵手互助，才能让群众感受到党和政府的关怀与关爱。群众的情感是朴实的，眼睛是雪亮的，力量是伟大的，只要我们坚持以心换心、共情共鸣，一定能打通基层工作"最后一米"，走出干群一家亲。

民不知"官"所为的信任壁垒

古罗马历史学家塔西佗所著的《历史》一书在评价罗马皇帝迦尔巴时提出："一旦皇帝成了人们憎恨的对象，他做的好事和坏事就同样会引起人们对他的厌恶。"塔西佗的观点被后世学者们引申：当公权力遭遇公信力危机时，执政者无论说真话还是假话，做好事还是坏事，都会被认为是说假话、做坏事。这种公信力丧失的状况被称为"塔西佗陷阱"。在现实中，当乡镇政府不被群众信任，干部不被群众认可，无论你干什么事都会受到质疑甚至阻拦。用最通俗的话讲就是民不知"官"所为，更不会给予信任和支持。

上级部门的各类检查考核，频次多、材料多，犹如一根"指挥棒"，基层干部忙于落实，与群众接触越来越少，离群众越来越远。而我个人因工作岗位的变化，开会应酬成为常态，向上跑资金和项目成为工作重头。哪怕我时常在内心深处告诫自己，千万不能用俯视的眼光看待群众，千万不要对普通人的疾苦视而不见，千万不可活成自己学生时代憎恶的那种人。虽然内心时常反思甚至发虚，但无可回避的是，机关作风和衙门做派不知不觉成为我们这一代基层干部身上固有的标签。20世纪，因为要收取农业税和统筹提留，干部不得不走家串户；要抓计划生育、搞"三冬"生产，干部也长期活跃在乡村大地。随着农业税的取消，计划生育政策的调整，土地的集中流转规模经营，虽然农民负担轻了，干群之间的直接矛盾冲突少了，但干群距离拉远了，关系生疏冷漠了。

很多时候，老百姓的怨气是被生硬冷漠的干部作风逼出来的，是被坑洼道路和脏乱村庄环境愁出来的，是被信访不信法和利益至上的庸俗民风惯出来的。在走访调研中，我发现一个非常让人伤感的事实，一方面，老百姓骨子里羡慕干部，渴望被干部重视，能与干部成为朋友，从大多数老百姓家里想请村干部特别是村支部书记担任红白喜事的主事人就可以看得出来，能请到支部书记或者村干部主事，是一种面子、一种地位。另一方面，镇村干部费尽心思争取项目资金，修路建水利，乃至脱贫帮扶、年底慰问，这些惠及民生的工作，却没有几个老百姓会认为是基层干部努力的结果。他们得了实惠，只会觉得国家政策好，国家力度大，这些发展建设惠及民生的成果与乡村干部的工作付出没有多大关系。甚至在他们的潜意识里，基层干部就是喝茶、看报纸、开会、填表格，整天无所事事。更有甚者，家里来了干部客气得不得了，外面看见干部却横眉冷对。他们言谈之中的干部，没有几个讲清廉、能做事。

羡慕干部，骨子里又或多或少仇视干部；希望遇见好干部，潜意识里又觉得基层难有好干部。这种矛盾心理，导致干群关系越来越淡漠，处于剪不断理还乱的尴尬境地。究其原因，最核心的是群众很少在家门口和田间地头看见干部，当然不知道干部干了些什么，自然对干部没有好感。深入了解群众越多，我的这种判断越强烈，危机感越浓。我甚至觉得，在基层治理和服务过程中，我们把90%的精力用在了常闹矛盾纠纷、打12345、信访投诉等不到5%的那部分群众身上，面上的群众习惯性被我们视而不见。干群之间渐行渐远，成为基层治理一道肉眼不可见，但事实在不断扩大的裂缝。这犹如家庭里的两夫妻，平时不吵架，也难得见面，见面了也不说话交心，由无话可说的"冷暴力"演变成毫无感情的婚姻桎梏。

不知道从何时开始，基层工作渐入一种怪圈，老百姓的期望高、诉求多、眼向上，大到修路架桥，小到家长里短，甚至提出一些政策一时难以解决的个人诉求，认为这统统是干部必须帮助解决的事情，得不到解决就认为是基层干部不作为。基层干部受到事权、财权等因素制约，不可能将群众提出的诉求一揽子就地解决，做到有求必应。群众想要的，政府给不了，政府想宣传倡导的，群众又不一定热衷，导致干群之间不信任，基层干部不愿意"热脸贴冷屁股"去和群众交流，诸多工作习惯于坐在办公室发号施令，电话遥控指挥，干群关系自此陷入恶性循环。连续几年，大成桥镇的平安建设民意调查、禁毒民意调查、12345热线排名均在全市处于垫底位置。特别是禁毒工作，本来吸毒者不多，工作也做得不错，但老百姓在接到调查电话时，把对干部的不满发泄到了民意调查的答题中。干群关系如果不能修复，干部和群众如果不能同频共振，基层工作就会寸步难行。

干部走心，干群就能一家亲

要想打破民不知"官"所为的信任壁垒，关键是让群众看见干部、认识干部、了解干部。干群关系绝不能成为油水关系，干部如油漂于水面，脱离群众就极易形成油水不相融的局面。要让干部常态化联系走访群众，坐在一条板凳上和群众交心交友，俯下身子倾听群众诉求。

打动群众，感悟基层，源于脚步为亲。我始终坚信，只要干部走心，干群就能一家亲。只有勤走动，才能拉近干群彼此距离；只有勤交流，才能使信息互动对称；只有勤互助，才能携手一起进步。隔阂在交流中化解，理解在沟通中增进，信任成为共同发展的基础。

从2019年4月开始，大成桥镇出台了干部常态化联系走访群众工作制度，把全镇八个村划分为154个网格，每名干部联系一个网格。每名网格干部每月至少走访 10 户群众，每月组织网格内群众开展一次义务大扫除，每月在群众家里吃一顿饭，每半年召开一次屋场夜话会，每月至少为有需要的群众提供一次贴心服务。同时把每月的 8 日定为群众走访日，这一天食堂不开餐，没有特殊工作的干部须下村入网格到群众家中走访。之所以把集中走访日定在 8 日，是为了纪念毛泽东 1944 年 9 月 8 日在八路军战士张思德的追悼会上发表《为人民服务》演讲这一具有特殊意义的历史事件。我们试图把老一辈共产党员为人民服务的优良传统找回来，试图通过干部的细心贴心服务把人民群众的心焐热聚拢起来。

通过五年持续不断地走访，大成桥镇的每名干部至少走访了 500 户次以上的群众。一个网格，少的只有 40 来户，多的 100 来户，意味着平均每个家庭，网格干部至少上门走访过 5—10 次。通过共同努力，大成桥镇的干部基本认识网格内的每户群众，和他们坐在一起聊家常成为常态。在外地的村民，可能平时难以见面，但也通过电话、微信等进行交流，或者逢年过节时上门拜访。全镇 9100 户 3.5 万人，谁在外地干什么、住在哪里，谁家里有未成年人、残疾人，有什么生活困难，每名干部心里都有清晰的台账。

唐立在联系大成桥村玉河三组的五年时间里，全网格 100 多户，他每户人家至少到过十次。不管是邻里之间的矛盾纠纷，还是家庭内部的小事处理，他都事必躬亲，有温情有方法地妥当处理。网格内有一名无儿无女的孤寡爹爹，与一名外地流浪过来丧偶多年的婆婆相依为命过日子。在走访中，他得知来这边搭伙过日子的婆婆因之前户籍地开展人口普查时，漏登户口，现已年满 60 岁却无法享受城乡居民养老待遇。一个月 200 多块钱，对相依为命、无儿无女依靠的老人来说，是一笔难得的收入。他厘清来龙去脉后，开车带着老人四次往返于老人的原户籍地，路程达千余公里，终于帮老人把户口办好，让老人顺利享受养老保险待遇，网格内的群众都为他点赞。群众认可他的为人和影响力，因此平时动员群众搞大扫除、调解邻里纠纷，大家都特别愿意跟着他一起行动。

曾和我搭档的杨伟军镇长，一张密密麻麻的手绘地图把他与百十户群众连接起来。他联系永盛村长盛网格，这个网格（也是村民小组）的名字叫作长盛，现实情况却是遗留问题长盛不衰。长期的煤炭开采，导致基础设施毁损，半数以上的农田因不能蓄水而抛荒，房屋斑裂严重，民间债务纠纷众多，几乎到了民怨沸腾的地步。他联系这个网格后，一有时间就到群众家走访，组织召开户主会协商解决具体问题。他发动群众筹资投劳 40 多万元，联系在外乡友捐资近 50 万元，持续推进长盛组的乡村道路拓宽、水利设施提质和美丽屋场建设。不到两年时间，组内遗留问题基本处理到位，还建成了全镇第一个高标准美丽屋场。网格内五保户、事实无人抚养儿童过生日，他自己掏钱购买蛋糕、食物，组织群众到他们家里去做饭、搞卫生、庆生日。网格内的盲人脱贫户就业无门，他帮助联系宁乡市城区的按摩医院，介绍脱贫群众去学按摩技术，支持他们开按摩店。他几乎用一己之力，颠覆了整村群众对干部的感观和看法。2022 年 10 月他调走的那天，长盛组的群众得知后，自发邀约五六十人来到镇政府办公地，带着鸡蛋、腊肉、花生等来送别，乡下的土特产把车子的后备箱都塞满了。望着他渐行渐远的身影，大家流下了依依不舍的泪水。事后有干部感叹："原来在大成桥当干部也可以当到这个境界！"

五年时间里，我走遍了154个村民小组，走访了上千户群众，召开了几十场屋场夜话会，认识了所有的村民小组长和大部分邻长。青泉社区的村民小组长陈凯在镇上开了多年酒店，他说："贺书记是第一个在我们组上的屋场夜话会上认识的党委书记。"

我所联系的玉河五组有一对相依为命的老年夫妇，婆婆得了癌症，身体疼痛难忍，生活捉襟见肘。详细了解情况后，我立即想办法帮他们申请低保，动员爱心人士捐款，保证她每月有800元左右购买止痛药。

网格内朱某家，全家七口人，两个老人80多岁，一个儿子打零工，儿媳妇有精神残疾，三个孙子要上学，全家生活困难。因外嫁的女儿在城里有商品房，他们一家享受不了低保待遇。我与市民政局多次对接协调，帮他们全家办上了低保，自己每年掏出3000多元买两头半大的仔猪让他们喂养，确保他们过年时能改善生活、增加收入。我还千方百计动员爱心人士捐款三万多元，帮他家里进行简单装修；结合团市委帮扶，为三名小孩儿打造了爱心小屋；带着志愿者至少每个季度上门跟小孩儿进行一次交心谈话，彻底搞一次卫生；镇财政每年帮他们解决三名小孩儿上学坐校车的费用。

网格内的杨望平大嫂，唯一的女儿出嫁了，老公中风瘫痪在床十多年，自己患乳腺癌多年，开个小店维持生计，日子过得艰辛而没有盼头。我了解情况后，到市民政局为她争取临时救助，每月去她家走访一次，上门送点东西，言语上给予鼓励，打电话给她女儿让她多回家看看。她也经常邀请我在她简陋的家里吃饭，我基本不拒绝。快要调离前夕，她女儿刚好从婆家回来陪伴父母小住，还特意给我送了几斤乡下抓的鳝鱼。

群众的困难和疾苦，如果我们不深入接触了解，就永远发现不了。久而久之，一旦我们的内心变得麻木，即使发现了问题也可能视而不见。我反复告诫自己，也反复提醒大成桥镇干部，我们大部分人是农村出身，不要洗脚上岸就忘记了和我们父母一样依然生活在乡村最底层的人民群众。我们的好友通信录里既要装得下干部和商人，更要装得下群众和访民。对群众的漠视，就是对自己出身的背叛，一定要让自己的心软一点，再软一点。

干部好不好，老百姓心里有杆最准的秤。这秤一头连着党委政府，一头连着人民群众，机关干部就是这杆秤上的定盘星，是脚步为亲的使者。这五年，大成桥镇收到人民群众送来的锦旗和感谢信数不胜数。有的为群众切实提供了帮助，解决了困难；有的单纯只是因为通过走访、攀谈、和群众交朋友，人民群众找到了被尊重的感觉，看到了他们所期待的那种干部，而发自内心表达自己的心理感受。可亲可敬的人民群众，只要我们为他们做了一点点实事，他们总是感念于心，以最朴实的方式，给予我们最真诚的鼓励，即使做得不够，也给予理解包容。

2021年春节前夕，镇党委政府写了一封情真意切的感谢信，通过干部送达每一个家庭，让每一个最平凡的大成桥人都能在这一年可喜的变化和成就中找到属于自己的那份荣光。2022年春节前夕，我们制作了一份精美的日历，日历记录下大成桥一些感人而精彩的瞬间，由干部送达每一个家庭并带去新年的祝福。2023年春节前夕，我们定制了一批物美价廉的家用果盘，印上"善行大成　和美乡村"的标识，每家两个，再由干部冒着风雪送达到户。

世界上最遥远的距离不是海角天涯，而是我们即使同在一个乡镇也无法熟知和理解对方。信息网络时代，人与人面对面的交流显得弥足珍贵。所以，我们踏遍千家万户只为实现情谊常在；诉说千言万语只为实现心心相通，想尽千方百计只为相互支持。感谢信、日历抑或果盘承载的不仅是小小心意，更是浓浓干群鱼水情。

"官"不知民所想带来的无奈

基层一些好的决策和想法，很多时候构思很丰满，实践起来却很骨感，想推动一项工作，有时候异常艰难。我到大成桥镇工作的前一年，全镇一年因交通事故死亡17人。看到这个冰冷的数字，我知道这至少有34个家庭的幸福因此被腰斩。剖析17起事故发生的原因，我们发现80%的事故与摩托车有关，特别是骑摩托车不戴头盔、随意变道引发的事故最多。于是，镇党委政府决定开展摩托车专项整治和安全宣传，以村村响广播、发放资料等方式，对一些典型案例进行曝光，开展宣传教育。

同时，每天安排十多名干部和交警对骑车不戴头盔、搭载多人等违法行为进行教育和处罚。

我们以为这项整治能够得到大部分群众的真心拥护，也能够在较短时间内取得好的效果，没想到事与愿违，民间不但不叫好，反而骂声一片。一部分群众说政府干部又在抓摩托车搞罚款弄收入，一部分群众说上面要考核排名，下面又在搞运动式执法了，还有人说让志愿者上路是在搞形式主义。

群众不支持项目落地的现象和理由五花八门：争取资金到乡村搞建设，帮群众把进出的道路修宽一点，到处有阻工，不是菜地寸土不让，就是林地里砍了两棵树要求给补偿；建一个污水处理厂，被说成是个污染环境的毒瘤，坚决不能支持；引进一个项目，要拆迁房子，明明补偿至少是房屋造价的2—3倍，偏偏还涌现不少"钉子户"；推动高标准农田建设小田改大田，到处是阻力；山塘清淤，也有人要求把淤泥不计成本运走，不能倾倒在田里；动员群众交城乡居民养老保险、医疗保险，有人说这不关干部的事，更有甚者说是退休干部发不出工资要他们交钱来补充；发动群众搞环境卫生，不但没人参加，还被冷嘲热讽，结果是干部在干，群众在旁边指指点点。

2018年，为了给大成桥镇带来人流物流，镇党委政府通过努力争取到在宁横公路上建一个交通服务和游客中转中心，征地价格达到七万元/亩。本以为这是件水到渠成的好事，但十来亩地征了两年也没落实到位，有几户群众以各种理由不同意签字，镇村无可奈何，只得暂时中止了项目。连续几年上级安排的孕前优生检测、"两癌"筛查和老年人体检等民生实事项目，本有利于群众健康，但基本没有人响应，无奈之下镇村通过发放纪念品、上门接送等方式来推动工作落实，效率极其低下。乡村道路和水利建设出于各种原因基本处于停滞状态，一方面农田抛荒，道路破损，另一方面群众不齐心、不支持，项目无法推动。除了想做的事推不动、做不成，上级安排下来的很多工作，也因为数据不好看，常常排名靠后，处于被动挨批评的境地。碰了一鼻子灰的干部，经常向我抱怨。

难道真的是大成桥镇的群众思想境界特别低，他们不想安全、不想致富，一点也不向往美好的生活？虽然明知道不是这样，但这些问题还是时常让我陷入困惑和纠结。

带着复杂的心情，我走访了不少群众，特别是与一些人口中所谓的"顽固分子"进行了深入交谈。从他们不尽相同的碎片化叙述中，我基本理出了一个轮廓，那就是他们只知道政府或干部要干成什么事，却无从知晓具体原因，也不知道做好这件事能给他们带来什么利益和好处。

我们总是站在自己的立场思考问题，自以为是地认为上面的政策都是对的，推行起来应该畅通无阻，甚至还把自己当成了包揽一切的父母，觉得群众就如同子女一样，照着父母的安排做就好，反正父母的出发点是为子女好。换位思考一下，即使在家庭里、在父母面前，又有多少人会对父母言听计从，多少人没有叛逆过，多少人在自己羽翼渐丰后不是嚷嚷着要独立行事？

干群以心换心，共情同行

干群没在同一频道上思考，基层工作推动难，根本原因在于干部没有以合适的方式把上级政策、本地决策宣传好、解读好。"理论只要说服人，就能掌握群众；而理论只要彻底，就能说服人。"[①] 只有让群众产生共情共鸣，群众才会乐意接受。我们需要用最直白的语言告诉群众为什么政策是这样的；基于什么考虑要做这件事；做了这件事，地方有什么好处，个人有什么收益，当前有什么利好，未来有什么期待。

为了解决这个"老大难"，我们将基层面临的一些棘手事项捋了捋，按照经济发展、民生实事、基层治理3个大项，专门列举了20多项具体工作，组织干部进行系统培训，并编印了专门的资料，指导基层干部把这些工作的内涵理解清楚，能够向人民群众宣传讲解透彻。

说实在话，基层干部的能力水平参差不齐，加之乡镇工作有千条线，每人负责的工作各不相同。很多人对没有接触的工作感到陌生，即使有些工作，是他们亲自负责的，也可能知其然而不知其所以然，更不可能把具体事项的来龙去脉和逻辑关系讲得直白明了。开展这种业务培训，统一宣传方向，很有必要，恰逢其时。

等基层干部掌握政策和宣传口径以后，党委政府要求他们在网格上门走访的时候一对一交流宣讲，在召开屋场夜话会的时候

---

① 《马克思恩格斯选集》第1卷，人民出版社2012年版，第9—10页。

选三五个主题集中宣讲。分线干部在推动具体工作时，能够通过集中开会或事前交流，把道理讲清讲透。一年之后，全镇基本实现了政策是怎么样的，干部都知道；干部知道的，群众也知道；干部是怎么考虑的，群众基本能够站在同一个立场考虑。

为了发动群众缴纳城乡居民养老保险，我们专门制作了一个计算表格，告诉群众每个缴费档次达到退休年龄后每个月能够领到多少养老金，多少年可以收回成本。同时清楚解释了在每人每月领取的养老金中，有278元来自国家财政补贴，这部分即使不缴费到退休年龄也是可以领取的。这种通俗易懂的语言和方式，让群众从根本上明白了动员他们缴纳城乡居民养老保险不是为了弥补干部退休金不足，而是为了让每个人老有所养、老有所依。

为了动员有较好经济条件的群众缴纳更高档次的城乡居民养老保险，除了跟他们算清投入回报账，还跟一些年轻群众讲清实惠，告诉他们为父母办一场寿宴，可能随便花费五六万元，只图到一时的热闹阔气。缴纳最高档的养老保险，只需要4.5万元，这一档在退休后却每年至少可以领取7000元的养老金，不到七年就领回了成本。这样，既让父母老有所依，也能减轻子女赡养负担。通过深度解说宣传，大成桥镇刮起了一股"不办寿宴送社保"的旋风，半年时间就增加近千个缴纳最高档次养老保险的居民，这一工作方法和成果得到了人力资源和社会保障部的肯定和推介。

为了推动高标准农田建设，打破承包地之间原有的界线，实现土地流转和适度规模经营，我们跟群众算增产的账，算租金增加的账，给他们稳定承包经营权不变的承诺。2022 年、2023 年两年时间，全镇推进了近万亩的高标准农田建设，没有出现一例阻工现象，土地基本实现集中流转到村级合作社，更加有利于产业发展。之前无法落地的交通服务和游客中转中心项目，也因为宣传到位、氛围好转，一个户主会就把土地征收了下来，项目得以快速建成。方法的转变带来思想的转变，思想的转变带来工作的高效，全镇的各种民生实事项目得以更快落实。

面对与困难群众说不下去、对青年学生说不进去等尴尬状态，基层干部说什么、怎样说才能让群众信服？我想答案应该是学会换位思考，以群众切身利益和获得感为出发点，与群众以心换心讲家常话，实事求是讲真心话，上情下达讲大白话，只有与其产生共情共鸣，才能赢得干群同心同向同行。

不能有一个群众掉队

为了解决财政资金不足、现实政策障碍以及干部能力精力有限等问题，为了更好服务群众、帮扶特殊群众，让大成桥镇的每个群众都能享受发展红利、人文关怀，不在小康路上掉队，我们因地制宜出台了代表人士联系特殊群体的工作方案，广泛动员"两代表一委员"、企业家、退休公职人员一对一联系帮扶社戒社康的涉毒人员、判缓刑的社区矫正人员和事实无人抚养儿童。我们动员代表人士至少每季度上门走访一次所联系的特殊对象，进行慰问帮扶和心理疏导，特别是要因人施策，在就业和发展产业方面进行指导，每年给予不低于 3000 元的实物支持。代表人士中的女性和教育卫生一线人员主要联系事实无人抚养儿童；企业家主要联系有就业和创业意向的社戒社康的涉毒人员和社区矫正人员；领导干部和基层干部主要联系生活有困难或心理精神有障碍的对象。这些特殊群体在代表人士利用自身优势的帮助下走出心理和现实困境，重拾生活勇气，步入正常生活轨道。

2019年以前的几年，大成桥镇在册吸毒人员以每年五人左右的速度增长。吸毒人数虽然不多，但引发非常棘手的社会问题。一人吸毒就使整个家庭支离破碎，更有甚者，把周边的邻居、同学、朋友发展成吸毒下线。自从代表人士联系特殊群体开展一对一帮扶后，大成桥镇连续五年没有新增吸毒人员，在册的吸毒人员除了4人因病死亡、12人基本没有劳动能力以外，其他人都找到了工作，生活回归正轨。所有在册吸毒人员五年时间只有一人有复吸行为。我们用赤诚和努力，打破了民间流传的"一朝吸毒，终身戒毒"的论断。

对这些特殊群体的困难，只要有利于他们回归正常生活，只要能帮助他们干事创业，基层干部和代表人士皆倾尽全力。曾经因吸毒纳入社区康复管理的尹某，强制戒毒回乡后想干点事，但苦于没技术、没资金，找工作也没有单位想要，人生再次沮丧失落。为预防他在这种情况下重操旧业，联系他的代表人士、大成桥镇社禁毒协会会长陈桂先同志，带着他到我办公室寻求办法，我们经过合计商量，决定鼓励帮助他发展规模养殖。我们帮他联系了有经验的养殖户进行技术辅导，陪他一起选择场地，协助他与邻居沟通流转土地搭建养殖用的鸡舍，镇村出力帮他把进去的道路进行拓宽修整。在他的养殖场建设期间，我和陈桂先三次到现场帮他出主意、给他加油鼓劲，在得知养殖区域电压过低带不动粉碎玉米的粉碎机后，又出面联系供电部门，免费帮他把两相线路改成三相线路。他面临资金压力时，我们又一起找银行，出面为他借款提供担保。他感受到了政府和社会浓浓的关心，咬紧牙关自力更生，在生产第二年就收回成本，实现了盈利。他也因此一直对政府和社会心怀感恩，不但一心一意发展产业，还主动加入社会禁毒协会，现身说法，一起宣传禁毒工作。难能可贵的是，自从回归社会后，他对老人特别孝顺，不但被评为创业典型，还被群众推选为村上敬老爱亲的先进人物。每到过年，他都会给我和陈桂先打个电话或发条信息，送上一两盒寄托着他心意的鸡蛋。

　　五年里，大成桥镇的每个角落都留下了基层干部的足迹，每户家庭每个群众都感受到基层干部的赤诚之心，每项举措、每个项目都得到了群众的理解支持。干部通过与群众交流，成就了人生价值，汲取了奋进力量。群众通过与干部交流感受到浓浓关爱，激发了内生动力。过去"民不知官所为，官不知民所想"的信任壁垒被完全粉碎，干部以真情实感与群众打成一片、融为一体，有助于在民间舆论场凝聚广泛正能量。基层干部被群众信任，得以成为处理各类矛盾纠纷和动员组织群众参与乡村建设的"压舱石"。干群同心，其利断金，大成桥镇迎来了干群齐心干事的最好时代。干部收获的一面面锦旗，也是一面面镜子，映射出的是基层干部作风的转变，映射出的是干群的鱼水情深。

第二部分

强基赋能

　　基础不牢，地动山摇。基层党组织软弱涣散，干部队伍士气低落，社会治理没有合力，成为摆在我们面前的一道道难题。想要谋事成业，夯实基层基础是必然选择，形成最大治理共同体是必然趋势。重塑基层干部情怀与勇气，激励干部主动担当作为，发动能人回乡治村创业，培育发展各类社会组织，打造社会治理共同体，最终落脚点在于把人民群众充分组织动员起来。一路走来虽艰辛，好在大成桥镇一步一个脚印，咬定目标，积小胜为大胜，终于集全民之智、聚万众之心共同建强基础，赋能乡村治理。

第三记　干部是决定性因素

———

乡镇干部是乡镇工作的主体，乡镇干部的综合素质、业务能力、精神状态直接关系乡镇各项工作的开展。那时大成桥镇的干部面对仕途晋升无望、干事创业群众不理解等局面，心生了"躺平"想法。如何重燃他们的希望、提振他们的信心？唯有用温暖与力量感染每个人，用践行承诺来激励每个人，用制度和纪律来规范每个人，才是最好的出路，才能带动干部想干事、能干事、敢干事、干成事。

即将倒下的多米诺骨牌

履职的第一次见面会上，我基于乡镇实际情况和干部队伍的稳定，做出了当年度"不换人、不换图、不换挡"的承诺。在情况不清、人员不熟、工作思路未形成的情况下，我认为首先要保持队伍的稳定性和工作的连续性。

但情况总是出人意料，我上任不到一个星期，经济发展办公室主任、综治办公室主任、统计站长、扶贫办公室主任似乎商量好了一样，纷纷来到我办公室请辞，另外听说还有几个也在犹豫要不要来请辞。每个人给出的理由各不相同，诸如自身年龄大、扶贫工作压力大吃不消、家里有老人小孩儿要照顾等。即便如此，这种情况也与我之前工作的乡镇大相径庭。之前工作的乡镇只要新领导干部上任，年轻干部就追求上进，纷纷向领导汇报请缨担任中层骨干。那一瞬间，我甚至怀疑大家是不是欺负我这个"外来户"，故意给我施加压力。

带着心中的疑惑，我与相关领导干部进行了深入沟通，也向之前调离的领导干部私下请教，总算摸清了请辞背后的门道和深层次的原因。十多年来，大成桥镇仅通过"四类人员"的比选提拔过一名干部，干部们看不到前途和希望，出现了少做事少担责的"躺平"想法。大成桥镇连续几年在全市乡镇综合考核排名中位列倒数，加之信访问题频发和村级干部队伍建设存在问题，上级领导和部门对大成桥镇的干部评价不高，大家在平时参会和工作对接过程中总感觉低人一等，面子上挂不住。最重要的是因为干群关系比较紧张，干部整体精神状态不佳，缺乏奋斗精神和攻坚克难的勇气，诸多工作推不动、拿不下，中层干部觉得自己两头受气，工作举步维艰。

当时的经济发展办公室主任跟我倾诉，一个污水处理厂的建设项目就把他搞得焦头烂额，无所适从。根据上级项目铺排，大成桥镇要选址新建一个污水处理厂，本以为这是一个有益民生的项目，推动起来轻而易举。没想到，项目刚选址就遇到了难题、污水处理厂的选址必须在地势相对低洼的地带。物色到几个合适的地方，刚召开动员会议准备启动土地征收工作，就有群众放风说，污水处理厂有重度污染，要团结起来反对征地和项目落地。如此项目选址几易其地，最终无功而返。一年后，湖南省委巡视宁乡市，把大成桥镇污水处理厂建设不力作为问题交办，交办的方向为干部不担当不作为。

问题交办后，全镇高度重视，力求克服"邻避效应"带来的影响，全力以赴做群众思想工作，终于在半推半就中将项目选址定在青泉社区，艰难地完成了土地征收工作。项目建设中，青苗补偿、工程车辆过境乡村道路、零星工程承包、建筑材料运输等问题，又持续出现群众阻工行为。直至2019年我到任的时候，依然是个半拉子工程，且前期工作不充分，项目用地牵涉小面积基本农田而不能批转为建设用地，导致包括环评、建设施工许可等行政审批手续不能及时办理等系列问题。经济发展办公室主任忧心项目即使建成，也因程序不规范面临被追责、问责的风险。

扶贫办公室主任则直截了当地告诉我，不仅他自己不能坚持了，而且办公室副主任、一个刚参加工作两年的选调生，因应对上级频繁检查和下面工作跟不上节奏，已患上轻度抑郁症，扶贫办需要进行全面换血改组。

领导班子无激情动力，中层骨干想辞去职务"躺平"，基层干部士气低落、茫然无措，是当时大成桥镇干部队伍作风散漫的真实写照。如果换了新的领导班子，还一切照旧，不扭转作风、提振士气，整个干部队伍将如倾倒的多米诺骨牌，陷入崩溃。

穷则思变，难则图强，只有改变方有出路。

做有温度、有力量的领导

正当我一筹莫展之时，干部里发生了几件小事。

社会事务办公室主任唐晓华的父亲去世了。2020 年 8 月，唐晓华将到龄退休，她是中层骨干里年龄最大、为数不多没有提出辞职的人。知道这个情况后，我主动邀请几名领导班子成员，驱车几十公里上门悼念，并且陪着她到了下半夜才离开。干部的父母去世，之前大多数情况都是分管领导代表单位上门悼念，我初来乍到，在工作缠身的当口，能够带队上门悼念慰问，无形中在同事之间立起了有人情味的人设，大家对新书记的看法不经意间有了些许改变。

安监站干部熊湘，家庭条件相对困难，配偶在外市的某县学校任教，适逢当时宁乡市有教师选调考试，他爱人报名参加考试，顺利通过了笔试。知道这一情况后，我主动告知他，我爱人是宁乡市小学语文教师队伍里的首席名师，如果有需要，可以给他爱人进行试教面试环节的培训。他听了以后，有些不可置信，开口第一句话就是"培训多久，需要多少培训费"。我担心他不敢接受这个好意，笑着跟他说了句："先培训，考上了再说呗。"然后，我请我爱人出面，邀请另外三名小学语文优秀教师和她一起给熊湘的爱人专门辅导了四天。

当熊湘爱人在面试环节落选，他们自己感觉无望的时候，我听说宁乡市城区意向报名的小学生比计划的激增了不少，可能需要调入教师。于是，我以大成桥镇党委的名义，向宁乡市人民政府打了个请示报告，请求帮助解决基层干部夫妻两地分居的困难，将熊湘的爱人调入宁乡市。后来又出现了外县不放人等诸多波折，我四次跑到外县协调，最后终于帮熊湘爱人办好了调动手续。当我把这个喜讯告诉熊湘的时候，他们夫妻掩面而泣。事后他逢人就讲我对干部的关心。

任职期间，我一直保持着一个习惯，把每名镇干部、村干部、骨干志愿者、企业老板、乡友乡贤和重点信访群众的电话存在通信录里，并备注好他们的生日时间，在他们生日当天打个电话或发个信息祝福，感谢他们对我工作的支持和对地方治理发展的贡献。

人心，就这么通过一件件一桩桩真实发生的小事慢慢凝聚起来；信任，就是在一次次一回回真心换真心中浇筑起来。一些工作和生活中的细节，让绝大部分干部改变了对乡镇党委书记的看法，他们不约而同地觉得，我是一个有人情味、爱帮忙的书记。

得以兑现的承诺

对几个申请调整岗位的办公室主任，我一直没有给他们正面答复，而是鼓励他们先坚持把工作干下去。在观察到镇干部或多或少因身边发生的小事而产生积极变化后，我与班子成员研究，决定召开机关干部大会。在这个会上，我在事前没有走漏任何风声的情况下，扔下几颗"重磅炸弹"，化被动为主动，在日后的工作中承诺——兑现。

我承诺至少在大成桥干满五年时间。除非出现责任事故或者工作不力上级不满意要进行组织调整，我个人绝不因工作压力大或有提拔重用的机会而主动申请调离大成桥镇。而且我希望自己成为大成桥镇现有 11 个领导班子成员里面最后一个离开的，大家未走我不走。时至今日，我兑现了承诺，在大成桥镇干满了五年，而且是 2019—2020 年领导班子成员中最后一个调离的。

我承诺倾尽全力向组织推荐积极上进、担当作为的干部，力求让优秀干部进入组织视野，得到提拔重用。在大成桥镇工作的五年时间里，我唯一一次掉下眼泪，就是为了推荐干部。当时"四类人员"比选，大成桥镇有两名干部入围，但由于没有理解透考察规则，两名入围干部都在最后环节被淘汰。为此，我专程找了时任市委书记和组织部部长汇报，讲到心酸无奈处，自己的眼泪哗哗往下流，既是对机遇未能把握的愧疚，也是对结果的心有不甘，还有试图争取改变结果的最后挣扎。这些年来在组织的关心下，大成桥镇的绝大多数班子成员得到进一步重用，有两人被提拔为乡镇长，两人由副科级提拔到正科级。

我承诺镇党委政府将因人定岗，大胆使用年轻干部。在会上，我勉励原有中层骨干担当作为继续奋斗的同时，公开鼓励年轻干部要敢于向组织"要官"。年轻人追求进步，开口"要官"，不是功利表现，而是敢于为事业担当、对自己充满自信的表现；追求更好的平台，不是为了索取更大的权力，而是为了更好地干事创业。在中层骨干层面稳定下来后，镇党委进行了一次大规模的人员调整。我们将当时中层干部里面大家公认最优秀的党政办公室主任调整到经济发展办公室培养锻炼。时至今日他在新的乡镇负责乡村振兴和项目建设工作，抓起工作来游刃有余，很大程度得益于在大成桥镇负责项目建设工作的这两年锻炼。当时大部分人都不理解为什么把他从最重要的党政办公室调整到经济发展办公室，而现在他被提拔后特别感谢那段难得的锻炼经历。2020年初，我们将一个参加工作仅三个月的选调生，安排至乡村治理办公室主任岗位上，2021年他参加工作未满两年即通过年轻干部比选，被提拔到团市委副书记岗位。在组织的关心下，大成桥镇年轻中层骨干有4人走上副科级岗位，多名选调生被选拔到长沙市机关工作。

我承诺要让大家工作体面、有成就感。针对大成桥镇当时工作短板和突出问题，我鼓励大家通过一年的努力，打一个漂亮的翻身仗。用一年时间，我们要把"晴天一身灰，雨天一身泥"长期被通报批评的人居环境提升到全市前列；用一年时间，我们要彻底修复紧张的干群关系；用一年时间，我们要把频发的交通亡人事故压控一半以上；用一年时间，我们要把工作绩效考核由连续几年全市倒数提升到中等行列。只要工作成绩出来了，形象自然就改变，底气自然就更足，腰杆也自然就更直。这些承诺一一兑现，交通事故亡人率连续保持50%左右的压减，年终绩效考核获评中上等级，干群关系在交流走访中不断修复，大成桥镇获评全国首批乡村治理示范乡镇，连续三年获评长沙市人居环境管理优秀乡镇。

我承诺减负赋能，不加班也要做好争优。当我提出这个口号的时候，大部分人觉得匪夷所思。当时乡镇处于脱贫攻坚关键时刻，一轮轮的督查考核验收应接不暇，加班成为常态。我和班子成员、中层骨干多次碰头研究，尽可能地优化工作流程，创造性地根据本乡镇的实际情况来推进工作。事态发展也如我们计划的，除特殊时期特殊岗位的同志偶尔加班外，全镇干部五年里基本没有成建制地加班。

以诚感人者，人亦以诚而应。承诺给别人的是一种期待，给自己的更是一份责任和担当。因为有了承诺，领导班子成员与一般干部之间有了共同愿景和目标，有了更多信任与支持，一同承受压力，一起品味艰辛，一块儿分享喜悦；因为有了双向奔赴，大多数干部能人尽其才、人岗相宜，同心同向同行。承诺得以兑现，成效得以彰显，这是必然的结果。

让制度说了算

为了加强干部队伍的常态化管理，大成桥镇通过制度来约束和激励人，五年内三次优化干部管理制度。每一次制度的调整，都广泛征求意见，召开镇党委会议专题研究讨论。

为了突破干部干多干少一个样，工作积极性无法通过奖金绩效来调动的瓶颈，我们对中层干部采取考核系数计分制度。中层正职计分系数为1.4，中层副职为1.2，副科级别的党政领导计分系数为1.3，正科级别的党政领导计分系数为1.2，让多劳者多得，建立有充分正向激励的薪酬体系。

为解决分管领导对干部不愿管、不敢管的问题，我们强化干部日常考核制度，并明确分管领导为末位排名者背书。干部考核分为工作考核计分和民主测评两个部分，一个季度考核一次，排名后三位的干部，由其分管领导上台进行表态发言。这样，把管理干部的责任传导到每个分管领导，让分管领导抓干部作风建设、履行管党治党主体责任更上心、更有现实动力。

为解决干部随意请假的积弊，我们在考勤管理制度中明确规定，上一天班即计一分，无论事假病假，只要没上班的，就不能得这一分。过去干部随意请假现象严重，这样那样的请假理由层出不穷，分管领导一方面说干活儿少了人，另一方面对干部请假从不拒绝。实行考勤量化计分，既不把人文关怀的路子堵死了，也能够让多劳者多得。

为了让干部务实作风联系服务群众，我们制定制度，要求每名干部联系一个网格，每月走访10户以上群众，少走访一户扣一分，弄虚作假一户扣10分。要求干部每月为群众提供一次以上的贴心服务，组织网格内群众每月搞一次义务大扫除，每半年召开一次屋场夜话会。凡是工作不到位，导致本网格出现拨打12345投诉、邻里纠纷未及时调处、信访的，均按制度进行扣分。

好的制度关键在领导带头示范。在大成桥镇工作期间，我带头走访群众，工作再忙，也要每月走访10户以上群众。我最开始联系的大成桥村玉河八组，有80多户群众，两年时间内每家每户我都上门过三次以上，解决邻里矛盾，指导建好美丽屋场。2021年，我又主动调整到了一个有140多户的网格，通过三年走访，熟悉了网格内的每户群众，动员他们筹资投劳把过去脏乱差的地方建成了美丽屋场。有好几次班子成员跟我建议，干部联系网格走访群众可以坚持，但领导班子成员联系村就可以了，没必要联系网格、硬性走访群众。在这个关键问题上我一直坚持不动摇，强调自己带头、领导带头，干部才可能上行下效，蔚然成风。

好的制度贵在坚持和执行。出台党员干部管理制度，总会面临压力和非议，越是不想做事的干部越有意见。上班的计分，不上班的就扣分，甚至有个别人说"连生病请假都扣分，单位和领导太没有人情味了"。面对这些非议，我们顶住压力，一方面做好个别干部的解释工作，另一方面决不做"老好人"。我个人甚至在大会上和大家敞开心扉交流道，不出台严格的管理制度，你好我好大家好，可能一部分干事者会稍有情绪，但大部分人都没有意见；出台严格的管理制度后，干事者会更有干劲，但也可能出现极个别反对者，甚至痛恨者。我虽然希望得到大家的理解支持，但深知，我不是人民币，不可能让所有人都喜欢。我作为一名管理者，哪怕让自己身处风口浪尖，放在火上炙烤，也别无选择。

好的制度，以人性为出发点，制度的存在不是为了惩罚，而是为了约束人性，把人性中的负能量放在制度的笼子里，把正能量尽情释放出来；好的制度，讲的是相对公平，向多劳者倾斜，让不劳者少得；好的制度，更要讲究严格和一视同仁，以身作则胜千言。我们要通过建立一些实用的制度，为担当者担当，为负责者负责，为干事者撑腰。

把纪律教育融入日常

平时开会，我经常用简洁的语言把要布置的工作落实到个人，但对于干部的纪律教育，时刻放在心上、抓在手里。每年，我要在大成桥镇为广大党员干部讲几次作风建设的党课，一讲就是两个小时以上。作为单位的"一把手"，我担心同事出事犯错，所以像家长一样长期唠叨提醒，发现苗头及时敲打。

在美丽屋场和公益基础建设过程中，个别村干部在项目建设上不重视程序，工程管理中追求多快好省，极有可能产生的后果是项目建设质量不过关、财务凭证不规范，为以后的项目验收、财务审计、巡视巡察带来诸多遗留问题。本着对大家负责、对自己负责、对继任者负责的态度，我要求财务村账会计对各村的票证进行严格审核，缺少佐证材料、不符合财务要求的一律重新完善再审批。在美丽屋场等项目建设推进会上，我把各村项目建设推进中出现的问题，比如某村道路硬化没有考虑天气、温度影响，导致实施几天后多处出现裂缝；道路拓宽未与自然资源等部门密切衔接导致占用少量基本农田等，要求各村把出现的问题整改到位，其他村干部要引以为戒，在建设中做到公开透明、多方考虑，不仅要把项目做好，也要真正赢得群众口碑，让群众得实惠，而不被群众诟病。

乡镇干部年龄不等、学历结构不一、综合素质不同，同时由于在乡镇工作的一般干部流动性不强，在一个地方待久了，或多或少会形成一些懒散或者自以为是的习气。某干部工作认真负责、性子直爽，但容易动怒。在一次处理群众投诉问题时，因涉及调查取证、上报审批等程序需要一定时间，但群众要求解决的心态比较急，多次打电话催促，同时话里话外有干部不作为的指责。该同志觉得她为调解纠纷尽心尽力，却吃力不讨好，在电话里甚至与群众高腔互掉。我得知情况后，便和她进行了谈心谈话。一方面，对她面对群众不友好的态度进行了严肃批评，并且要求镇纪委进行谈话提醒；另一方面，耐心细致地引导她面对各种群众时要端正态度，稳住心神，不要被带偏。同时，让她多参加一些纠纷调解现场会。慢慢地，她虽然没有成为矛盾调解的行家里手，但也没发生被投诉的事件了。

大成桥镇个别干部爱交朋友、爱喝酒，不爱惜身体也不顾家。甚至有个别干部酒驾，不仅受到处分，而且影响绩效工资，使家庭经济收入减少，自己更是有些颓废。在干部大会上，我与大成桥镇的全体干部职工算政治账、经济账、健康账、家庭账，让大家清晰了解一朝醉酒带来的不利影响。同时，对于爱交朋友、爱喝酒的干部，我还通过采取领导干部传帮带、亲友团帮扶、与家庭成员主动沟通交流、调整合适岗位压担子等方式，让他们感受到家庭的温暖、真朋友的关心以及工作带来的忙碌和价值感，不断丰盈精神、充实生活，从而远离因无所事事而用酒精和热闹来麻痹自己的不良氛围。

2021年4月在全镇党风廉政建设大会上，我号召全镇干部向陈行甲同志学习，做一个有信仰的人，把工作当成事业来经营，把家庭视为责任来看待，把人生理解为奋斗和奉献，我们才能保持清醒、自我觉醒，真正体味人生的价值感和成就感，即使在经历生活磨炼、看清生活真相之后，依然能热爱生活，让生活更有力量。做一个干净的人，形象上干净可以获得别人的好感、让人感到清爽；经济上干净能坚持原则、内心踏实安稳；交友上干净能赢得他人的信任和尊重，让生活更轻松。做一个有爱的人，爱地方和单位，才会有强烈的组织归属感和集体荣誉感，全力以赴投入工作；爱身边同事和朋友，才会相互理解和包容，共同分享酸甜苦辣；爱群众，坚持以人民为中心，时时处处站在群众角度来换位思考问题和解决难题，才会真正办实事好事，让生活更幸福。做一个有敬畏的人，敬畏法律法规，自觉用法律约束自己，规范言行；敬畏组织，在大是大非面前站稳脚跟，在重大原则面前立场坚定；敬畏权力，权力是人民赋予的，要保持头脑清醒，做到居安思危、防微杜渐；敬畏生命，珍惜生活，珍爱他人，做有意义的事，让生活更踏实。①

绕不开的书记镇长关系

不同于县级以上行政机关，乡镇基本上党政不分家，人财物在一个锅里。有人说："乡镇党委书记只说话不做事，乡镇长只当家不做主。"也有人说："乡镇只有一个一把手，乡镇党委书记说，乡镇长是乡镇长才是乡镇长。"更有极端者说："乡镇党委书记、乡镇长是一对天敌，乡镇党委书记想做事，乡镇长怕出事，乡镇党委书记踩钢丝，乡镇长求平安。"从我在乡镇担

---

① 详见附录一《做四有干部，享健康生活——在全镇党风廉政建设大会上的讲话（节选）》。

任党委书记五年、镇长三年半的经历来看，我认为乡镇党委书记和乡镇长应该成为最佳合伙人，乡镇党委书记和乡镇长相处的最高境界是做到两个脑袋思考、一个腔调发声。

在镇长岗位的时候，我站在乡镇党委书记的立场看乡镇党委书记。乡镇的压力基本在乡镇党委书记身上，无资金运转支付了找乡镇党委书记，向上争资金争项目主要靠乡镇党委书记，乡镇工作干得好，上面表扬的是乡镇党委书记，工作出状况，上面批评的也是乡镇党委书记。从一定程度上看，乡镇党委书记对内对外讲话有底气，可以代表一个单位一个地方，而乡镇长讲话办事只能代表个人。基于这些认识，我担任镇长时主要把握五条原则：其一，绝不允许任何人在自己面前搬弄是非、议论乡镇党委书记，因为一个人可以在镇长面前议论乡镇党委书记，就可以在书记面前议论自己；其二，乡镇党委书记和党委会决定了的工作，全力以赴抓好落实，涉及人员统筹调度的事项请乡镇党委书记出面；其三，乡镇党委书记要做的事，即使自己不完全认同，但只要不涉及违纪违法和大的原则问题，也就不反对、不拖后腿，不要担心乡镇党委书记调离后留下的摊子自己不好接，以后到底谁接还完全是个未知数；其四，一些事情乡镇党委书记未提前通气或未上会研究，而是个人决策安排布置了，不要放在心上，乡镇党委书记不是家里的小媳妇，不可能把每个人的情绪都照顾得妥妥帖帖；其五，尽可能地在诸如发动群众筹资投劳推动道路、水利、美丽屋场建设等为民服务的工作中，在不增加财政支出的前提下，主动作为，通过推动工作来锻炼提升自己。要不然在乡镇长岗位干几年，回过头来检视自己既没增长才干，也没留下业绩。

我做乡镇党委书记期间，先后有三任镇长和我搭档。我的处事原则是做人可以交心，做事可以托底；在日常工作中，多说话，少管事，只做主，不当家；自己想做的事，跟镇长沟通确定路径后交给他去统筹推动，镇长想做的事，只要在政策财力可承受范围内尽量支持；原则上不支持副职绕过镇长直接向自己汇报工作，特别是涉及资金、项目的事项，要先征求镇长意见。我也非常庆幸，和三任镇长都相处得非常愉快，基本上做到了两个脑袋思考、一个腔调发声。只有两个主官步调一致同向同行，才能带领广大干部和群众开创干事创业的良好局面。特别是与我共事时间最长的杨伟军镇长调离之际，我在欢送会议上以一篇草成的《致伟军镇长》为他饯行，他热泪盈眶，与会者哽咽一片。

干部是做好基层工作的决定性因素。引导和管理好干部需要我们用心用情，因为管理人实质就是管理人心和人性。只有认真分析每个人所处的不同位置、所处岗位的不同立场，以及不同的心理状态，才能换位思考，抓好管理工作。乡镇工作中的不同层级关系和人际关系需要用不同的方式方法来处理，但根本点无外乎制度规范和人格魅力。制度规范可以形成强制性约束，形成底线不可触碰的震慑，而人格魅力则是一块磁场，可以吸引更多的同志一起为目标努力奋斗，即使是两个性格强势的人相处，也会惺惺相惜，彼此赋能，共同成长。

第四记　建强基层治理指挥所

随着乡村振兴战略的全面推进，农村基层组织存在的干部队伍学历水平不高、致富带富能力不足、政治引领作用发挥不够等问题逐渐凸显出来，大成桥镇各级党组织和党员干部同样面临着这些问题，只是层次不一、表象不同，但也到了不得不重视和整治的关键时刻。如何夯实基层党组织战斗堡垒作用，充分发挥党员示范引领作用？能人治村、梯队培养后备干部、加强党员教育管理成为关键措施。

一个段子道出的沉重

刚到大成桥镇工作不久，一名乡友给我讲了一个段子：过去的大成桥镇，一到村级换届，药店的××喉宝就脱销。为什么呢？因为当地的老百姓说，村级换届临近的三五个月，想当村干部的和受人委托支持别人当村干部的所谓"骨干分子"就十分活跃。白天他们按兵不动，一到晚上就走家入户，搞非组织活动，导致群众家里的狗狂吠不止，叫哑了嗓子，需要吃××喉宝来治疗。这虽然只是民间笑话，却道出了一个乡镇在换届选举过程中面临的无奈和沉重。现实的情况是，过去近20

年来，只要村级换届选举铺开，整个乡村就会暗流涌动。有好几次村级换届，县级不得不派出由组织部、纪委、公安局组成的工作组进驻，维持秩序和整肃风气。

在2017年的村级换届中，一个村有十名党员受到党纪处分，七名党员受到治安处罚，四名党员被开除党籍，就是因为他们串联写标语，搞非组织活动。同样也是在这个村，255名党员中曾经担任过村干部的党员超过半数，很多人想在村干部岗位上大显身手，谁当上村干部，其他人就在后面搞是非、揭短板。党员之间拉帮结派、相互倾轧内斗的情况非常严重。从2017年完成村级换届到2019年3月，该村换了三任村支部书记。其中第一任支部书记被党员、群众举报，受到党纪处分后主动辞职，村委会主任接任支部书记干了几个月后无法驾驭复杂局面，连同村委会主任职务一并请辞。无奈之下，市检察院派驻的扶贫工作第一书记主动担当，代理支部书记，半年后不堪重负而请辞。

可能很多人会疑惑，这样普通甚至落后的地方，为什么群众当村干部的热情这么高，拉帮结派意识如此强？这是因为过去大成桥镇有煤矿，最好的一个村每年有800万元的煤矿承包收入，村干部支配村集体经济收益的自由裁量权非常大。20世纪90年代，个别村的村干部待遇达5000元/月。更有甚者，给群众发福利，少则一年500元/人，村级换届年为了笼络人心，最多的一次2000元/人。村集体经济收入无法承担，就寅吃卯粮找煤矿承包人高息借款，导致村级负债累累。

大成桥镇的煤矿在2014年整体关停，但原来村班子、党员之间相互内斗的风气依然延续了下来。在村集体没有收益，甚至负债累累的情况下，部分党员、群众觉得当村干部依然是件有利可图的事情，争先恐后加入竞选。

在上级的强力介入下，2017年村级换届虽然勉强走完流程，但多个村留下的是不尽如人意的班子，党员、群众短时间也无法弥合内心的创伤。一个村因为党员、群众相互举报，支部书记和村委会主任双双下马，村会计临时救急担任支部书记，班子缺额两人。一个村搞完村级换届后两年内，三名党员一直揪着村支部书记告状。一个村一名年龄超过60岁的村干部占着岗位不干事，混日子拿工资。三名退职、落选的村干部找镇政府提要求。镇政府没有办法，只能把他们招为临聘人员，他们基本上拿着工资不干事。

啃下最难啃的骨头

针对几个村基层党组织软弱涣散，无法正常开展工作的现状，在安排镇领导班子联村时，我联系问题最突出且支部书记空缺的大成桥村，杨伟军镇长联系负债最多的永盛村。我们力求通过走访调查，解剖麻雀，全面摸清基层党组织软弱涣散的深层次原因，全力提升基层党组织组织力，以务实的行动赢得广大党员干部和人民群众的支持。

大成桥村是全镇人口最多的村，户籍人口超过6000人，在2016年的第二轮合并村行动中，由过去的大成桥村和玉河村合并而成。在2004年的第一轮合并村行动中，这两个村又是由归属于 1995 年撤区并乡之前两个乡的五个村合并而来。合并之前，两个乡的群众交往互动较少、村级党组织缺乏凝聚力，因而村级组织虽然合并了，但人心并未聚拢。特别是第二轮合并后一年即开展村级班子换届选举，过程跌宕起伏，虽然程序上完成换届选举，但埋下了隐患，后续震荡远未偃旗息鼓。

大成桥村这个大村又有两个极为特殊的片区。大成桥片区的一、二组，是原来的乡政府所在地，2003 年乡政府搬迁后，原有街道开始冷清凋落。采煤沉陷引起的房屋斑裂现象出现后，一部分村民在政策的适度补偿下拆除房屋搬迁，另一部分村民不同意搬迁，就居住在到处是房屋拆除后的破败环境中，他们心中积怨，长期上访，要求得到高额拆迁补偿或进行居住环境改造。而一到汛期，采煤沉陷区房屋安全隐患突出，镇村需要软磨硬泡，动员他们临时避险转移，工作难度大。玉河片区的一、二、三组，紧挨宁乡市最大的河流——沩江，在 2017 年的特大洪灾中，基础设施毁损严重，更有同一个家庭的三名群众在救援撤离过程中因冲锋舟倾覆落水死亡，整个片区沉浸在洪灾阴影中一直不能完全复原。加之片区类似于湖区的布局，地势低洼，房屋交错，道路狭窄，村民经常因宅基地纠纷、污水排放、道路拓宽等问题发生矛盾和冲突。这两个片区邻里矛盾突出，对镇村意见较大，一度达到镇村干部不好到场开展工作的地步。

2017 年村级换届完成后，大成桥村支部书记来自合并村之前的大成桥片区。因为思想工作未做到位，换届后的融合工作推进不力，加之换届过程中有十名党员搞非组织活动受到处分，换届后举报不断。

新任支部书记因在平时的公务接待中不规范、救灾资金使用混乱，被党员和群众持续举报，受到党纪处分后主动辞职。特别是玉河片区的党员在持续不断的举报中抱团在一起，上届支村两委班子成员自成派系，相互看不顺眼。在这种复杂局面下，村里日常工作难以推进，更别提推动乡村建设和发展了。

解铃还须系铃人。我花了大量的时间、精力走访骨干党员和退职村干部。一天晚上，我来到年近八旬的退职村会计陈建仁家。看到镇党委书记晚上上门，还带着两包茶叶，老会计既意外又感动。在近三小时的攀谈中，他反复跟我强调，这届大成桥村班子人选把握得不好；造成今日局面主要根源在于合并村的决策失误和2017年村级换届的仓促；主要责任不在党员和群众，而在镇党委工作不细、把关不严；大成桥村的党员和群众经过近三年的折腾已近于一盘散沙，只怕无力回天。

老会计也有情绪，说近年来，无论是在平时还是换届前后，镇里的领导和干部不尊重老同志，平时不走访、不联系、不听取意见。他看在我一片诚心的分上，语重心长地提醒我，大成桥村是捅不得的马蜂窝，谁去捅就可能麻烦缠身，村上的困难会变成个人的麻烦。他还告诉我，人心散了，很难重整，想当村干部的人多但没几个真心为公，有情怀、有能力的人又不愿意回来，大成桥村的问题终究是一道无解的难题。临走的时候，他还给了我一个承诺："看在贺书记想把村上搞好的分上，你有什么决定我都会支持，也尽量去做一做跟自己关系不错的党员的思想工作。"

接下来我又走访了十多名退职村干部、近百名普通党员和村民组长。在退职老支部书记欧建华家里交流时，他告诉我一个之前未掌握的情况。除了班子问题，村上在没有任何集体收入和经济来源的情况下，账面负债近500万元，另外还有诸多之前村干部表了态但未入账的小项目以及饭馆、商店的签单欠账，这些加起来应该不少于200万元。在与其他党员和组长交流的过程中，无一不弥漫着悲观丧气的情绪，除了发泄对过去的不满，大部分同志虽然希望大成桥村变好，但又都觉得希望渺茫、无从下手。

在这种情况下，2019年4月底，我组织大成桥村的党员和村民组长召开了大会，重点分析了村里的现状及问题的成因，以及延续下去可能带来的严重后果。当然我也表达了镇党委指导做好村班子建设的坚定决心和初步设想，同时跟他们讲了对于未来乡村建设和产业发展的一些思考和方向。

我跟他们说："咱们大成桥村，到了最危险的时候。如果作为党员的我们还不深刻自醒，不团结协作，今后大家不但是时代的罪人，更是祸及子孙后代的罪人。"

在讲这段话的时候，我观察到会场里有好几名老党员在擦眼泪。散会后，几名老党员在走廊上拉着我不放，泪眼婆婆地跟我说："我们村能不能迈过这道坎儿，就看书记的了，一定拜托你多费心多想办法呀！"

刮骨疗毒再出发

农村富不富，关键看支部；支部强不强，要看"领头羊"。要解决基层组织的系列问题，建好支村两委班子是关键，而建好班子又重在选好人、用好人。为了重整大成桥村的班子，我们明确了三条"一律不用"选人原则。

其一，之前担任过村干部，或者在村级换届过程中参与过拉票等活动的一律不用。新班子只用干干净净、毫无牵扯的素人。其二，自身素质不过硬的一律不用。村干部待遇低、压力大，自己还在小康线下奋斗，带富能力和驾驭能力不强，群众威信不高，有可能对公共资金乱伸手。其三，没担当和斗争精神的一律不用。当村干部除了正直勤奋，还要敢于斗争、善于斗争，三教九流、各色人马都不畏惧。

明确了选人用人原则后，我对2017年换届选举上来但不能胜任职务的村干部，采取做好思想工作、介绍他们另谋生路的方法，多管齐下劝退了几名同志，给班子重建留下了空间。

然后，我又组织该村的党员和乡友召开了座谈会。开会之前，我做足了前期工作，安排党建办的同志给该村50岁以下在外的党员和乡友逐个打电话、发邀请。第一步告诉他们镇党委为了重建村班子，计划召开一个座谈会听取意见，问其是否愿意参加。第二步向愿意回来参加座谈的，详细了解他们是在务工还是在自主创业，他们从事职业的岗位职务或企业规模的大小。事后，我一一打电话给在外做管理和做生意办企业的党员和乡友，进行深入沟通交流。

在如期召开的座谈会上，我重申了建好村级班子的重要性和紧迫性，强调了之前明确的选人原则，然后把大部分时间留给参加座谈会的同志畅所欲言。50多名党员和乡友，每人围绕怎么样选好人和建班子进行了发言。座谈会上虽然没有一个人主动站出来说愿意回乡担任村干部或村支书，但我还是从几名同志的发言中，感受到他们殷殷的家乡情，感受到他们渴望大成桥村变好的强烈愿望，同时也从中观察到有几个同志非常有思路、有能力。通过座谈交流，我们物色到两名适合担任村支部书记和三名适合担任支村委干部的人选。

接下来，我带队对几名人选从侧面进行全方位调查了解，并与他们一个个相约进行深度交流，动员他们回乡任职，治理家乡、建设家乡、回报家乡。不过，说服他们回乡的过程，远比观察选人艰难。正如一位老党员说的，"有能力有情怀的又不愿意回来"。我给他们讲之前我工作的乡镇村干部的荣光和成就，村干部干好了，有的得到了国家级表彰奖励，有的当选了省市人大代表，造福一方百姓的成就远超过办企业挣钱，给他们讲当村干部可以结识更多的人，争取更多的社会资源。总之，能够"洗脑"的语言和办法都用上了，还拜托他们的朋友帮忙做动员工作。其中的艰辛和反复可谓一波三折，五味杂陈。

刚开始一个在外面开餐饮连锁的党员，本来答应回来担任村支部书记，正准备开始走相关流程，却因他家人的强烈反对而态度坚决地退了信。第二人选是个开金刚石厂的企业老板，我上门发动他同为村支部书记的同学和在体制内工作的小学老师一起做思想工作，他本来答应得好好的，但在一天喝酒后又给我回信，说压力大、信心不足要退出，最终我们通过反复沟通、多方策动才终于把他这个村支部书记意向人选定下来。后面又根据同样的办法和流程选定了一个副书记人选，选定了一个优秀的党外人士进入村班子担任后备干部。

在当时那种情况下，村支部书记、副书记通过正常选举流程当选面临巨大挑战，于是我们通过镇党委会研究，报市委组织部审定批复，在非换届期间，顶着小部分党员的压力和非议，走了大会任命流程。历时两个月，终于通过党员大会任命公布了新的支村委班子成员。班子虽然当时勉强过关，后期也运行良好，但依然有一名党员，因有过信访和参与非组织活动的经历被排除在候选人之外，无法转变思想，持续举报新任村支部书记、副书记，由此可见当时阻力之大、情况之复杂。

村级负债也是压在基层的一块巨石，不搬开，工作无法正常开展。多个村的集体负债到了崩溃的边缘。全镇八个村（社区），除了大成桥村，还有三个村负债严重，永盛村被法院判决进入执行阶段的债务近 8000 万元，村账被法院冻结三年多，连环卫工人的工资支付和村办公场所的电费缴纳都成问题。青泉社区和二泉村也因煤矿开采期间的透支借款，负债均超过了千万元。其他几个村，负债从几十万元到上百万元不等。我履职的前三个月，四次陪同村支部书记去法院与债权人协商，请求对方不冻结村级集体账户，以维持正常运转。

镇党委政府持续努力，通过输血与支持村集体造血相结合的办法来破解村级债务困境。2019 年，我们创新方式整合了农村综合性改革试点试验项目资金 200 万元，通过报上级许可，向青泉社区和二泉村各投放 100 万元，支持村集体入股本村优质企业，每年按 5% 的固定收益和不低于 4% 的经营收益享受分红。分红所得可以解决一部分小债主的还款问题，同时也让更多债权人看到了希望，为后续协商取消冻结村级集体账户打下基础。

我们每年都压缩镇机关的公用经费支出，整合了 100 万元以上的资金支持几个困难村化债还款，为此同事说我对镇机关吝啬到一条横幅的钱都要省下来的地步。从 2021 年开始，每年固定下拨 400 万元的资金支持负债最重的永盛村还债。平时一些生活确实困难的债主找到村里的，均是镇村共同想办法挤出资金来还款。在镇村的共同努力下，永盛村还款超过 1300 万元，青泉社区和二泉村还款过半，大成桥村近 500 万元的债务全部还清。五年时间，永盛村解冻后的账户再也没有因还款不及时或出现新的诉讼而被再次冻结。

选好书记、配齐班子，搬开压在头上的债务大山，各村的工作才算走上正轨，方可一心一意地组织发动群众开展乡村建设，推进乡村治理和产业发展。

千难万难，只要重视就不难；大路小路，只有行动才有出路。只要我们带着"有解"思维去攻克每一个难题，带着"重新"出发的力量去迎接每一个挑战，一切工作都能找到价值感和成就感，一切发展都能滚滚朝前进。

当好信得过、靠得住的"娘家人"

镇村之间被定位为什么关系最精准和合适？有的说镇村是一家人；有的说镇是镇、村是村，法理上没有关系；还有的说镇是村的婆家。我在乡镇党委书记岗位上五年，更习惯于把镇定位为村的"娘家人"，以这个定位来理顺彼此之间的关系，协调配合推动工作。

娘家人敢于批评讲真话。婆婆在媳妇面前说话处事很多时候需要委婉一点，但作为娘家人，婆婆不好讲、不敢批评的真话，娘家父母可以直言不讳。基于这个定位，对村干部特别是村支部书记，有逾越规矩的行为、工作有失误、工作态度不端正，我本人和其他领导班子成员都是开门见山地提出来。我们也大力倡导镇村干部之间、镇党委书记和村支部书记之间，真正做到以心交心，坦诚相待，保持常态沟通交流，干工作不弯弯绕、不藏着掖着，力求做到越简单越轻松。

娘家人只帮忙不干涉。原则上，镇事镇办，村事村办，镇对村不过多干涉，就如同娘家人对待出嫁的女儿一样。女儿想做生意，想开店办厂，想怎么样教育自己的子女，都根据自己的计划来。需要娘家父母帮忙的，能够出点钱的就出点钱，能够帮忙带下孩子的就帮忙带下孩子。各村每年的工作重心，可以根据各自的实际情况和自身需求来规划，镇里不做统一要求，只尽可能地给予支持帮助。

这五年来，镇党委政府向上争取了近三亿元的各类资金投入到村，支持各村因地制宜推进乡村振兴工作。各村也是百花齐放，各显身手。永盛村重点以美丽屋场建设推进乡村旅游，入选 2022 年中国美丽休闲乡村。鹊山村以土地"三权分置"改革推动适度规模经营获评全国文明村、全国乡村振兴示范村。大成桥村重点发展产业，规划万亩预制菜配套香芋基地，实现产业和集体经济双发展。成功塘村聚焦群众筹资投劳参与公益建设，将全村所有道路拓宽黑化，率先实现五米宽的改性沥青路通达每个村民小组。二泉村、梅鸣村着力引进和培养小型农产品加工企业，带动群众就业，村集体经济实现分红创收。青泉社区、玉新村着力推进高标准农田建设和水利建设，发展水稻和烟叶种植。全镇统一要求的基层治理、移风易俗、志愿服务等工作，各村都有序推进。

娘家人是可以撑腰的。外嫁的女儿在婆家的地位，在一定程度上也取决于娘家人的态度。村一级能否放开手脚干事，能否面对压力轻装上阵，镇党委政府的态度十分重要。记得 2019 年，二泉村有三名党员因个人利益诉求没有得到满足，一直持续不断地向上级反映村支部书记一些鸡毛蒜皮的事情，还经常到我这里告状。村支部书记不胜其烦，甚至有撂挑子不干了的想法。

针对这种情况，我在大会上亮明态度："站在镇党委书记的立场，支部书记如果有什么错误缺点，我肯定该教育的教育，需处罚的处罚。但是一些人基于个人情绪，在我面前说他这样不好、那样不行，还都是一些上不了台面的个人感觉和判断，我肯定是反感的。而且我也不可能顺着他们的喜好，去强行改造村支部书记，按照他们的喜好来改造，可能他们满意了，大多数人就遭殃了。"如此一说，原来一些想借镇党委政府的手实现个人目的人大多偃旗息鼓了，一些心怀私怨的人在我们强硬的态度面前止步了。

还有一次，青泉社区两个因自身经济问题落选的村干部，跑到我办公室来告现任村支部书记的状。我对这名村支部书记的为人和村里的情况相当了解，对这两个反映问题的对象也深知其根底。等他们把诉求表达完后，我轻描淡写地说："如果你们想要查村里的问题，我完全支持。但是不能只查这三年的，要查就倒查十年，包括你们两人任期内的。正好借着这个机会，还你们退职和现任村干部一个清白，给全村群众一个交代。你们回去考虑一个星期，如果觉得这样可行，就再来找我，我立马安排队伍进驻。"一个星期后，他们两个人没有再来，五年中也没有任何风吹草动。

这五年间，在各个村推进工作举棋不定、无法独自承担压力之时，镇党委如果研判认为所推行的工作有利于地方发展，让群众生活更幸福美好，且风险不高，便会给予无条件支持。大成桥村有片40多亩的农田先后于1998年和2017年被洪水冲毁，抛荒多年。村组准备实施复耕整治，但苦于没有资金。这片农田情况特殊，下层是丰富的砂质土，但表层堆积了很厚的污泥废土，需要降低标高才能正常灌溉。他们想出的办法是，在局部农田取走几亩砂石，再整体降低标高进行平整，砂石资源出售所得资金不但可以用来支付工程费用，还能把水沟、电排和周边进出道路一并提质改造，但如此实施可能涉及政策风险。在村组拿捏不准的情况下，镇级把情况报告了市农业农村、水利、自然资源等部门，虽然没有一个部门正式批复同意，但也没有一个部门出面制止。在这种情况下，我们经集体研究，义无反顾地支持村里把这个民生工程做好了。事后40多亩农田得到恢复，周边道路提质改造一新，群众一片赞誉。

娘家人是用来兜底的。娘家是避风港，是能够为嫁出去的女儿的坎坷和不幸兜底的。村里过去的历史负债镇里基本上托底了，过去遗留的信访问题以镇里主要领导为主在牵头化解。在烟叶发展、美丽屋场建设等工作中，镇里给予了大量的支持，烟叶生产新增面积所需要的新增烤房，镇里负责兜底建设，涉及跨村的道路改造、河道治理均是由镇一级主导投入。村干部在工作中，受了委屈或不公正待遇，镇党委政府做他们坚强的后盾。各个村因为熟知镇村之间彼此可以托底的工作原则，所以工作起来胆子大、脚步快，工作成效显著。

我刚到大成桥镇的时候，时常有个别群众对村干部心怀不满，有事情直接跑到村干部家里去骚扰他们的家人，使得个别村干部和家人承受巨大压力。为了维护村干部的合法权益，我们和政法机关研究制定了一个处置办法，并在会议上公布。对村干部工作有意见的，既可以到村部去反映，也可以到镇里来反映情况。不管任何情况、任何事由，到村干部家里骚扰其家人的，一律进行传唤训诫，造成实质影响或多次为之的，一律依法从严惩处。自宣布这条规定并依法拘留一个人后，再没有发生过类似事件，有事都在村部解决。

"头雁"引领助推乡村蝶变

大成桥镇这些年声名鹊起，诸多工作走在了全市乃至全省前列，特别是在乡村治理和乡村振兴领域亮点纷呈，得益于"头雁"引领、能人治村。

很多外地来学习交流的人问我："你们能够这么短时间实现翻身蝶变，是不是有大领导在办点支持？"我总是笑着回答："大成桥镇没有领导办点，'头雁'引领、能人治村助推乡村蝶变。"也有人跟我说，大成桥镇的经验是否能复制推广？我告诉他们，乡村治理工作没有多大技术含量，工作思路和方法都可以复制，难以复制的是有情怀、有能力、有奉献精神的领头人。

能人不回来，根源在于信息壁垒。有很多乡镇的领导说，我们这个地方在家的没有几个能人，是能人的又不愿意回来。其实，这完全是一种信息不对称带来的错误判断。乡镇基层领导想当然地觉得，在外创业发展得好的能人，经济条件好，生活自由，无纪律约束，没有几个愿意回乡从事村干部这份压力巨大、吃力不讨好的工作。

其实不然，很多人骨子里有一定的官本位思想，羡慕官员，想成为官员。在村民的眼里，村干部、村支部书记其实是个蛮大的"官"。大成桥镇有个村支部书记的父亲，五年前已生命垂危，但在他儿子回乡担任村支部书记后，老父亲似乎找到了精神力量，身体状态越来越好，从之前的足不出户到天天外出散步，一直活到2024年94岁才寿终正寝。乡邻跟他开玩笑说，因为他回乡担任村支部书记，支撑他父亲多活了五年。

很多真正有能力的人，发家致富后，有衣锦还乡的愿望，有回馈家乡的情怀，骨子里乐意回乡任职。只是他们平时没有接触乡镇干部和具体的乡镇工作，容易被外界参差不齐的信息误导，甚至把村干部、乡镇工作妖魔化。他们想当然地以为村干部工作不好干，干不出成绩，不了解当前乡村振兴战略下乡村广阔的发展舞台和前景。以为当前的乡村社会依然是人情社会，他不认识乡镇党委书记，党委书记也不会推荐他；他跟村里的党员、群众接触不多，村里党员、群众也不会投票选他。基于这些误解，很大一部分人，心里有回乡任职的愿望但羞于表达。信息的不对称和认知上的差异，导致能人回乡雷声大雨点小，效果不尽如人意。

大成桥镇针对这种情况，率先出台了关于加强基层党组织建设，号召能人回乡的"头雁"引领计划，并进行了广泛而持续的宣传。"头雁"引领计划，通过外乡创业能人回引、本地企业管理层挖掘、村班子内部重点培养等多个措施来推动落地，成效既显于当前，还利于长远。也因为人才发展计划动手早、培养快，在2024年湖南省委组织的面向村支部书记考核招聘事业干部的工作中，大成桥镇八个村支部书记有六人符合基本条件。计划在2025年进行的村班子换届摸底中，大成桥镇八个村的村支部书记无论年龄，还是工作能力都完全符合条件。大成桥镇成为全市为数不多的村支部书记结构相当优化的乡镇。

高飞的"头雁"就是基层的一面旗帜。鹊山村的陈剑，是从拥有几家公司的老总回乡任职的村支部书记。他用七年时间把一个全镇资源最差的村打造成全国文明村，用厚实的脚步从大成桥镇这个山沟沟走进北京人民大会堂，在 2021 年建党一百周年之际被光荣地评选为全国优秀党务工作者，2022 年又当选为湖南省第十四届人大常委会委员，成为村支部书记里的"天花板"式人物。

1983 年出生的谢明，在大学期间担任学生会主席，毕业后在中建五局天津分公司担任中层骨干，工作九年后回到家乡担任湖南湘都生态农业发展有限公司总经理，之后又放弃高薪，于 2020 年当选永盛村支部书记。通过发动群众全面参与，他只用了三年时间，就把面积 11 平方公里、有 20 个村民小组 5000 多人的永盛村，由过去一个采煤历史包袱重、村级负债多、基础设施差的村，打造成了绿化、亮化、黑化全域景观化到位的中国美丽休闲乡村。每年到村来参观考察和休闲的游客超过 20 万人。很多从外地来学习交流的团队感叹，一个能干的村支部书记，带领群众只用了三年时间做了大多数村十年甚至二十年都做不成的事业。

接手情况最复杂的大成桥村，易仁杰同志五年时间青丝熬成了满头白发。他带领一班人自力更生，还清了近 500 万元的村级债务，新修道路 20 多公里，建成五个美丽屋场，规划建设了宁乡第一个预制菜配套产业基地，他本人也获评长沙市抓党建促乡村振兴好支书。

其他几个村，因为有"头雁"引领、能人带动，在乡村基础设施建设、产业发展、集体经济增收等方面都取得了显著成绩。

我经常和外地来大成桥镇考察的领导和同行调侃，在大成桥镇担任党委书记是最轻松简单的，只要掌握电脑的"复制"和"粘贴"两个简单命令，把某个村好的做法、好的思路、好的作风"复制"下来，因地制宜"粘贴"到另外的村就好。

群雁高飞"头雁"领，高素质、高质量人才是乡村发展的重要推动因素。我们要千方百计从基层发现和挖掘一批优秀的能人担任村支部书记，以其个人品质、才能、工作方法团结和带领党员群众凝心聚力、逢山开路、遇水架桥，从而引导各村形成你追我赶、互动学习、互助支持的良好氛围。

梯队培养村级后备干部

自 2017 年完成村班子换届，至 2019 年统计，大成桥镇村班子成员平均年龄 53 岁，更有十多名临近 60 岁的同志还在岗位上，半数人只有初中学历，不会使用电脑、不会写简单材料，村里要填报表格、写材料都要请人代劳。按照村干部年轻化的规划，有一半以上的同志要退出现职，但继任人选还是一片空白。过去大成桥镇换届选举频繁出现非组织活动，除了风气不好，没有相对集中填补退职干部空缺的意向人选，也是重要原因。

让村级班子后继有人，解决村干部青黄不接的问题，必须选拔培养后备干部，建设组织梯队。结合前期调研，大成桥镇正式出台了公开选拔培养村级后备干部的文件。选拔的基本条件为年龄 35 岁以下，学历大专以上，本人及家属在当地表现良好，以及其他担任村干部的必备条件。首批我们一次性按照每村二人的配备拿出了 16 个职数公开招考。按照自愿报名、村党支部和村支部书记推荐、笔试、无领导小组面试、考察等几个环节进行。公开考试选拔村级后备干部，在大成桥镇算是开了先河，当时近百人报名，通过层层筛选，最后选拔 16 人，由村里与他们签订培养协议，镇财政按每年 3.6 万元 / 人安排资金到村，由村按月发放补贴。后备干部先被安排到政府机关的各个办公室轮转学习一年，让其全面了解基层工作的运转流程，认识所有镇村干部，有针对性地培养其特长和技能，再把他们放到村里担任后备干部，要求村党支部和村委会给他们压担子，让他们必须独立分管至少一项工作，真正认识群众、熟悉村级工作，为正式进入村干部队伍打下坚实基础。村级后备干部的选拔至少解决了基层干部队伍三个方面的问题。

一是村级班子青黄不接，避免换届时临时物色人选，在一定程度上扭转了换届不正的风气。过去因人选未定，很多人觉得自己有机会而盲目拉票，部分党员群众也因不了解真实情况和组织意图，跟风造势，多种因素叠加造成换届选举混乱。有了后备干部这个群体后，所有党员基本能提前知晓，到换届之时谁到龄了应该会退职，村级后备干部里谁可以成为候选人。而且后备干部有了工作经验和人脉基础，其他人想参与竞选也因没有优势而知难而退。

二是工作效率低下，对现任村干部形成一定的倒逼和压力。原来换届选上的村干部只要没有犯原则性错误，在没有到龄前总觉得自己可以干到退休，所以一部分人占着岗位不做事，一部人只想当"老好人"，不敢坚持原则、不敢斗争，工作重心放在了用语言讨好群众上。他们觉得只要稳定了支持自己的党员群众这个基本盘以后，好干歹干都没有问题。有了后备干部后，年轻人工作能力强、态度好，又有斗争精神和工作激情，孰强孰弱，谁好谁差，党员、群众心中，自然而然有一杆秤。这无形中对现任村干部产生触动，倒逼他们转变工作作风，提升工作能力。2019年和2020年我们进行了两批次的村级后备干部选拔，为村级换届储备了足够的后备人才。在2020年底村级换届中，全镇八个村53个职数，留任的只有25人，其中有八名同志没有达到退职年龄而主动退出现职。受干事创业和新老交替大氛围的影响，两个村的村支部书记没有达到退职年龄，因自感工作激情不够、工作能力无法适应推动乡村振兴的要求，主动申请退出村支部书记岗位。村班子平均年龄下降到46岁，较大幅度地实现了年龄和学历的一降一升。

更重要的是，解决了换届风气不正的问题，让上的上得顺顺当当，下的下得心服口服。各村支部副书记人选，也打破陈规，没有依照原有模式安排资历老的同志接任，而是挑选有工作能力、有培养前途的年轻干部担任副书记，开始为村班子下个五年计划培养中坚力量和接班人。

大成桥镇在培养后备干部队伍的工作中，坚持精选规范原则，严格选用标准和程序，通过推荐报名、资格审查、班子研究、考评面试、考察确定等程序，精准识别优秀的村级后备干部。坚持从优培育原则，建立教育培训、导师帮带、实践锻炼的培养机制，力求把优秀的后备干部培养成熟悉业务、独当一面的能人。坚持严管重用原则，对后备干部实行动态管理，实现优进劣出，同时合理优先使用德才兼备、群众公认的村级后备干部。

党员教育管理硬起来

建强支部要充分发挥党员的先锋模范作用。为了让党员在党言党，在党爱党，引导广大党员亮身份、比奉献，亮立场、比担当，亮作风、比作为，我们针对过去党员身份意识不强、凝聚力不够等问题，打出了系列"组合拳"。

各级党组织书记讲好党课成为常态。作为镇党委书记，我一年给党员讲十堂以上的党课，讲课内容涵盖党性教育、作风纪律、志愿服务、形势分析等，党员需要什么就讲什么，需要党员干什么就宣讲什么。每年3月全镇党员春训，我会采取现场加视频直播的形式上党课，在家的党员集中到现场听课，在外的流动党员通过视频直播形式参与。听完党课后，60岁以下的党员要结合自身实际，写下不少于300字的心得体会和年度承诺。每年的"七一"建党节，全镇召开表彰会议，上党课也是重要环节。同时也会利用屋场会、到村参加活动等常态化开展上党课，让党员不断接受党性教育，潜移默化地提升党性修养和意识。我们要求讲好党课，是各村支部书记必备基本技能。在持续的讲党课中，不但党员受教育，支部书记的能力也得到提升。鹊山村支部书记陈剑受聘成为长沙市党员教育骨干讲师，他不仅把党课讲到了长沙的各个乡镇基层，还经常受邀到外地讲课。

严格把准党员入口关，提升党员素质。为了解决农村党员年龄偏大、活力不够的问题，我们在发展新党员时严格把握入口关，同时着力提升新党员素质。除上级组织要求的基本条件外，我们还规定了一些本地特色的刚性要求：原则上年龄在45周岁以下；培养对象生活工作居住在本镇，仅户口在本地，但长期在外地工作或在城区居住，预计既不能回乡担任村干部也不能返乡发展产业的原则上不培养；列入培养对象前，需要连续三年有积极参与志愿服务的经历，原则上优先在注册志愿者中选拔；要家风好，父母和其他家庭成员在当地无邻里矛盾，平时积极参与村级公益活动，长期支持支村两委工作。这些约束条件，对追求上进、期望加入党组织的人有很大触动和激励。由此，全社会参与公益的氛围渐浓，过去动不动闹邻里矛盾的人会多想一想，一时的冲动会不会对子女造成间接影响。我们提出更高门槛要求，坚决杜绝发展人情党员，村党组织的威信日益加强。

持续整肃风气，增强党员规矩意识。我们要求各级党组织书记常态化与党员开展谈心谈话，针对苗头性、倾向性问题，早发现、早制止、早改正。某村一名预备党员在转正过程中，在其父作为该村党员的情况下，当他收到党员会议的通知后，得知会议议程中包含一项关于其儿子转正事宜的表决。于是，他主动在微信群里向参会党员发出邀请，提议在第二天会议结束后聚餐吃饭。收到违规聚餐邀请后，支部班子成员不但未进行制止，还接受第二天会后转正党员父亲的邀约吃饭。收到这一情况反馈后，我安排镇纪委和组织室组成联合调查组，调查清楚情况，专题召开党委会议，研究确定对该支部进行通报批评，对支部书记进行提醒谈话，对该预备党员做出延期一年转正的决定。

在强化党性锻炼和整肃风气的同时，我们也特别注重对身边典型的倡树和宣传。每年开展一次"大成清风之星"评选活动，对基层普通党员在平凡岗位的敬业奉献典型进行隆重表彰。每年"七一"镇村分别召开大会，选树一批典型进行表彰奖励。同时积极向上级党组织推荐优秀党员、优秀邻长、优秀村党支部书记和优秀党务工作者，让有为者有味，进一步激发广大党员创先争优，担当奉献的内在精神动力。

一个坚强的基层党组织，就是一座领航发展的战斗堡垒；一名优秀的共产党员，就是一面高高扬起的鲜明旗帜，这在基层治理中得到淋漓尽致的体现。曾经软弱涣散的大成桥镇基层党组织在党委政府的全力主导和支持下，坚持"对症下药"，以"刮骨疗毒"的勇气"祛病除疴"。能人治村找到乡村振兴的人才引领关键，梯队培养后备干部有利于解决人才断档问题，而加强党员教育管理则进一步夯实基层基础，这些措施必定继续将基层党组织的政治优势和组织优势转化为基层治理的强大效能。

第五记　组织起来就不怕任何困难

当前，群众生产生活方式多样化、价值取向多元化、利益诉求差异化，但大多数人安于现状，存在"等靠要"思想，因此要将群众组织起来并非易事。用什么方法组织群众、动员群众，让群众心甘情愿、充满激情地投身乡村建设的伟大事业，是一个重大课题。大成桥镇以网格化走访、屋场夜话会等为破冰工具，以村级干道修复、美丽屋场建设、人居环境整治等为行动载体，边开展工作边建立共建共享机制，让群众当主角，以思想意识的"大同"实现干事创业的"大成"。

根深蒂固的"等靠要"思想

曾经的大成桥镇，是个靠煤吃煤的乡镇。村集体有收入来源时，在一定程度上包揽了群众找上门来的各种大小事情。入户道路想硬化，找村委会出钱；山塘清淤、渠圳疏通，找村委会解决；更有甚者，房子后面垮塌泥土也找村委会安排清理。群众的"等靠要"思想极其严重，镇村两级干部也靠煤吃煤，基本不向上争取项目和资金来推动建设发展。

2014年，煤矿一次性关停，镇村断了收入来源，因村级负债拖累发展几乎陷入停滞，但群众的思维依然停留在过去。我刚到大成桥镇任职的前半年，几乎每个星期都有来办公室反映情况的群众和村民小组长，有的说组里需要搞水利、道路建设，有的说家门口路灯因没交电费停了，要求政府解决电费，等等。面对这些情况，镇村干部束手无策，没有资金，谁也不可能变戏法般搞建设。但群众不会这么想，他们始终信奉有困难找政府，政府是万能的。有的群众到镇村两级温和地反映问题，寻求支持；有的群众通过拨打 12345 热线和信访，施加压力。

2019 年，全镇范围内除由交通运输局管护的两条省道外，唯有鹊山村修了一条改性沥青路，其他均为沙石路和严重破损的水泥路，这种情况在宁乡市 29 个乡镇里是孤例。反观周边乡镇，到处都是新修的道路，特别是一些偏远乡镇，因为脱贫攻坚政策的利好，安排了后盾单位联系支持，乡村建设更是一日千里、后来居上。群众眼红、干部着急，但苦于没有资金来推动，悲观失望情绪持续蔓延。

青泉社区花容、木家等三个村民小组共用一条村道，该道路全长 2.8 公里，近 300 户 1000 多名群众的日常出行全靠它。而相邻乡镇的湖溪塘村是宁乡市的一个明星村，乡村产业发展起步早、效果好，道路全部修缮一新，两相对比，若云泥之别。2019 年，这三个村民小组的组长和群众代表，至少不下十人次来找我，表达修路的诉求。我到现场实地踏勘了两次，情况令我非常震惊。一条涉及近千人出行的道路，全程路幅未超过 2.5米，局部临水临陡坡的地方宽度只有 2 米。整条路虽说是水泥硬化路面，但已破烂不堪，大多数区域只见沙石不见混凝土，坑坑洼洼，路面上的大坑甚至使几台车受损。附近的老百姓宁愿忍受"晴天一身灰，雨天一身泥"的折磨，也没有人想着要组织发动起来自力更生修路，也没有人哪怕弄点碎石来把坑临时填一下。见到如此情形，我心中虽然没有成熟的解决方案，也没有底气表态，但暗下决心，一定要把这条路提质改造好。

大成河是大成桥镇的主要河流，玉河片区的拦水闸门，在2017年的特大洪灾中被严重毁损，拦坝抽水的水能泵无法正常工作。如此一来，几千亩农田的灌溉只能依赖临时架设电线的电泵抽水，一年的电费支出超过五万元，大大增加了群众耕种的成本。对此，群众意见较大，甚至部分人将农田弃耕抛荒。村里号召受益的农田承包户筹集部分资金重建闸门，却没有得到任何人响应。

一到洪水季节，大成河流域两岸便沦为汪洋。长度近11公里的大成河，有诸多河段有河无堤，河堤外围就是农田，局部地区农田的标高与河道迎水面持平，河道里的水顺着农田的低洼处涌入，导致周边农作物严重受损。每年被淹没绝收的水稻和烟叶近千亩。2021年，大成河区域一个烟农的近300亩烟叶全部被洪水浸泡绝收。事后，村里和烟农个人想筹措资金修筑简易堤坝，但农田固定承包户不同意。他提出，修筑堤防若占了他的承包地，就必须按国家土地征收政策给予补偿。在他看来，即便当下承租的烟农按堤坝修筑前的确权面积给付土地流转金，但今后其他承租人如果知道承包地因修筑堤坝面积减少了，就会要求根据实际面积相应地减少土地流转金。

诸如此类因基础设施损坏严重而影响群众正常出行和生产

生活的情况在大成桥镇比比皆是。然而，群众习惯于"等靠要"，既不愿意筹资投劳，也不愿意调田让地，而镇村两级又没有资金来支撑这些建设项目的实施，导致每一个亟须推动的建设项目基本胎死腹中。

群众力量是战胜一切困难的法宝

经过深入调研分析，我们深刻认识到在推进乡村治理和乡村建设中所面临的困难和挑战，归根结底，就是没有把群众组织动员起来。只要把群众组织动员起来了，信访、环境卫生、乡村基础设施建设等问题都不是难题，哪怕是推进项目建设中最具体、最棘手的资金筹措都不是问题！

大成桥镇党委经过集体研究，决定在全镇开展学习毛泽东同志 1943 年 11 月在中共中央招待陕甘宁边区劳动英雄大会上的讲话《组织起来》。全镇广大党员干部和人民群众在学习中坚信，群众力量是战胜一切困难的法宝，把群众组织动员起来，一定能形成人民群众共建共享、各尽其能、各得其所的生动局面，人民群众的获得感、幸福感和安全感必将不断提升。

把群众组织起来，"我们就可以克服困难"[1]。通过学习，我们深刻认识到组织起来就不怕任何困难，人民群众才是真正的英雄。从战争时代的支援边区、粮食补给，到新中国成立以后的水利等基础设施建设，人民群众无穷的力量，是我们努力拼

---

① 《毛泽东选集》第 3 卷，人民出版社 1993 年版，第 928 页。

搏、不懈奋斗的源泉。当前农村最基础的水利设施和农田建设，基本是在社会主义革命和建设时期奠定了基础。宁乡市的黄材水库在当时机械化程度不高的情况下，是人民群众用血肉甚至生命铸成的，现在回想起来，堪称奇迹。而创造这个奇迹的，正是人民群众。在宁乡市，大的水利基础工程、基本农田的开垦以及其他的设施建设，都是人力搏出来的，靠的是什么？靠的就是人民群众无尽的热情和聚集的能量。

实践告诉我们，人民群众才是乡村治理的根基。从社团协会发展、环境卫生整治，到移风易俗、营造良好社会风气，都不是靠哪一个人、哪一个单位能够搞好的，而是靠广大人民群众力量的凝聚。举个例子，一个乡镇只要得到群众的支持，大力度实行移风易俗，一年就可以节约 1 亿元。这 1 亿元平时铺张浪费了不易察觉，但若拿出 20%，或者哪怕 10%，用于乡村基础设施建设，都是巨大的资金量。

"把群众力量组织起来，这是一种方针。"[①] 通过学习，我们深刻认识到组织群众力量是我们党的优良传统，也是解决当前乡镇系列问题的根本出路，不仅当前必须坚持，未来还需要长期坚持并不断创新。大成桥镇号召镇村两级党组织担负起把群众组织起来的堡垒职责，发挥好教育党员、引领群众的作用；号召各社团协会发挥把群众组织起来的纽带作用，要求各社会组织更广泛地发展会员，积极拓展延伸活动领域；鼓励各合作社发挥组织群众的吸附作用，依托产业基地和合作社把产业做

---

① 《毛泽东选集》第 3 卷，人民出版社 1993 年版，第 930 页。

大做强，让更多群众参与进来，使他们在产业发展过程中增加就业、提高收入。

"我们共产党员，无论在什么问题上，一定要能够同群众相结合。"①通过学习，我们深刻认识到把群众组织起来一定要同人民群众保持血肉联系。针对大成桥镇的实际情况，我们决定从三个方面切入。一是推动移风易俗，倡树文明新风。婚丧酒席大操大办、人情礼金居高不下，人人都被裹挟其中，叫苦不迭。推动移风易俗，减轻群众负担，正是对群众关切的有力回应。二是推进乡村建设，打造宜居环境。乡村基础设施落后，人民群众苦其久矣，深盼美丽的宜居环境。为此我们响亮地提出，只要人民群众能够组织起来，筹集到项目建设所需的三分之一资金，镇村两级即使再困难，也要挤出另外的三分之二资金来支持村民小组搞建设，挤不出资金到上面讨也要讨回来；反之，若只是等着政府全面兜底出资，那么已有现状不会有任何改变。三是推动产业发展，解决群众就业增收。人民群众找不到挣钱的产业，无法实现在家门口就业，看不到希望和奔头才纷纷外出打工寻求门路。只要找到乡村的需求点，让群众感受到改变带来的切身利益和好处，就能够把群众动员组织起来。

屋场夜话会成为组织动员的敲门砖

方向和路径确定了，接下来就是落实和坚持。要改变人的

---

① 《毛泽东选集》第3卷，人民出版社1993年版，第933页。

思维方式绝非易事，从过去的"等靠要"，到现在要改变建设投入模式，动员群众掏钱出力参与乡村建设，我们深知前路漫漫而曲折，但除此之外别无捷径，更无退路。

从 2019 年开始，我们持续召开屋场夜话会进行宣讲动员，安排联系网格的机关干部和领导班子成员，或从诉求最强烈的屋场开始，或从群众基础相对好的村民小组开始，启动了让群众自力更生参与乡村治理和乡村建设的头脑风暴。为了让规划的道路建设提质，为了让山塘清淤等项目能顺利启动，为了发动群众筹措资金和义务投工，有的村民小组相继召开了四五场屋场会议来统一思想。仅 2019 年一年，全镇就召开了近 400 场屋场夜话会。

我每年至少选择五个以上的村民小组去召开屋场夜话会，听取群众对镇党委政府的建议意见，"把脉问诊"群众急难愁盼的具体问题，动员群众组织起来共同推动移风易俗和乡村建设。凡是我去开过会的屋场，这几年都启动了多个乡村建设项目。青泉社区的儒安组第一年拓宽道路拆除围墙，第二年推动美丽屋场建设；大成桥村玉河五组、玉河八组，建起了罗家湖、黄家坪美丽屋场，大部分山塘进行了清淤扩容。

玉新村有一个片区，是宁乡的母亲河——沩江在此地分支形成的一个洲，洲上有五个村民小组近千人，系在 1995 年撤区并乡后从另外一个乡镇划过来的自然村。合并到玉新村后近 20 年来，这个片区一直没有享受到镇村建设的红利，基础设施滞后，干群关系紧张。从 2019 年起，镇村一直在组织动员他们推动以道路拓宽提质为主的基础设施建设，但是任凭干部开会动员、上门一对一做工作，群众依然纹丝不动。2023 年，我们通过努力，向上争取到将这个片区全部纳入高标准农田建设的政策支持。在推动高标准农田建设、实施小田改大田的政策宣讲过程中，我们一并动员群众筹措资金和劳力来拓宽道路。为此，连续召开了十来次屋场夜话会。最开始，群众不理解，没有积极性；到后来，慢慢有一些组长、党员和在外发展的乡友开始动心；最后，全员参与，项目全面铺开。建设的基本模式是：群众负责筹资拓宽路基，无偿调田让土，自行拆除影响道路拓宽和行车视线的围墙；村里负责拓宽和毁损部分的混凝土硬化；镇人民政府负责全线的改性沥青铺装。我们向人民群众讲清了利好，描绘了未来图景，成立了筹资建设理事会。经过几个月的努力，300 来户群众筹措了将近 80 万元的资金，拆除围墙和空心房近 3000 平方米，义务投入劳动工日 4000 多个。项目虽历经波折和艰辛，但顺利启动并如期竣工，一次性解决困扰五个村民小组 20 多年的乡村建设难题。

屋场夜话会的宣讲①，不但推动人民群众参与乡村建设，而且提升了镇村干部语言表达、统筹组织、解决问题的能力，在乡村基础设施建设、乡村文化建设、平安乡村建设等工作中取得了非常好的效果。

---

① 　详见附录三《我是儒安人，我为儒安好——在儒安组屋场夜话会的讲话》的相关内容。

群众当主角，"思想大同"成就"干事大成"

把人民群众组织动员起来，核心是统一思想意识层面的认知。只要大多数人的想法和方向一致，一切工作都会变得简单而有动力。"近年来，党委政府与我们老百姓始终努力做到面对面、手拉手、心贴心，建设项目请我们一起确定，部署任务请我们一起参与，推荐先进请我们一起评议，让我们话有地方说、事有地方办、困难有人帮、问题有人管，大家的心越走越近、力越聚越拢，大成变化肉眼可见，大成幸福人人有责。"群众感叹道。

这些年，除了破除群众"等靠要"的思想，实现了私事自己办、大事村镇管，大成桥镇还十分注重村里的事由群众当主角，在产业发展上由群众掌握主动权，变"自上而下"定为"自下而上"选；在乡村建设中由群众共同筹资投劳、自我管理监督质量；在基层治理中坚持民主协商议事制度，扩大群众的知情权、参与权，真正让"村事"变成"家事"。

第一，思想意识的"大同"，实现了产业发展的"大成"。2016年，大成桥镇鹊山村土地合作经营鹊山模式获评中国年度十大改革案例。由于实现了全村土地的统一整合、流转、经营，鹊山村土地流转收益从每亩300元提高到每亩600—800元。

鹊山村声名鹊起的一大秘诀，在于发挥群众在产业项目建设中的主体作用。鹊山村村委会先后召开了900多场村民会议，反复征求群众意见，发展什么产业、怎么发展产业，都由群众自己说了算，群众发展产业的劲头空前高涨。

一手握着土地改革的金钥匙，一手开启"民事民定"的成功密码，鹊山村从曾经令镇党委政府头痛揪心的问题村、救济村，不断推动社会治理工作的改革创新，一跃成为全国乡村振兴示范村、全国文明村。

第二，思想意识的"大同"，演绎了乡村建设的"大成"。"以前路上不能行车，房子不能住人。看到周边其他乡镇的美丽屋场纷纷建好了，村民们坐不住了！"毛公塘组村民代表、屋场召集人陈国文聊起毛公塘过去的模样如是说。曾经的毛公塘，是一只丑陋的"毛毛虫"。如今，毛公塘、芋头坡、长盛连片美丽屋场是宁乡唯一的长沙市标杆美丽屋场。

2021 年 6 月，镇村干部在毛公塘组召开村民代表屋场会，84 户人家来了 88 位村民代表，推荐陈国文担任美丽屋场建设召集人，成立包括党员、乡贤等 18 人在内的创建小组，大家一致同意筹资投劳开展建设。

群众筹一点、乡贤捐一点、政府补一点，从毛公塘美丽屋场建设开始，大成桥镇通过"三个三分之一"资金筹集模式，发动群众共建美丽屋场。村民群众在于引导，在美丽屋场创建过程中，要让田土的，党员干部先让；要干义务工的，党员干部先干。五年时间里，全镇建成 87 个美丽屋场，打造了一个长沙市的三连片标杆美丽屋场和一个长沙市级的美丽屋场示范片。

成功塘村通过统一群众思想，只用了一年时间就发动群众和乡友乡贤捐资 400 多万元，义务投入劳动工日 8000 多个，把过去坑坑洼洼的村道拓宽成五米以上的环村公路，实现了黑化、绿化、亮化同步到位。

"看了环村公路 PPT 演示，村民们热血沸腾！"成功塘村支部书记张国强从开始筹备环村公路修建的第一次会议上就看到了把群众组织动员起来的无穷力量。尽管成功塘村的集体经济实力较弱，支村两委还是广泛发动乡友乡贤，通过召开村民屋场夜话会，让建设一条环村公路成为全村 1200 多户人家的共识。从 2023 年 2 月开始，总长 11 公里、预算 800 多万元的环村公路开建，计划将原来仅 3 米来宽的路面拓宽到 8 米以上，涉及 7 个村民组。在村民眼中，这条环村公路，就是通向未来的成功之路。

修路的大额资金如何筹集？拓宽路面需要占用菜地、地坪怎么协调？"三员共治"为成功塘村的问题找到答案，即推动支部党员、社团会员、家庭成员共同参与乡村治理，各组由党员组长及村居民代表牵头，村民们自愿参与，在全村掀起了一场大竞赛，一条环村公路的修建凝聚起全村人的热情和信心。

最多的一天，200 多名村民筹工出力，大家一边干活儿，一边谈笑风生。成功塘组村民代表易合民，协助村组开展工作，八名村民代表组成公路建设理事会，实施该组 898 米主干道的提质改造。仅一个村民小组就筹资 15 万多元，筹工 400 多个，只要提前一天在小组微信群里吆喝一声，告诉村民需要的工数，第二天保管满员开工。党员陈德强每天出工做事，妻子谢桂华则负责做饭，家中最多的时候安排了四桌饭菜，受到众人的交口称赞。

青泉社区花容、木家等三个村民小组出行的道路，在召开会议统一思想和确定建设方案后，于 2021 年启动建设。三个组的群众筹资将近 70 万元，在外乡友捐资争资近 100 万元，由群众和村委会共同努力把路基拓宽到位。镇党委政府找上级交通运输部门、农业投资公司支持，争取到部分项目建设资金，咬紧牙关把路面提质改造到位。过去那条"晴天一身灰，雨天一身泥"、最宽处才 2.5 米的破损道路，变成了路幅接近 8 米的改性沥青路。

道路建成后，又引进正大集团落地投资了一个存栏母猪达 4000 头的标准化规模养殖场，同时集中流转周边近千亩水田，实施种养平衡项目。一条道路的修建，不但改善了基础设施，引进了项目，发展了产业，而且让这个区域的民风更好、人心更齐，社会精神面貌焕然一新。

大成桥镇仅 2023 年就发动群众筹资投劳新修路幅宽度在 5 米以上的高标准改性沥青路超过 60 公里。五年时间，全镇新修改性沥青路超过 200 公里，五个村实现美丽屋场全村覆盖，四个村改性沥青道路通达每个村民小组。

第三，思想意识的"大同"，续写了社会治理的"大成"。面对煤矿关停后错综复杂的治理情况，大成桥镇党委政府坚持加强党对乡村治理的集中统一领导，构建"支部扎桩、社团织网、三员共治"的工作机制，推动支部党员、社团会员、家庭成员三位一体参与乡村治理。

"村里年轻人相亲，'功德银行'积分多的家庭更走俏！"村民说起"功德银行"真实的趣事时如此评价。大成桥镇以村为单位设立"功德银行"，村民踊跃参与"存美德、挣积分、得实惠"，全镇涌现了一批"功德积分达人"，示范带动更多群众参与其中。"功德银行"积分实行一月一公示一兑付，积分多者优先纳入评先评优和党员发展对象。

如今，"功德银行"已推广到大成桥镇辖区八个村（社区）。除此之外，大成桥镇党委政府还成立了志愿者协会、巾帼风采志愿服务队、社会禁毒协会、凝成文明劝导服务中心、惠成平安服务中心、围鼓戏协会、环保志愿会协会、工商业联合会等八个社团组织，发展会员 2000 多人，打造了一支基层社会治理主力军。

从 2020 年开始，大成桥镇有 80% 以上的村民小组连续四年成为群众零信访、村民零违法、村庄零乱象"三零"村民小组，村民的幸福感、获得感、参与感、满意度不断提升，实现了乡村善治的目标。镇域范围无经营性麻将馆、婚丧嫁娶以外无酒席、邻里之间无礼金往来、"功德银行"积分无空白的"四无"乡村文明新风，在美丽小镇扑面而来。

实践出真知。在一切行动中，我们慢慢懂得，要站稳群众立场，把事业发展与为民服务结合起来；要组织发动群众，把党建引领与群众自治结合起来；要尊重群众意愿，把党的主张与问计于民结合起来；要凝聚群众力量，把政府主导与共建共享结合起来。

建设人人有责的社会治理共同体

当代著名管理学家彼得·德鲁克在《未来的社区》一书中讲道："未来的社会必须是这样的：人们可以在其中轻松生活，

所有人都感到自己被需要，都各尽其力，为未来而努力。"这应该就是我们所讲要建设人人有责、人人尽责、人人享有的社会治理共同体。

为把群众组织动员起来，着力解决资金方面的问题，大成桥镇出台了《基础设施建设以奖代投"三个三分之一"模式》的指导性文件。文件提出，基础设施建设坚持村事村办、组事组办的基本原则，属于单个村民小组的公益事业建设项目，坚持组为实施主体、发动群众筹资投劳、村级适当奖补支持。原则上，只有群众筹资投劳的建设项目，村民委员会方可给予支持，村级不能作为主体投资方。最后在实践探索中，公益基础设施建设基本按照群众筹资三分之一、乡友支持三分之一、镇村以奖代投三分之一的"三个三分之一"投入模式推动实施。

为发挥群众主人翁作用，着力解决建设持续性问题，大成桥镇推出《以"三三制"激发村民内生动力参与公益建设》的实施方案，该实施项目获评湖南省 2023 年基层治理实验创新项目。

方案突出三个主体的作用，让旁观者变成参与者。优化公共产品供给结构，发挥镇级、村级和群众三个主体的作用，做到镇级抓统筹、村级抓动员、群众抓建设。镇级积极争取上级资金、项目等资源，公益建设后对进村加大资金统筹和政策支持。村级做好动员和具体规划，筹措和拓宽公益建设资金多元化供给；强化村民自建自管，民主推选成立专班，带领群众推进具体建设，全面消除旁观者，充分激发群众共建共治共享活力。

方案突出三方资金投入，让小资金撬动大投入。积极拓宽公共产品供给渠道，在整合财政项目资金奖补投入的基础上，积极动员群众主动捐资捐物、投义工，引导乡贤乡友和社会资本积极支持乡村公益建设，加强宣传展示，让有功有德的人有面子。通过示范带动整合三方资金资源，不断把财政支持资金这块"蛋糕"做大做强，形成小资金撬动大投入的良好局面。

方案突出三个步骤推动，让"要我建"变成"我要建"。按照宣传动员—筹资筹劳—总结推广三个流程顺序推进建设管理，从开始就把村民动员得热血沸腾，群众从"要我建"转变为"我要建"以后，实行财政支持指标竞争申报，不搞平均分配，谁先动工完善基础，镇村优先倾斜指标，充分激发村民的参与热情。

为调动群众自主管理积极性，纠正群众事不关己的认知，大成桥镇推行《"三零"村（社区）和"三零"村民小组创建工作实施方案》。

措施一是做到群众零信访。创建单元年度内无一例到宁乡市及市以上信访的案例。推动干部下沉服务群众、解决问题，积极推动民主协商，引导群众合理表达诉求，充分发挥社团协会和群众自治作用，将信访问题化解在基层，将矛盾吸附在当地，化解在萌芽状态。

措施二是做到村民零违法。创建单元年度内邻里纠纷零上交到乡镇、治安和刑事案件零发生、电信诈骗零案发、非法滞留缅北人员零出现、吸毒人员零新增零复吸、酒驾零发生。推进网格化管理，发挥平安建设"三级塔群"管理作用，倡导邻里和谐、村民学法守法。

措施三是做到村庄零乱象。创建单元年度内无耕地抛荒现象，无新增农田非粮化和耕地非农化现象，无未批先建、少批多建、建新未拆旧、违法占用耕地建设等国土违法违规案件，无违法毁林案件，无养殖和生产加工引发的环境污染投诉。落实婚事新办、丧事简办、余事不办，无大操大办现象。

凡是创建成功"三零"村（社区）的，当年度对村奖励十万元；对有突出贡献的村干部绩效奖励三万元，其中村支部书记奖励一万元。被评为"三零"村民小组的，当年度奖励现金一万元到集体，第二年优先安排基础设施建设项目。群众态度由过去对乡村和乡邻的大小事情事不关己、高高挂起，到如今争先恐后主持正义、调解纠纷、文明劝导，大成桥镇真正把群众参与自治的内生动力激发了出来。

大部分地方的农村水利、乡村道路和美丽屋场建设由镇村大包大揽，群众不但不筹资投劳，反而可能在建设过程中索要补偿，强行要求承包工程，引发不少社会矛盾，一些地方因此形成沉重的村级债务包袱。而大成桥镇在实践摸索中，组织发动群众积极参与，从创新做法到形成实用的制度性做法，各项工作顺利推进、成效突出，相关做法和经验得到了上级部门的肯定和支持。

这五年时间，大成桥镇先后从上级发改部门争取到采煤沉陷区治理项目资金3400多万元，流域治理项目资金615万元，另有3000多万元的项目资金已经获评即将下达；从各级交通运输部门争取到省市规公路和产业资源道路建设指标近百公里，资金超过 3000 万元；被推荐为国家农村综合性改革试点试验区，获得中央财政支持资金 8000 万元；向长沙市累计争取美丽屋场建设指标 50 个，获得支持资金 3000 多万元，争取长沙标杆美丽屋场一个，获得支持资金 300 万元，争取长沙美丽屋场示范片一个，获得支持资金 1600 万元；争取高标准农田建设指标近万亩，投入项目资金 3000 多万元；获得小农水项目 10 多个，争取资金 500 多万元；争取 100 万元一个的小微水体示范项目三个，1000 元 / 亩的山塘清淤 3000 多亩。五年内，向宁乡市本级以上争取的项目资金超过了 3 亿元，带动群众筹资超过 5000 万元，投入义务工日近 10 万个，撬动社会资金投入过亿元，较好地推动了乡村的基础设施建设和产业发展，开窗见景、出门见绿、出行通达，百姓向往的生活、憧憬的家园正一步步在实现。

对标"枫桥经验"，大成桥镇的探索是在党建聚合力引领下，把群众组织起来的基层治理之路。基层治理由群众当主角，变"代民做主"为"民事民定"，实现从干部"一头热"到干部群众"两头热"的转变，让村民从"旁观者"变为村务管理决策的真正"参与者"。乡风文明由群众自我教化，变"陋习受害者"为"新风引领者"。农村环境由群众自觉守护，变"一家之事"为"众人之责"。真正实现了从人心的"大同"，到建设和美乡村的"大成"。

第六记　不可或缺的志愿者

志愿者，一个简单而崇高的称呼，代表的是一种精神，一种力量，一种品质。在基层治理中，各类社团组织和志愿者成为党委政府连接广大人民群众的有效桥梁和纽带。培育和壮大慈善公益、志愿服务、人道救助等各类社团组织，大力弘扬奉献、友爱、互助、进步的志愿服务精神，有利于精准对接群众需求，有利于构建"三治融合"的治理共同体，有利于不断激发群众参与基层治理、服务社会的内生动力。

干群之间缺少纽带的治理困境

能人返乡存在信息壁垒，乡贤引领示范缺乏组织平台，什么能够成为基层治理不可或缺的载体，成为群众工作的重要阵地？对基层治理的探路者来说，这是值得深入思考的问题。

2017 年宁乡市遭遇特大洪灾，大成桥镇损失惨重，除了死亡四人外，诸多基础设施遭到毁灭性破坏，不少群众的房屋受损，急需资金修复或重建。而事发突然，在县乡两级财力有限的情况下，地方政府向社会发出了捐款的倡议。但由于群众担心捐款捐物会被基层干部挪用克扣，响应者寥寥无几。一部分有爱心的群众和乡友直接跑到灾民家里送钱送物，更有一部分爱心人士直接采购物资送达受灾现场。这在一定程度上造成了物资的堆积和浪费，比如受灾最严重的大成桥村，由于外界捐赠的水泥过多，部分过期浪费。

在推进精准扶贫工作中，我们发现乡村确实有小部分家庭，因为突发意外或身体疾病，致贫风险较大，依靠政府的兜底政策和自身努力较难实现脱贫。基于这种考虑，2019年大成桥镇计划成立爱心助学基金，每年募集一部分资金专门用于贫困家庭的助学帮扶。全国各地有不少成功案例，我们因此预估这项工作做起来应该不难，于是成立了专门理事会来推进这项工作，但最后由于响应者不多计划无疾而终。事后访谈了部分群众和乡友，他们不约而同地答道，不是他们没有爱心，而是担心捐赠资金被乡村干部优亲厚友安排，担心乡村干部会在基金中拿出部分用于工作经费，担心捐赠的钱不能百分之百用到助学之中。哪怕我们事先已明确会对捐赠情况进行公示并接受社会监督，明确基金运营的工作人员由镇人民政府派出而不另外领取薪酬、工作经费由镇财政安排保障，但群众始终抱着怀疑态度而不积极响应。

为了遏制交通亡人事故频发，大成桥镇成立了专班，负责整治交通乱象。每天安排交警和干部上路巡查劝导，重点查处无证驾驶和劝导骑摩托车不戴头盔的行为。对轻微违法行为，主要以教育和轻处罚为主，我们原以为温和的执法方式能够得到群众的广泛支持和理解。但事与愿违，大部分群众潜意识里觉得，乡镇干部卖力搞交通整治，查扣摩托车，就是为了罚款，增加收入。也因为群众不理解、不支持，在执法过程中，乡镇干部只是临时查扣摩托车，并要求当事人到镇人民政府观看两小时的交通事故案例教育片，他们也非常抵触，可能既有内心的不在意，也担心被"忽悠"到政府后要被罚款拘留，任凭干部做尽思想工作就是不配合，甚至发生几次争执，导致大量群众围观。

地方上比较细小的邻里纠纷，干部因不熟悉相关人员和情况，不清楚问题的根结，如不了解一些宅基地纠纷的历史脉络，处理起来比较吃力，更有甚者，反而激发了矛盾。2019 年，梅鸣村何家组发生了一起宅基地纠纷，恰好当时有其他邻居在场，一边及时制止冲突，一边第一时间报告村委会。村干部立即赶到现场调解处理，但因双方各持己见，未能达成一致意见。村干部叮嘱双方当事人不要再发生冲突，下次再组织调解。但距离第一次事发不过几天，双方再次发生冲突，这一次周边没有群众，双方见面不到五分钟，就因一句激烈的言辞，一方当事人抢起锄头砸向对方的脑袋，导致一人死亡。在这起命案调查分析的过程中，我们发现案发固然主要是因为当事人不冷静、不懂法、不守法，但如果村干部在第一次处理之时就弄清楚他们土地纠纷的由来，如果大家之前就知道当事人脾气暴躁，如果在当地邻居间安排一个人长期关注和安抚他们，只要有一个"如果"落实到位了，应该不至于发生这样的悲剧。

因为群众的不信任，组织发动群众变得很难，特别是涉及筹资捐款的工作更是难上加难。随着湖南省农村两轮合村并组行动的推进，乡村干部治理和服务半径不断加大，干部服务群众受精力有限和人员不相熟等诸多客观因素的掣肘，在一定程度上出现力不从心的尴尬局面。而能否打通基层治理和服务群众的"最后一米"，直接关系到基层治理效果和成色。

构建"支部扎桩、社团织网、三员共治"乡村治理机制

基层治理实践，需要从群众中来，到群众中去。在处理个别棘手问题和以劝导为主的柔性执行过程中，为了避免干部与群众硬碰硬，在干部和群众之中，需要桥梁和纽带。乡风文明塑造工作，也需要在党员干部之外，有示范榜样的带动。在问题中找思路，在思路中找出路。以基层党支部为引领，发挥群团协会组织桥梁作用，实现支部党员、社团会员、家庭成员"三员"一体，互动参与基层治理，是解决大成桥镇基层治理困境的最优路径。于是，大成桥镇构建起了"支部扎桩、社团织网、三员共治"乡村治理机制。

我们按照"专门人做专门事"的治理思路，在网格化管理的基础上，搭建起了"1+7"的社团组织，即成立志愿者协会、凝成文明劝导服务中心、惠成平安服务中心、社会禁毒协会、围鼓戏协会、工商业联合会、环保志愿者协会、巾帼风采志愿服务队八个社团组织，每个社团设置3—6名理事会成员。其中，志愿者协会与镇新时代文明实践所统筹工作，广泛吸纳人民群众参与。各个社团从成立开始即形成星火燎原之势，志愿者协会五年时间已发展会员1200余人；其余七个社团组织因其

服务的专业性，人员构成少而精且稳定，目前已有成员528人。畅通了"网格+社团"的协调联动机制，由巾帼风采志愿服务队队员、妇女组长担任网格信息员，相关事项按照"1+1"的机制处理，即网格管理员在一天内上报问题信息，社团在一天内解决到位，实现"一员采集、联动处置"，确保"小事不出村、大事不出镇、矛盾不上交"。

凝成文明劝导服务中心主要负责红白喜事的劝导，不仅镇级成立了协会组织，各村也成立了分会。2023年初，镇域内大操大办的陋习有所抬头。玉新村有户人家新房落成，主家想庆祝一番。王新村妇女信息员得知消息后，第一时间上报网格，网格干部联动凝成文明劝导服务中心成员以及村干部当天上门做思想工作，主家答应不操办，只是自家亲戚聚餐。结果新房落成当天，入户道路两旁氢气球和烟花鞭炮延续了一百来米。为了遏制人情歪风，避免其他群众有样学样、相互攀比，我们组织城管、自然资源等部门一起上门了解情况，做好劝导工作，主家当即拆掉了拱门和氢气球，村支部书记推来三轮车将烟花爆竹全部捡拾起来，并告诉本村群众，如果大家不共同遵守移风易俗公约，那么他这个村支部书记以后就来当烟花爆竹的搬运工。这件事传开以后，群众看到了镇党委政府开展移风易俗的决心和定力，开始认真对待自家的婚丧喜庆事该不该操办、该如何操办的事。

"支部扎桩、社团织网、三员共治"的方式逐渐形成了最大范围的乡村治理共同体。我们让所有镇村干部成为志愿者，将市域内绝大部分的大成桥镇籍企业主吸纳进工商业联合会，由镇妇联、共青团、工会等对口联系相应社团工作，充分聚合起了政府、社会、市场和群众等多方资源，将治理覆盖面更多延伸到各阶层、各领域。目前，社团带动人口覆盖率为38%。

搭建社团组织机构和人员不难，实现社团组织规范运转既是重点，也不容易。为了避免出现建管"两张皮"等现实问题，我们坚持在镇党委的统一领导和社团联合党支部的引领下，推行"清单化＋订单化"社团治理模式，倒逼工作开展。推动社团治理由被动响应向主动服务、由传统单一向多元创新、由单向治理向群防群治转变。

为了给社团发展和协同治理创造良好环境，夯实"常态化＋长效化"社团治理保障，我们将党建工作嵌入社团组织孵化、发展全过程，确保社团组织保持定力，培育动力，激发活力。按照"管行业联社团"原则，由镇党委政府的分管领导和线办负责人联系对应社团并派驻社团指导员，在社团成立、章程制定、活动开展、业务提升上全面强化政治领导和业务督导。在全市率先成立社团联合支部，镇党委选派总支书记，各社团负责人为支委成员。社团会员中党员比例达61%，最多的超过80%。

为了让社团运行有规范、行动有方向、履职有重点，充分发挥政治上的桥梁纽带作用、业务上的引领聚合作用、服务上的平台载体作用，镇党委政府以清单形式出台了《社团组织协助政府工作事项》，合理界定了各大社团的不同治理范围。党委政府通过授权或购买服务，支持八个社团在政策宣讲、生态建设、乡风文明等11个领域开展34项业务，打破了行政化、官僚化倾向，做到了力量下沉、资源下沉、服务下沉。比如凝成文明劝导服务中心针对农村酒席大操大办、人情攀比等陈规陋习开展治理，充分发挥其成员尤其是五老、乡贤等威望优势，上门耐心劝导，甚至专人盯守，倡导婚事新办、丧事简办、余事不办的文明新风。社会禁毒协会开展禁毒宣传教育，实施社区戒毒人员一对一帮扶。

为了让社团更好服务中心大局，共同破除乡村陈规陋习、突破产业发展瓶颈、打破建设责任边界，党委政府对各社团推行"订单化"专项服务。社团结合镇域各个时期不同工作重点，按照党委政府要求和群众的多元化需求，采取群众吹哨、任务指派、自愿领办等多种方式来提供服务。比如惠成平安服务中心牵头承接零信访、零违法、零乱象的"三零"善治村创建，常态化开展巡逻和调处纠纷矛盾，全镇民间纠纷发生率和刑事案件发案率以两位数的比例呈逐年下降趋势。惠成平安服务中心又通过全面宣传、多措并举，率先在全省劝退关闭辖区所有经营性麻将馆，把大成桥镇打造成全省唯一一个零营业性麻将馆乡镇。围鼓戏协会围绕扫黑除恶、移风易俗等主题，自创《清风颂》《新风颂》《乡村少年沉思录》《人情劫》等节目，弘扬正气、淳化乡风，通过政府购买服务的方式，巡回演出30余场，观赏人数过万人。

社团组织具有承上启下的良好优势，不仅能有效完成政府推出的"清单式＋订单式"服务，更能全面引导群众参与共建共治。志愿者协会组织开展的每月一次义务大扫除、庭院"红黑榜"，巾帼风采志愿服务队开展的"美家美妇"评选等主题活动，还有各社团联合搭建的基层民主协商对话、乡友筹资投劳等线上线下平台，都让群众真正感受到自己的家园必须自己建。我深有感触的是每月大扫除的群众参与度达85%以上。同时，志愿者协会牵头发起成立爱心助学帮扶基金，成立当年募集资金12万元。从2023年起，年均募集资金超过100万元。依托社团推荐而创新设立的"功德银行"，营造好人好事人人做、典型事迹人人评的乡村新风尚，全镇群众参与好人好事蔚然成风，邻里互助行善积德成为自觉行动，捐款投劳参与乡村建设热潮兴起。

为了让社团持续运转、健康发展，我们在组织关心、支持保障以及人文关怀上想了很多办法。镇党委政府将社团会员纳入"大成清风之星"评选范围，将优秀成员纳入预备党员和后备干部人选，提名推荐为"两代表一委员"，帮助社团开展提升成员政治素养、道德品质、业务能力的集中培训，鼓励以"传帮带"形式提高整体能力。各社团在市级以上媒体推出各类报道80余篇，激活社团发展内生动力。在支持保障上，镇党委政府出台《大成桥镇进一步加强和改善乡村治理工作实施方案》，鼓励各村（社区）成立社团分会或分中心；将镇村部分房产免费提供给社团办公，根据治理成效每年对社团给予3万—5万元的经费保障；积极争取上级部门的项目资金支持，更多推进政府购买服务。在人文关怀上，大成桥镇召开全镇性大会，八个社团的会长均被邀请出席会议，而且坐在第一排。作为乡镇党委书记，我在会上多次重申，社团组织的负责同志倾心尽力奉献却不求回报，他们的精神境界要远高出包括我在内拿工资的镇村干部，所以要给予他们至高尊重，坐在第一排理所当然。作为乡镇党委书记，把志愿者当作"宝贝"一样看待，我能够记得八个会长和上百个骨干志愿者的生日，在他们生日当天或打电话、发信息祝福，或上门一起简单聚餐庆祝，五年来从未间断。在各类会议上，我也从不吝啬对志愿者的表扬和鼓励。两名协会会长被推荐为宁乡市人大代表、政协委员，多名骨干志愿者当选为镇人大代表，还有几名年轻人因过去多次参加志愿服务，2021年通过择优选拔走上了村干部岗位。连续五年举办的"大成清风之星"评选表彰活动中，专门设立了"志愿服务之星"，每年评选表彰16名在志愿服务领域表现突出的志愿者。我们穷尽一切努力，让志愿者感受到自己所在的社团组织是一个受尊重的集体、自己是一个有社会地位的人、从事志愿服务工作有为且有味。

志愿力量，让治理更有温度

大成桥志愿者协会除了常规的志愿服务工作，在抗洪救灾等突发事件中，他们都冲在一线，留下了很多让大成桥大地和大成桥人民铭记的事件和瞬间。而他们常态化开展的助学帮困行动，则如一股涓涓暖流浸润于大成桥镇很多家庭的心田。

2020年，大成桥镇开始成立爱心助学帮扶基金，再到后来成立乡村爱心基金。一个新事物，从无到有，起步总是艰难的。大成桥镇爱心帮扶基金由志愿者自己带头开始，几百几百地募捐，到感召大成桥镇干部和企业老板加入行列，再到全镇人民自发参与而逐步发展壮大，募集的资金也由成立当年的 12 万元，到 2023 年超过 100 万元。

志愿者协会会长郭燕辉家住成功塘村，她丈夫于 2021 年开始担任成功塘村党支部书记。在他们两口子的带动下，成功塘村每年向爱心基金捐款的群众达到全村总户数的 80% 以上，特别是一些中小学生拿出压岁钱、零花钱进行捐款，一些家庭条件并不富裕的群众也拿出 30 元、50 元进行捐赠，全面带动了志愿服务精神在他们村萌芽、落地与覆盖。

受他们的感染，这些年我受邀到各地讲课，收取的授课费用，大部分也以不记名的方式捐赠给了基金会。大成桥镇有个不算很大的企业老板邹险峰，他从外地来大成桥镇投资创业，因为被这里的志愿者精神感动，坚持每年向爱心基金捐款 2 万元。我相信只要他在大成桥镇发展，这种爱心善举就不会中断。

2019 年，志愿者协会开始发动爱心人士一对一联系帮扶家庭困难的学生，当年便实现结对帮扶 18 名学子。后来随着资源汇集，帮扶受惠的学生也越来越多，这不仅帮助不少家庭困难但品学兼优的学子走上了更远的求学之路，也让一些资质平平的学生感受到社会的温暖，顺利完成了义务教育阶段的学习。在物质方面尽可能为困难家庭嫁接资源给予帮助的同时，志愿者协会还长期组织志愿者陪伴留守儿童过生日、上门帮孩子洗被子、指导帮助孩子做家务；定期上门为孤寡老人理发，搞卫生整理杂物，志愿服务活动从未间断。大成桥大地上，时刻涌现着感人的志愿红，成为一道最亮丽的风景线。

2024 年 6 月 21 日，志愿者协会的一名志愿者在自家经营的商店里遇到了一位坐着轮椅来购买蜡烛的老人，当时他觉得很奇怪，事后特意打听了这位老人的情况。此人是青泉社区梅树组谢某，因病瘫痪长期与轮椅为伴，他的妻子和儿子患有不同程度的精神障碍，一家三口均是残疾人，生活极为困难。来商店购买蜡烛是因为家里电路坏了，连基本的照明也无法实现。志愿者协会得知情况后，第二天就组织20多人上门看望，现实的状况超出常人想象。整个家里没有一件像样的家具，因为电线损坏，不但无法照明，也没有风扇可吹，一家三口闷在家里忍受着酷暑的折磨。饭桌上是已有气味还舍不得丢掉的剩饭剩菜，家里垃圾遍地，简直没有可以落脚的地方。志愿者一边联系电工师傅，把家里的线路重新铺设；一边大汗淋漓地清理垃圾、打扫卫生，光是家里清理出来的垃圾就用拖拉机运走了两车厢。几名志愿者自掏腰包为他们购买了一台冰箱、一个电饭煲、一个简易衣柜送上门。20多人整整忙碌了七八个小时才把家里清理干净。时隔五天，他们又再次筹措爱心资金，送去了衣服、鞋子、米、油、轮椅、坐便器等生活物资。这样的爱心善举已成为大成桥镇志愿者协会的常态，每天都有类似感人的故事在大成桥大地上演着。

社团组织凝聚最大"朋友圈"

过去的社会治理和群众服务工作，都是乡村干部唱独角戏，效果一直不太理想。在交通违法行为整治中，干部在路口指挥交通时常遭人白眼，基于好心强制要求违章驾驶的摩托车司机接受交通教育还曾引发冲突。但惠成平安服务中心志愿者加入后，群众的认知逐渐提升。一些违章驾驶员由过去认为进行交通整治是干部要权威、抓创收，到现在明白根本出发点是为了群众出行安全。大成桥镇的摩托车驾驶员戴盔率由开始的不到30%，在志愿者和干部的协同努力下，通过宣传和整治双管齐下，半年时间提升到80%以上，一年后稳定超过90%。交通亡人事故更是显著下降，死亡人数由2018年17人，降到2019年12人，再到2022年和2023年的各2人。

惠成平安服务中心志愿者充分发挥人员相熟的优势，积极参与乡村矛盾纠纷调解工作，五年来累计参与纠纷调处300多起，纠纷发生率连续保持20%左右的下降比例，由过去乡镇人民政府一年需调解纠纷100件以上，减少到2021年之后每年不超过20件，一些邻里纠纷和家庭纠纷通过志愿者的介入化解在萌芽状态。2020年以来，大成桥镇连续四年未发生一起民转刑案件，未发生一起新的越级上访事件。惠成平安服务中心志愿者开展巡逻服务工作达3000多人次，因为常态化巡逻形成的震慑，大成桥镇这五年来没有发生一起家庭失窃事件，基本实现了夜不闭户、路不拾遗的平安乡风，也间接推动了人民群众在美丽屋场建设中同意无偿拆除封闭式围墙。

社会禁毒协会志愿者，或是退休老师，或是从村干部岗位退下来的老同志，他们退休不褪色，落实禁毒宣传进企业、进校园、进屋场，常年奔走在禁毒工作的路上，实现了禁毒宣传的全覆盖。协会会长陈桂先老师，把禁毒工作当成了退休生活的全部，不但投入所有时间和精力，还拿出部分退休工资支持有创业意愿的涉毒人员进行创业。他们通过自身持续不断地努力，以及引进其他社会爱心力量加持，帮助全镇所有在册吸毒人员戒除毒瘾，树立了12名成功创业典型，实现了有就业意愿人员全部就业，高效完成禁毒工作"七个零"的目标。陈桂先在五年的社会志愿禁毒生涯中，不下20次来跟我汇报商量工作，有几次讲起禁毒的艰辛和成就，70多岁的老人忍不住潸然泪下。

环保志愿者协会组织志愿者每个月开展一次以上集中巡河、巡林行动，对巡查中发现的问题，能够及时处理的想办法处理，不能及时处理的报告镇村一起想办法妥善解决。每个月开展一次全域覆盖的河流净滩行动，组织志愿者对河道、水库漂移物和垃圾进行清理。正是因为他们的带动，全镇群众的环保意识大大增强，往河道、水塘倾倒垃圾的现象基本绝迹，过去干部喊破了嗓子、想尽了办法依然收效甚微的投肥养鱼现象也得到了根治。他们和网格干部一起，常态化参加每个月的人居环境"红黑榜"检查评比，身体力行参加被评为"黑榜户"的家庭环境卫生整治，还在环境卫生一月一义务大扫除中担当主力，作好表率。从2021年开始，大成桥镇连续三年获评长沙市人居环境管理优秀乡镇，这些荣誉里凝聚着环保志愿者协会志愿者的辛勤和汗水。

工商业联合会强化行业自律，坚持协力发展，培育壮大了湘都生态、贪吃侠等一批优质农业企业，帮助3000余名群众实现在家门口就业。巾帼风采志愿服务队的志愿者，哪里有镇村组织的大型活动，她们就包揽场地布置和卫生善后等脏活儿、累活儿。她们组织从过去牌桌上下来的女同志，一起跳广场舞，一起编排节目，丰富业余生活。乡村有红白喜事，她们自编自演一些节目送戏上门，协助凝成文明劝导服务中心志愿者劝导群众抵制过去那些费时又费钱的娱乐活动。

微光可成炬，大爱映苍穹。大成桥镇的社团组织和志愿者将志愿服务活动与镇党委政府中心工作紧密结合，不仅凝聚了最广泛的"朋友圈"，还通过整合社会资源、社会力量，激发了更多向上向善力量，让基层治理显得格外生动与有效。

每一位志愿者都是基层治理最闪耀的星

2024 年 6 月，根据组织安排，我即将调离大成桥镇党委书记的工作岗位。在离开大成桥镇前，我本计划如同我悄悄地来，也同样悄悄地走。但在离开前的几天，只要手头没有工作，一安静下来，我的脑海中就不断浮现出志愿者那一张张鲜活的面孔。晚上做梦梦见的也是他们参加抗洪救灾、帮扶涉毒人员、怀里搂着困境儿童那些挥之不去的感人画面。于是在没有和镇村干部当面告别的情况下，我决定对那些无私支持我工作、默默奉献于大成桥镇热土的志愿者代表，上门告个别，也算是表达我发自内心最虔诚的感谢和不舍。

玉新村志愿者彭军辉，年将 60 岁，本来已经在长沙市区帮子女带孙子。一次偶然的机会，他和他在长沙工作的孩子，作为乡友请我和村支部书记在他老家吃饭。因一顿饭而相识，我和村支部书记持续对他做思想工作，动员他回乡担任村民小组长。在我们三番五次的劝说下，他不顾身体抱恙和家人的反对，义无反顾回乡担任村民小组长，从此开启了志愿服务之路。这五年里，他每年自掏腰包近万元，一对一资助困难学生和困难家庭。2022 年，他主动请缨担任美丽屋场建设理事会负责人，不但带头捐款五万多元，发动本组乡邻积极捐款，还不厌其烦地向在外乡友汇报家乡美丽屋场建设的情况以争取支持，最终争取群众筹资和乡友捐款 60 多万元，随后自己又投入 150 多个义务工，推动冠英堂、杨广泰两个美丽屋场顺利建成。他还长期组织本村志愿者开展晚间义务巡逻和主要交通路口的交通劝导。因为他们的努力，五年时间里玉新村没有发生过一起治安刑事案件，没有发生一起交通亡人事故。铲雪除冰、抗洪救灾、美丽屋场的日常清扫保洁和绿化修剪，都在他的组织下安排得井井有条。6 月 4 日，我来到他家跟他辞别，本以为心中有千言万语需要诉说，有诸多想法需要叮嘱，见面后两个男人却相对无言，从不抽烟的他陪着我连续抽了三根，临出门时我仅仅说了句"老兄一定要保重身体"，以三个鞠躬表达了我内心最深的谢意和感动。转身后，我不敢再回首惜别，因为我不想让他看见我早已沁润满眶的泪水。

大成桥村凝成文明劝导服务中心志愿者周盈科，已经 70 岁高龄。他从大成桥镇工交企业办的支部书记岗位退休后，赋闲在家休养。我跟他的女婿是比较要好的朋友，看到大成桥村党员队伍正能量不足，我几次做工作拜请他出山发挥余热，担任本村凝成文明劝导服务中心的分会长。自此不论风雨，只要村里有红白喜事，他都第一时间上门劝导，五年来累计上门 700

多场次，有100多场拟办的乔迁宴、生日宴、升学宴，都在他的苦口婆心规劝下取消了。虽然绝大部分群众都念他的好，但他也多次被乡村厨师和从事棚架出租行业的群体指责，他顶住了压力、承受了委屈，极大地推动了大成桥村移风易俗工作的落实。村里每一次组织义务大扫除，他总是来得最早、收工最迟，默默用自己的言行影响着大成桥村的党员群众，这些年大成桥村的风气明显好转，离不开像他这样一群人潜移默化的影响。辞行的时候，他拉着我的手不愿意松开，不停念叨道："怎么不在大成桥多干几年再走呢？"

永盛村长盛组的邹光武夫妇，虽然不是注册志愿者，但在美丽屋场建设过程中，坚持出六七个月的义务工，是屋场建设中年龄最大、出工最多的一个家庭。屋场建成后，他协助村民小组长每个月组织群众进行义务大清扫，几年来从未间断。他们还动员在外工作的子女，千方百计到外面筹措资金来支持家乡建设。我去辞行的时候，回忆起美丽屋场建设过程中的点点滴滴，他们夫妇泣不成声，一个劲地叮嘱我："工作不要太拼了，应酬的时候要少喝点酒，平时要注意劳逸结合，不熬夜。"

永盛村毛公塘组的王凤玲和青泉社区的李海霞，中年丧夫后，不悲观不气馁，一边在企业上班，一边常态化从事志愿服务。她们不但积极帮困助学，还特别善于做困境儿童的思想工作。更难能可贵的是，两个人都特别爱学习，成为志愿组织里的宣传骨干。她们通过视频、文字的形式把大成桥镇美丽屋场建设和志愿服务活动的精彩片段传播出去，成为乡村小有名气的网红。我分别去两家告别时，她们都因上班没在家，但不约而同地把我和她们交流互动的一些片段，剪辑制作成视频发在了自己的抖音号上，作为纪念。

大成桥镇的志愿者，年龄跨度从10多岁到70多岁，是他们，不求回报、无私奉献、鼎力支持，激励我放开手脚勇毅前行；是他们，让我感受到了什么是为民情怀，什么是专注专心，什么是无私大爱！与他们在一起的2000多个日子，成为我一生最温暖的回忆和最值得铭记的时光。

社团组织是基层治理的重要抓手与载体，志愿者是基层治理中不可或缺的一分子，我们始终坚持充分发挥党组织的战斗堡垒作用和党员干部在志愿者中的先锋模范作用，鼓励支持社团组织和志愿者成为基层社会治理中最活跃的因素，形成了社会力量多、治理范围广、运行机制好的良性工作格局。始终坚持以人民满意为根本，紧扣发展大局和人民诉求，引导志愿者开展志愿服务不走过场、不弄虚功、不求回报，聚焦群众急需解决的人情攀比、生态环境、矛盾纠纷、治安防控等问题，在群众实实在在的利益获得中体现自身价值，积聚发展后劲。始终坚持以精细作风为保障，无论是全局谋划、机制构建，还是具体操作、处理和执行，都秉持着高标准的追求，事事精准，处处精细，久久为功把社团治理的使命蓝图绘到底。通过五年努力实践，大成桥镇实现了干群关系不紧张、矛盾纠纷不上交、发展建设不受阻、公众参与不缺位的基层治理新格局。

第三部分

谋事成业

　　社会的诸多问题只能靠发展来解决。我们结合大成桥镇实际，瞄定群众需求，做到群众盼什么，我们就干什么，群众忧什么，我们就抓什么，群众缺什么，我们就补什么，努力探索一条适合大成桥镇的治理和发展之路，以自身工作的确定性应对风险与挑战的不确定性，找到符合多数群众期盼的最大公约数，办好关乎大多数人利益的事情。践行"大成公约"，建设美丽屋场，发动群众筹资投劳参与乡村建设；因村探索集体经济发展模式，精选富民产业并有效推广；持续推进移风易俗，规范乡村生活方式，减轻群众负担，倡树文明乡风，干群同心描绘了一幅乡村产业蓬勃发展、基础建设日新月异、集体经济持续增收、乡风民风向善向好的乡村新画卷。

第七记 人心所向的美丽屋场建设

———

在乡村公益建设中，上级政策支持的本意是以少量资金通过以奖代补方式撬动社会资金投入、带动群众力量参与，共同完成建设任务。如何实现镇级引导、村级主体，最终让群众来当主人参与建设？镇村一直在努力寻找方向和着力点。美丽屋场建设政策的出台，就像一剂黏合剂，一方面将党委政府的意图与群众的意愿结合起来，另一方面把关系村民切身利益的要事与坚持全过程民主结合起来。通过美丽屋场建设，不仅美化了家园，更凝聚了人心、转变了风气，真正实现家园共建共治共享。

受益不均而难以推动的乡村建设

走好新时代群众路线，回到人民群众中间去，最重要的是站在人民的立场看问题，想方设法集中资源和力量解决群众急难愁盼的问题。而乡村落后的基础设施无疑是群众最关注的痛点，我理所当然地认为，推动道路和水利设施建设是群众盼望，也是容易组织实施的项目。经过半年实践，现实却给了我无情的回应，大部分道路和水利建设项目因辐射半径较小、受益不均衡等，无法较好地在群众中形成最大公约数，整体推进困难。

我们特意选择了一些群众基础较好但基础设施较差的村民小组来推动这两项工作，实施起来依然不尽如人意。因为在南方丘陵地带，乡村群众居住得比较分散，有的群众就住在路边，基本能够满足出行要求，提质道路建设的积极性不高；有的群众住在非乡村主道边上，筹资投劳只是修好了主道，可能只有几百米，并不能通达每家每户，积极性也不高。群众都希望路要修就修到自家门口，而当前资金实力又不允许，群众只看眼前的现实利益，不会理解，也不会支持按计划分年度实施。有的村民小组，有车且条件好的家庭表示支持，但家庭条件差点且没有小车出入的群众对修路则持无所谓态度。有了几个不感兴趣甚至泼冷水的人，有兴趣者也会因风言风语降低积极性，很多时候建设方案就这样胎死腹中。

回忆起 2019 年，我所联系的大成桥村玉河八组的沙山咀片区，召开了三次屋场会议来商议道路拓宽提质工作。每次我们做工作都做得喉干舌苦，却终未能统一思想形成方案。

第一次会议上，大部分群众表态感谢政府和村委会来帮忙修路，但没有意愿筹资投劳。更有个别群众提出，现在修路，交通运输部门有 20 万元 / 公里的指标补助，用这 20 万元修到什么程度就算什么程度。他们无法理解这 20 万元 / 公里的指标，全市一年也才 200 来公里，要争取到并不容易。普通群众也无法理解能够纳入指标的是村组干道，有宽度、长度、辐射人口数等诸多限制条件。为了解决群众不积极参与的难题，在开完屋场召集人理事会后，我和村干部一起，对当天晚上参加屋场会流露出支持意愿的户主和家庭条件相对较好且有小车的户主进行入户走访，动员他们带头表态筹资投劳。看在镇村干部上门做工作的分上，有七八户群众答应支持。

接着我们又组织召开了第二次户主会议，因为跟群众讲清了指标难争取到的现实和筹资投劳的必要性，加之有群众带头表态，大部分群众同意按照 2000 元／户、四个工日／人的标准来筹资投劳。但新问题随即出现，有三户群众坚决不同意"只修整主路，每家每户的入户路需要各自拓宽和硬化"的方案。他们提出，如果不把入户公路一并纳入，就坚决不参与筹资投劳。而大多数群众又不支持入户公路由集体筹措的资金来负责。会后我们来到这三户群众家实地踏勘，其中两户的入户路不到30 米，测算资金为每户一万元左右，还有一户 50 多米，所需资金为两万元左右。我们反复沟通，最后与组长商量，初步形成他们三户家庭只投劳、不筹资，入户路由他们自己全额出资负责建好的方案，并说服其他户主也接受了这一方案。

本以为所有拦路石都已搬开，我们紧接着召开第三次户主碰头会，但没想到问题层出不穷。之前第一次会议明确的要拆除哪些围墙来拓宽路基，本已达成共识，大家也已签字承诺。但有一户家庭，因之前是父子俩在家，他们同意拆除围墙让地修路，家里女主人回来后却坚决不同意拆除围墙，无论我们怎么做思想工作，她都坚决不同意。就这样，因一个入口位置的围墙拆除协商不到位，整条道路无法拓宽。眼看着前期所有工作化为泡影，当时我个人和所有群众的沮丧心情真是无以言表。项目最后僵持了四年多，直到 2023 年上半年这个区域才统一意见，以美丽屋场建设为总揽，启动道路等设施的提质建设。

　　大成桥镇在煤矿开采期间，虽然渠道毁损、山塘不能蓄水，但因矿井里每天抽水采煤，仍有不间断的灌溉水源，所以农业生产基本用水能够得到保证。煤矿关停后，渠圳毁损和山塘淤塞的弊端显现出来，很多农田因缺水而被抛荒。大成桥镇有90%以上的山塘至少有20年没有清过淤，过去不少深达五六米的山塘变成了群众口中所说的"碟子塘"，蓄水容量不到设计容量的三分之一。而渠道和水圳到处因塌方等形成"中梗阻"，只能启用电排来抽水灌溉。随着农村外出务工人员增多，不少群众的承包地都流转给了大户耕种。乡村水利设施建设虽然面临较大需求，但在涉及山塘清淤和渠圳改造项目中，因原有承包人自己不再耕种，想要动员其筹资投劳的难度非常大，哪怕只是拿出一年的土地流转承包金也没有几个人愿意。而现在负责耕种的大户，抱着流转一年算一年的心态，要他们在流转金的基础上额外掏钱兴修水利设施，基本不可能。

　　2019年冬季启动水利冬修时，我们出台了一个原以为对群众非常有吸引力的政策：进行山塘清淤，群众只需按照灌溉受益水田200元/亩的标准筹资；进行渠道建设，群众只需按照灌溉受益水田100元/亩的标准筹资，项目资金不足部分由镇财政兜底。原以为这么好的政策能够得到群众支持，但响应者寥寥无几。就这样，原本一个声势浩大的水利冬修工程，实际启动清淤的山塘不足十口。

　　这两类看似密切关乎群众需求的乡村建设项目，经过半年多的尝试，因无法给更多人带来迫切需要又相对均衡的利益，在群众中没有形成共识，而无法推动实施。虽然这只是个案，但我们从中敏锐地察觉到，要动员群众筹资投劳，关键还是要从受益更均衡、普惠性更强的项目开始。

伟大的事业始于扫地保洁

面对乡村建设资金不足、群众筹资投劳难以到位的开局，加之上级对环境卫生考核非常重视，群众对环境卫生有较高期望，我们决定从乡村环境卫生转变开始抓起。我在大会上跟所有镇村干部讲："在资金有限、要群众掏钱搞建设的方式暂时难以全面推开的情况下，就想尽一切办法带着群众一起扫地，把卫生搞好。没钱买新衣服，能够把旧衣服洗干净，保持干净整洁也是种不错的精神面貌，伟大的事业常常始于扫地保洁。"

其实要抓好环境卫生，对大成桥镇来说绝非易事。因为有一条省道从大成桥镇横贯东西穿境而过，公路北边四个村过去都是采煤村，采煤期间用于货车修理用的棚屋和堆放煤炭的煤坪到处都是。过去形成的煤坪，现在依然有人从外地调运回煤炭，把当地煤矿开采期间挖掘的黑色石头搅拌进去以次充好去售卖。公路南边四个村，紧临沩江，农田下面翻开耕作层即是售价达到每吨近百元的砂石资源，所以农田道路边到处是非法的砂场和堆放的砂石。

当时对大成桥镇抓环境卫生，民间有几种疑虑或抱怨：第一种是在大成桥镇抓环境卫生，就像往麻布袋子上绣花，再怎么精耕细作也就那样子。第二种是抓环境卫生是因为上级要考核，那是干部的事情，让他们去折腾好了。第三种是抓环境卫生首先要关停拆除修理棚、煤坪和砂场，那些利益相关者会找政府麻烦的。还有一种声音说，大成桥镇过去天天挖煤运煤到处乌黑一片的日子也过来了，现在搞环境卫生，有没有必要，又会有几个人响应？

为了回应社会疑虑，增强干部群众对抓好环境卫生的信心，我们层层动员、步步推进。首先从为什么要抓环境卫生的认知开始。为了破除"抓环境卫生是因为上级要考核，那是干部和政府的事"的认知误区，我们从以下两个方面着手：一方面广泛宣传，让"抓好环境卫生是为了提升群众的生活质量与健康水平，打造舒适、整洁、美丽的居住环境"的理念家喻户晓；另一方面大力推行环境卫生有偿服务收费制度，增强村民环境卫生的"主人翁"意识，要求全镇所有居住户按照60元/（户·年）交费，交纳的费用归村集体所有，用于村级环卫支出的补充。我们不仅把各村的收费责任压实到村民小组长，而且把增强居民环境卫生意识作为村民小组长的重要工作职责。刚开始收费时，群众抵触情绪比较明显，村民小组长想法不一、积极性不高。个别村干部甚至觉得收钱不多，搞得下面议论纷纷，得不偿失。为了统一思想，我们专门召开会议，告诉大家收费不是目的，而是要通过收费告诉所有群众，搞好环境卫生是每个人应尽的职责。通过半年坚持和努力，大成桥镇成为全市率先收取环境卫生费的乡镇之一，当年收费率达到80%以上，第二年实现95%以上，包括符合减免条件的低保户、脱贫户也有不少人主动交费。2023年长沙市出台全市环境卫生收费制度，并以收费的覆盖率作为下拨环境卫生补助经费的重要参考依据，而环境卫生收费在大成桥镇已经实施了四年。收费的过程，就是开展环境卫生宣传的过程，实现了收费的目标，群众重视环境卫生、参与环境卫生的意识也得到同步增强。

解决了思想层面的问题，接下来就是有针对性地开展工作。从 2019 年 4 月开始，我们组织干部每月带着网格内在家的群众搞一次义务大扫除。刚开始在家的群众出来参加大扫除的不足 30%，更有极少数群众，当义务清扫的队伍到自家门口的时候，要么闭门不出，要么站在旁边指手画脚，说这里要怎么搞一下，那里要怎么清理。但好在我们坚持了下来，同时有针对性地重点邀请在家的党员和志愿者参与其中。随着活动的持续开展，走出家门参加劳动的群众越来越多。到 2019 年底，每次组织义务劳动，80% 的在家群众会主动参加，还有热心群众会为参加劳动的干部群众送上凉茶西瓜；一些有条件的群众，会带上家里的拖拉机、斗车、割草机等劳动工具来支援。很多地方几年没清理的卫生死角得到彻底整治，一些群众也因乡亲之间相互做工作而主动清理家门口和地坪里堆放的砂石废料，全镇整体环境卫生大为改观。到 2020 年，应部分群众要求，我们把每个月的清扫时间选在周末，主要是让一些在校学生也可以参加这种公益活动，受感染的人越来越多，大扫除的队伍越来越庞大。

群众真切感受到环境卫生转变带来的好处，也真实感受到干部扎实带头参与环境卫生的韧劲，拆除过去遗留的煤坪、砂场就有了思想基础和舆论支持。2020 年，我们开始为期一个季度的拆违治乱专项整治。摸清底数、制定工作方案、下发限期拆除通知等各项工作有条不紊地推进。工作专班还对主要公路旁、河道边、屋场核心区域的违章建筑和砂场进行了全面清理。开展整治工作之时，很多镇村干部心生疑虑，甚至部分同志还为我捏了把汗，他们觉得这触及了一部分人的利益，断了人家财路，压力将会不是一般地大。好在我们坚如磐石，好在有前半年环境卫生整治打下的基础，好在我们完美地发挥了群众相互教育、相互管理的作用，整治工作顺利进行，一次性把过去遗留下来有碍观瞻、影响环境的违章建筑、煤坪、砂场和群众家门口堆放的砂石全部整治到位。

为了进一步提升人居环境质量，引导群众自我动手搞好庭院整治和家庭环境卫生，我们推出了人居环境"红黑榜"评比活动，要求每个月每个村通过上门实地检查，分别评选出10户庭院卫生的"红榜"和"黑榜"。对被列为"红榜"的家庭进行通报表扬，给予适当奖励；对被评为"黑榜"的家庭进行通报曝光，同时由联系网格的干部邀请村干部、志愿者、环卫工作者一起上门，带着该户的家庭成员动手进行全面整治。对环境卫生差而被列入"黑榜"的农户，我们上门整治一般就是一整天，不达预期效果绝不收兵。一个村每个月评选10户"黑榜"户，一年就是120户，不到2000户家庭的一个村，环境卫生真正很差的充其量也就200来户，大成桥镇通过两年整治，很难再找到环境卫生特别差的居民户了。

接下来我们开始推动"美丽庭院"评选，号召大家在搞好房前屋后卫生、家禽实行圈养的前提下，着重进行庭院的美化、绿化提质，让大成桥镇的环境卫生焕然一新。大成桥镇从2019

年至 2023 年连续五年人居环境考核在宁乡市和长沙市均名列前茅，连续三年获评长沙市人居环境管理优秀乡镇。

美丽屋场建设：从"群众看"到"群众干"

我们想组织群众筹资投劳推动乡村基础设施建设，但苦于道路、水利等项目因群众受益不均衡而参与度不高，项目落地实施难，在全镇难以全面复制推动。乡村建设陷入群众期望高、现实需求大但资金严重不足、群众参与度不高的两难境地。

2020 年，长沙市出台了美丽屋场建设试点的政策，以此为抓手推动农村宜居环境和美丽乡村建设。建设方案明确，以村民小组为单元建设美丽屋场，原则上要求覆盖的住户不低于 45 户，内容包括对道路、水体进行提质改造，实行生活污水相对集中收集处理，适度进行区域绿化、亮化，建设村民文化活动场地，经常性开展群众文化体育活动，推动移风易俗和乡风文明。长沙市级财政将对每个验收合格的美丽屋场给予 60 万元资金补助，获评为一类的奖励 90 万元。

我认真研读文件后，思路豁然开朗，异常强烈地感觉到，这就是我们一直在苦苦寻觅却没有找到方向和着力点的乡村建设方略。美丽屋场建设，辐射范围相对广，建设内容全面，恰恰解决了之前群众受益不均制约我们广泛组织发动群众参与乡村建设的难题。

政策文件出台后的第一时间，大成桥镇进行了认真传达学习。全镇上下下定决心，虽然我们基础条件一般，但在美丽屋场建设中要当全市的探路先锋，于是号召各村组织村民小组长和群众代表开展民主协商，发动有条件、有群众基础的村民小组积极申报。由于当年还只是试点推行美丽屋场建设，上面给的指标极为有限，大成桥镇一共申报了四个屋场建设项目，但只有鹊山村迎客湾项目拿到了指标。知道这个讯息后，我专程跑到长沙市农业农村局，汇报了大成桥镇在乡村治理和乡村建设过程中的迫切需要、群众期待和之前积累的组织动员群众的工作基础，为梅鸣村何家湾组又争取来一个指标。

两个美丽屋场的建设虽然过程一波三折，执行难度远超预期，但是通过我们耐心地做群众工作，打通了建设的链路，圆满完成了任务。

在积极争取梅鸣村何家湾美丽屋场建设指标时，我们主要是看中了这个区域的基础条件不错，有热心人愿意牵头当领路人，有愿意捐款的乡友作后盾。但项目争取回来后，具体困难和问题远超预期。拆围墙、腾用群众土地，要上门做思想工作；群众房前屋后建设投入有差异，也要上门做解释工作；过去一些累积的邻里纠纷，需要上门协调化解，防范其成为美丽屋场建设的绊脚石。

作为乡镇党委书记，我到现场开了三次户主会，专门统一思想，解决群众筹资投劳、腾用部分群众的承包地和房屋前地坪、无偿拆除马路边部分群众家封闭围墙等难题。记得当时有户群众，通过村组三番五次做思想工作，终于同意把影响道路拓宽的围墙拆除，但就是不愿意拆除两个高耸的门楼，强调门楼建设时付出了不小成本，想留着做纪念。事实上，门楼既有安全隐患，又影响屋场整体美观，何家湾小组的群众和村干部做了数次思想工作，都没有效果。他们把情况报给我以后，我到这户群众家里，苦口婆心地和他们说，舍不得拆除的门楼，就像家里舍不得丢弃的旧衣服、旧鞋子，心情可以理解，但现实完全没有必要，甚至如同一个人背着货物过河，明明水已淹到脖子，还舍不得丢弃身外之物来保命。留下光秃秃的门楼，既不美观又不安全，万一哪天倒下来砸着人或车就要承担赔偿责任，与背着货物过河被水淹如出一辙。我跟他反复讲道理、打比方，磨了半天才把他的思想工作做通。乡村的一些具体问题，有时候就是这么复杂和纠结，基层干部不能强制去执行推动，只能靠做思想工作来说服。

负责联点的副镇长在近六个月的建设周期中，至少有 50 天在现场，其间开了不下十次会议。屋场理事会的许顺芳、欧阳斌等几名骨干，从屋场建设开始到验收完毕，每人投入了 150 个左右的工日，没有拿一分钱回报。在建设期间，因上级补助资金没有及时到位，所有的建筑材料购买、机械使用费的支出，都是他们自掏腰包先垫付一部分或利用熟人的优势赊欠一部分坚持下来的。在骨干榜样力量的带动下，全组 50 来户群众，每户筹资达 3000 元，有几名乡贤捐款力度比较大，最多的捐了 40 万元。按照最低 4 个工日 / 人投义务工，包括理事会成员在内，全组义务投劳 2000 多个。

梅鸣村何家湾小组曾经邻里纠纷严重，2019 年两名村民因一块巴掌大的自留地发生纠纷，造成一死一判刑的恶性事件。通过这次美丽屋场建设，村民小组内凝聚了乡村共识，解开了群众之间的心结，从根本上化解了邻里矛盾，扭转了民风，提升了群众的素质和凝聚力。

鹊山村迎客湾美丽屋场的建设顺利得多，这是因为村支部书记工作能力强，群众基础好，发动群众筹资投劳推动乡村建设，特别是在拆除围墙的行动中走在了前列，探索出成熟的路径。迎客湾美丽屋场，区域不大但房屋密度很大，可以腾地的空间很小。为了建设一个必备的村民活动广场，一名群众因自己的房子在中心位置，且屋前刚好有一块较大的空坪，主动提出拆除自己一个完整的房子。受他这种思想境界的感化，全组群众在完成筹资任务的情况下，又自发筹集了 15 万元给他另外选址建新房。在迎客湾美丽屋场建设过程中，还涌现出很多可歌可泣的人物和故事，激励着所有群众铆足干劲推动建设。

2020 年，两个群众思想基础和基础设施条件不一的屋场顺利完成建设，通过了长沙市的验收。其中鹊山村迎客湾美丽屋场得到了宁乡市的最高分，获得了 90 万元的奖励资金。通过这两个屋场的建设，我们找到了组织发动群众参与乡村建设的最佳切入点，总结出一套开展屋场建设的经验办法。最为重要的是，首批建成的两个美丽屋场切切实实为当地带来了环境、民风、思想观念等诸多方面颠覆性的变化，让全镇干部特别是广大群众找到了建设和美乡村的信心和决心。

大成公约：撬动乡村治理和乡村建设

在 2020 年底召开的 2021 年度工作务虚会上，我们初步确定把美丽屋场建设作为推动乡村治理和乡村建设最重要的战略来抓。在2021年的大成桥镇党代会暨经济工作会上，我们把当年定为"美丽屋场建设年"，响亮提出"全域建设美丽屋场，争当乡村振兴示范"的奋斗目标。按照大胆设想、小心求证、因地制宜、稳妥推进的思路，我们研究出台了建设美丽屋场的"两参一改五结合"大成公约，即干部参加劳动，群众参与管理，改革乡村建设单一投入机制，以美丽屋场建设持续推动志愿服务、乡风文明、返乡创业、耕地保护、产业发展相结合。全镇经过广泛的摸底调查，做出了全域美丽屋场的建设规划。按照点面结合、串珠成链、全域覆盖的整体思路，计划五年内154个村民小组全部建成美丽屋场，精心打造看得见景观，留得住乡愁，彰显出特色的乡村屋场，以此推动乡村旅游产业的发展。

2021年，长沙市农业农村部门虽然尚未出台推进美丽屋场建设的文件，但我们敏锐捕捉到，在年初召开的长沙市十五届人大七次会议上，长沙市人民政府的工作报告明确当年全市拟建设800个美丽屋场。大成桥镇提前谋划，及时做出安排部署，年初即启动宣传动员和摸底调查工作，根据村组自主申报和现场基础条件踏勘，初步确定38个拟建设的美丽屋场。一个干部联系指导一个屋场，先期召开户主会议，与群众协商征求意见。在第一次会议上，要求对每个屋场做好建设项目、资金总量的规划盘算；要求每户户主书面写好同意拆除封闭式围墙、无偿调地让地、按不低于3000元/户和不低于4个工日/人筹资投劳的承诺书。凡是承诺率低于95%、建设投入体量过大、资金来源不足的，均被否决淘汰，最终 32 个屋场纳入计划启动建设。

永盛村率先行动，一次性规划了七个美丽屋场。其中毛公塘、芋头坡、长盛三个村民小组连在一起，是曾经采煤的核心区，也是道路毁损最严重、农田抛荒最多的区域，即使是初春的乡村也是一片漆黑，不到三米宽的道路两边是茂密的树林，蜿蜒曲折的道路上到处是破损的坑洞，走在路上有种凄凉甚至毛骨悚然的感觉，老百姓盼望建设宜居环境，推动美丽乡村建设提质的愿望最为强烈。我和时任镇长杨伟军同志，分别到这三个村民小组参加过几次户主会议。我对到毛公塘参加第一次户主会议的场景记忆犹新。

在组织召开户主会议前，村组干部做了大量的前期准备工作，对拓宽道路、建设村民文化活动广场需要群众让地让土的区域和面积进行了核实，对所有列入计划需要拆除的围墙进行了登记，对项目所需要的资金进行了初步规划盘算。

在这次会议上，所有的户主都对各自需要承担的义务，进行了书面承诺。其中包括按照不低于 3000 元 / 户筹资，不论年龄大小按照不低于 4 个工日 / 人投劳，有党员、人大代表、村民代表等身份的，按多个身份进行累加投劳，确实出于身体因素或工作冲突不能参加义务投劳的按 120 元 / 工日折算资金请人代工。同时在这个会议上，通过自愿报名和户主推荐，选出由八人组成的美丽屋场建设理事会，陈国文担任理事长，其他同志各有分工，有的负责管工程技术，有的负责每天的义务工安排，有的负责后勤，有的负责筹资和财务管理，还有专门人员负责宣传动员鼓劲。

在会议上，我代表镇党委表达了对他们自力更生建设美丽屋场的敬意和支持，同时根据镇党委的决定表态，不论2021年上级的支持政策怎么样，镇党委政府都会兜底美丽屋场建设资金，保证每个通过验收的项目奖补资金不低于80万元，如果项目得到上级的补助资金不足80万元，不足部分将由镇财政兜底支持。我同时提出，屋场建设一定要算清投入账和收入账，原则上一个屋场的总投入不能超过120万元，个别群众基础好、乡友捐资力度大的，也绝不能超过150万元，要注重因地制宜、精心规划、就地取材、资源利用，特别是不允许搞华而不实的景观，不允许搞千篇一律的牌匾和门楼。

我还要求按照大成公约工作思路，引导镇村两级干部到美丽屋场参加义务劳动；充分发挥群众主体作用和群众自治作用，实现屋场建设全过程自我管理，不允许村委会对屋场建设进行包办和兜底；通过群众义务投劳参加美丽屋场建设来培养志愿服务精神，实现志愿服务常态化；以美丽屋场建设来化解过去的邻里矛盾纠纷，提倡婚丧酒席文明节俭操办，以此全面推动移风易俗，培育文明乡风；在美丽屋场建设过程中，全面开展山塘清淤等水利设施恢复建设，把农田里的绿化苗木就地移植用于屋场绿化，提前一步恢复耕地，让基本农田实现粮食生产；在建设时同步规划产业发展，着手考虑农田、林地以及群众房前屋后的空坪地如何合理整合利用发展产业，通过美丽屋场建设带动休闲农业和乡村旅游；引导在外乡友和大学生回乡参加义务投劳，引导这些有知识、有见识、有资金积累的人回乡定居，带来资金、发展产业。

毛公塘是 2021 年全镇第一个搭好班子、做足前期准备、率先启动建设的美丽屋场。屋场建设理事会会长陈国文，原来是做煤炭贸易的老板，买了商品房在城里定居，平时很少回乡，但群众高度认可他，一致推荐他担任理事会会长，他把将近七个月的时间全部扎在了屋场建设中。在他的影响下，不少已经在外面定居的乡友纷纷捐款投劳。其中有个在长沙工作的"80后"姑娘，回乡看到热火朝天的建设场面，深受感染和感动，于是专门请了一个星期的假参加劳动。她说："光捐款还不足以表达我对美丽屋场建设的支持和对家乡的感情，只有和大家一起参加劳动，才有更深刻的感受，才能表达我的这种情感。"在毛公塘美丽屋场建设过程中，理事会成员大大小小开了几十次碰头会，所有户主都参加的协商会也开了五六次。村支部书记谢明等村干部那半年大多数时间更是扑在美丽屋场的建设中。

站在乡镇层面，我们也及时召开了美丽屋场建设调度会议。会议要求所有参与这项工作的镇村干部意识到，把人民群众组织动员起来，就要让自己先沉下去、钻进去，时时刻刻想着怎么样动员群众、组织资金、优化建设方案。只有自己全身心投入了，才能带动群众全身心投入这项他们可能为之疯狂挚爱的事业中。我在做完腰椎手术后，没有遵照医生让我静卧的嘱咐，而是坚持到毛公塘美丽屋场现场指导察看多次，给他们加油鼓劲，并为他们在外面筹措一些可以利用的诸如花卉苗木、混凝土块等相对物美价廉的资源。

毛公塘美丽屋场建设理事会成员发动群众用了将近一个月

的时间开展拆违治乱等基础工作，将拆除的块砖钢筋进行重新利用，对每家每户的房前屋后进行全面整治。乡村的能工巧匠充分发挥自身优势，为屋场建设出谋划策、出工出力。他们把从破损混凝土路面挖出来的水泥块，重新利用在了拓宽路基和山塘的护砌中，节约了大量成本。群众把家里的坛坛罐罐、老石磨、风车等农用工具，搭配利用做成了独具特色的农耕文化墙，打造了颇有乡村韵味的风景线。乡村妇女发挥勤劳朴实的优势，年过七旬的老奶奶每天自掏腰包买来饼干、西瓜，或在自家熬好绿豆粥和小米粥送到工地，给出工群众免费食用，坚持了六个多月没有间断。王凤玲大嫂出工的同时，每天有意识地拍上一些劳动期间的照片和视频，利用晚上时间进行加工剪辑，发布到抖音平台，既为乡亲们鼓劲加油，也传播给在外的乡友欣赏，充分调动他们支持家乡建设的积极性。

毛公塘美丽屋场是 2021 年最先开工的屋场，也是在验收中得分最高的屋场，在验收通过之时，包括陈国文在内的不少群众，忍不住喜极而泣，他们被自我的这种集体意识和自力更生建设家园的精神深深打动。在整个屋场建设中，80 多户群众共投入了 4000 个义务工日，包括乡友在内共筹措资金 70 多万元，共投入 150 多万元，把一个过去采煤沉陷影响最严重的区域，打造成了最美丽的屋场，三口主要山塘彻底清淤，之前种上了树木和抛荒的农田全部进行整治复耕，第二年打造成了蔬菜产业基地。屋场建成后，毛公塘的群众个个都成为志愿者，每个月对屋场进行义务清扫和绿化修剪维护，邻里之间的关系更加和睦，婚事新办、丧事简办、余事不办得到全面推行，移风易俗深入人心，地方风气焕然一新。

更难能可贵的是，在毛公塘美丽屋场建设过程中，干部群众不断实践和摸索，总结出了一套"四精三筹两拆一让不眼红"的美丽屋场建设指南。所谓"四精"就是精诚团结搭班子、精心规划定项目、精雕细琢搞建设、精打细算用资金；"三筹"就是筹资金、筹劳力、筹智慧；"两拆"就是拆围墙、拆空心房；"一让"就是让土地；"不眼红"就是资金投到哪里、项目建在哪里相互不眼红攀比。

在屋场建设过程中，当然也不是一帆风顺的，免不了要深入群众，做群众工作。

记得在大成桥村罗家湖美丽屋场建设中，因一户人家的围墙严重影响道路拓宽，村干部和屋场建设理事会成员，上门做思想工作不下十次，都没能做通。自认为做思想工作很有方法的我，上门三次都无果，差不多到了要放弃的境地。后来在走访中，我无意中得知，这户群众有个小舅子，家庭情况不错，他们家孩子读书、参加工作也得到了小舅子的诸多关心支持。于是我和村干部一起，开车到长沙，把他家小舅子请回来一起做思想工作。小舅子先做通姐姐的思想工作，再做姐夫的思想工作，并且自掏了 5000 元作为补偿，这家才勉强同意把围墙拆除，扫清了美丽屋场建设过程中的"拦路虎"。

成功塘村老屋湾美丽屋场建设过程中，群众筹资相对积极，其中一位名叫易禄坤的老人，把儿女每年给他的赡养费省吃俭用存着，美丽屋场建设时一次性捐出 18 万元。我们也正是看中这方面因素才将这个过去矛盾纠纷较多的地方纳入建设指标。

但这里群众投劳积极性不高，难以组织动员，几次户主会动员都没有效果。无奈之下，我们商量决定，由联系这个屋场建设的副镇长，带领他们全办的干部，在美丽屋场建设现场扎实开展了一个星期的劳动，干的全是建设过程中的脏活儿、累活儿。在干部的带动下，才有群众陆陆续续过来帮忙，直至后来大多数群众深受感染，纷纷投劳参与建设。

2021年大成桥镇启动32个美丽屋场建设，因为发动早、群众筹资投劳力度空前，在长沙市形成了示范标杆。2021年长沙市给予了我们17个美丽屋场的指标，按照60万元/个给予资金补助。镇人民政府也按照年初承诺，在镇本级收入来源紧张的情况下，千方百计想办法，对17个进入指标的美丽屋场给予20万元/个的补助；对没有争取到上级补助指标的15个美丽屋场，先期垫付20万元/个的资金，待来年再向上争取指标来进一步完善后期的建设项目。

美丽屋场建设让一个地方的居住环境、群众精神面貌、乡风民风焕然一新，干部群众也真实感受到美丽屋场建设带来的成就感和获得感，申请要求建设美丽屋场的村组越来越多，群众的参与意识越来越强，以美丽屋场带动乡村其他建设的氛围日益浓厚，乡村建设进入全新阶段，掀起了一轮高潮。

大成桥镇是长沙市美丽屋场建设的重要观摩点，人民群众的参与程度、建设的效果和口碑评价都给到现场观摩的领导留下了深刻印象。宁乡市委主要领导两次组织相关领导和乡镇负责人到大成桥镇指导观摩美丽屋场建设，给予了高度肯定和评价。在当年的美丽乡村建设工作中，他特批奖励大成桥镇100

万元资金，还半开玩笑半认真地说："来年长沙市下达美丽屋场建设指标，优先让大成桥镇申报。"

持续升级的屋场建设，引领乡村全面振兴

万物得其本者生，百事得其道者成。经过几年的探索实践，美丽屋场在大成桥镇大地上串珠成链，共建共治共享理念深入人心。2022 年，大成桥镇再次掀起美丽乡村建设的高潮，全年共启动 40 个美丽屋场建设。我们把美丽屋场分为两类：一类是标准更高、纳入市级奖补的，总投入 120 万—150 万元；另一类是镇级的，总投入 80 万—100 万元，其中镇财政补助 20 万元，群众和乡友筹资 30 万—50 万元，另整合一些农业农村、交通运输、水利、环保等小的项目资金进来。将 2021 年已经启动并完成大部分建设任务但因当年没有指标而未能享受奖补政策的 15 个美丽屋场，纳入奖励范围进行提质提升。

在实践摸索中，大成桥镇明确了美丽屋场建设的滚动发展思路：第一年发动群众筹资投劳到位，把艰难的基础工作任务完成；第二年再进行耗资比较大但简单易实施的道路黑化、文化广场铺装、亮化等工程。这样既减轻了建设过程的资金压力，又让群众形成了自发组织、相互竞争的态势，同时持续打牢基础，推进建设，为向上争取更多奖补指标赢得先机。

2022 年，在上级的关心下，大成桥镇有 26 个美丽屋场建设获得奖补指标，数量再次居宁乡市第一。同时在长沙市标杆美丽屋场建设试点中，宁乡唯一的一个标杆美丽屋场建设指标

给了永盛村的毛公塘、芋头坡、长盛片区，奖补支持三个优质屋场进行整合再升级，通过串点成面，丰富景观和场景，打造乡村慢游的旅游目的地。26 个示范性美丽屋场和 1 个标杆美丽屋场，一共获得上级财政奖补资金 1860 万元。我们以镇主导、村指导、组主体为工作原则，推动联系干部下沉蹲点，让村干部长期扑在问题处理和项目建设一线，屋场建设理事会充当工作主体，群众广泛参与，再次掀起美丽屋场建设的高潮。

受美丽屋场建设的影响带动，全镇群众筹资投劳参与乡村建设的热情被充分激发起来。据不完全统计，2022 年大成桥镇群众筹资 1500 多万元，乡友捐资争资 600 多万元，义务投劳 1.2 万余个。同时，我们出台政策要求，美丽屋场范围内的抛荒耕地必须全部恢复到位，在上级没有下达耕地恢复任务指标的情况下，大成桥镇恢复耕地 380 多亩。

我们适时提出，建设美丽屋场，要把农田水利和道路建设作为前期工作做好。以美丽屋场建设为突破口，我们彻底破解了过去农田水利和道路建设因辐射范围不广、受益不均衡而群众参与积极性不高的困境。

2022 年，宁乡市遭遇历史罕见的干旱，大部分乡村山塘见底，河流断流，几个小型水库库容不足，致使晚稻三成以上绝收，甚至威胁到局部乡镇的人畜饮水安全。当诸多乡镇还沉浸在旱灾的损失里哀叹、对冬季用水困难一筹莫展的时候，大成桥镇却利用美丽屋场建设掀起的乡村建设高潮，以及旱情对人民群众造成的冲击，特别是山塘河道断流方便机械作业的契机，因势利导，果断决策，对当年的冬修水利工作进行全面铺排和动员。发动群众按照受益水田面积筹资，清淤扩容提质了 120 多口近 1000 亩的山塘，整修渠道 40 多公里。同时，争取上级资金对大成桥镇的主要河流——大成河进行长达 11 公里的全面清淤、疏浚、护砌和加高加固堤岸建设，让这条横贯六个村、覆盖流域面积超万亩的河流，彻底扭转一到汛期洪水就淹没农田、村庄的局面。整治过的大成河在 2024 年 7 月的洪灾中经受住了考验，没有淹没一处农田和村庄。

2023 年，大成桥镇成功申报到国家发改委的采煤沉陷区重点治理项目，获得 1949 万元的项目资金支持。该项目资金主要用于村级道路的恢复和提质改造，可铺排约 60 公里的道路提质改造。在项目实施中，我们不搞平均分配，不预先确定范围和地点，而是按照群众负责筹资投劳拓宽路基、村级负责拓宽道路和破损道路的硬化，镇级负责铺装改性沥青的模式，由村组自主申报、自发做好前期准备，镇里完成最后一道工序的方式开展工作。这种奖补资金的"饥饿式供给"，激发了各个村组之间的良性竞争，调动了群众的积极性和内生动力，全镇八个村有近半数的群众直接筹资投劳，投入乡村道路建设。

2023 年，我们继续推进美丽屋场建设，争取到长沙市美丽宜居村庄示范片指标，获得 1600 万元财政奖补资金。通过这个项目，我们将永盛村全域 11 平方公里的 20 多个美丽屋场重新规划、整合和提升，将之打造成相当有影响力、有吸引力的乡村慢游目的地，带动社会资本投入近 3000 万元，与村集体一起发展乡村旅游和研学培训业务。

至 2023 年底，五年时间大成桥镇共完成道路提质改造 200

多公里，其中 2023 年完成 68 公里，有四个村实现 5 米宽以上的改性沥青道路通达每一个村民小组。同时，全镇共建成 87 个美丽屋场，有两个村实现了美丽屋场的全域覆盖。

走在乡村宽敞干净整洁的道路上，活动于绿化亮化到位、文体设施一应俱全的美丽屋场，人民群众的幸福感、获得感大大提升。因为这些建设成果凝聚着大成桥镇每个人的努力和心血，所以大家在项目建成后热情依然未减，责任感不断增强，在后期维护上更加用心，屋场建设理事会继续组织群众常态化筹资投劳，对屋场和道路进行维护、清扫和小投入的提质改造，确保共同建设的家园一如既往保持美丽、干净、整洁。

因地制宜、量体裁衣，激发群众内生动力建设美丽屋场是大成桥镇组织发动群众最适宜的抓手和工具。我们在美丽屋场建设中有以下深切的体会。

"三级分工协同，发动群众当主人"，是美丽屋场建设的关键。镇级强化统筹各级资金资源，积极争取上级项目向美丽宜居村庄建设倾斜。坚持"三个三分之一"的乡村建设投入模式，尽力而为、量力而行设定建设标准、核定指标数量。强化动员部署，既注重宣传动员，又巧妙实行指标饥饿供给，激发村组竞争意识和主体思维。强化讲评督导，坚持一周一小结、半月一调度、一月一评估，纠正建设方向和思路上的偏差。村级积极发挥组长、党员、乡贤乡友等群体的积极作用，选优配强村组屋场建设召集人和 4—6 人的理事会成员，组织召开屋场户主会，深入解读宣传建管政策、设计蓝图；因地制宜、问需于民，做好规划设计，做到是否创建大家定，项目设计大家议；

涉及拆除围墙违建、让田让土，做到组内个别群众思想工作全民做、自家的事自家解决；分工协作统筹党员、群众和乡贤乡友筹资投劳，加强自筹资金的管理和公示公开，提高群众的信任度。最关键的是调动群众主动参与的积极性，做到主动拆围治乱、让田让土，主动投资投劳、送茶捐物。最低按照每家每户 3000 元和每个家庭成员 4 个工日的标准进行筹资投劳，贫困户等困难对象由户主会集体决议进行减免。激发群众主动出主意、想点子，在节点打造、特色设计、就地取材等方面集思广益，充分体现群众智慧、实现自我价值。

"厘清建管思路，降本增效算实账"，让美丽屋场建设有保障。坚持"先动员再申报"原则，通过问卷调查和屋场会等，充分收集民意、达成共识后才能申报。严格申报准入条件，群众筹资投劳书面承诺到位、实心围墙提前拆除到位以及成功创建群众零信访、村民零违法、村庄零乱象的"三零"小组的优先申报。初次申报后，镇村综合考虑房屋、道路、产业等基础条件，确定是否将屋场纳入财政支持指标。同时坚持"先治乱后造美"的原则，下好拆围治乱、道路拓宽的"先手棋"，避免二次"破坏"和二次"返工"。在规划预算上有底线，屋场建设总投资原则控制在 120 万—150 万元，着力推进基础建设往组覆盖、往户延伸，不断调整和优化项目建设。强化开源节流，用好市财政资金补助，加大镇财政补助力度，保障群众筹资，发动乡友乡贤积极捐资，形成强有力的建设资金保障。就地取材，减少成本，以干净整洁、舒适精美、产业植入、不增负债为原则做好村庄"设计图"和"预算表"，不大拆大建，不统一风格。在长远管护上有保障，屋场建成验收后，屋场建设理事会调整为屋场管护理事会，因地制宜落实"群众自管、承包管护、社会管护"三种模式，使美丽屋场后期得到持续维护。

"做好结合文章，因地制宜促振兴"，使美丽屋场建设管长远。为产业发展优化基础，立足"产业围绕屋场铺"，农田水利、土地整治、高标准农田建设、数字乡村等基础设施项目向产业基地周边倾斜，积极推动返乡、入乡和在乡大学生、致富带头人创新创业。为耕地保护扛牢责任，以"长牙齿"的态度推进耕地保护、促进土地复耕，所有美丽屋场在守住耕地红线、保障粮食安全上，须完成一定复耕指标任务，确保屋场内农田不抛荒。为文明实践提供平台，屋场建设结合"三零"村组创建、"功德银行"、善行大成等德治手段，开展移风易俗、倡树文明新风，乡村"面子"和"里子"都得到有效提升。

如何转变群众思想、带动群众一起干，让很多镇村领导干部感到很为难。群众内驱力、自觉性应该通过怎样的途径来激发？鼓动式呐喊、蛮力式助推，却不与群众切身利益、自身获得感关系起来，是很难实现预期效果的。"马克思列宁主义的基本原则，就是要使群众认识自己的利益，并且团结起来，为自己的利益而奋斗。"[①] 这应该是我们寻找恰当工具和载体，做好群众工作的落脚点。能从内心深处打动群众、有效动员群众参与的一定是关涉他们自身利益，让他们有获得感、幸福感和安全感的事，这也是抓好乡村治理的关键所在。

---

① 《毛泽东选集》第 4 卷，人民出版社 1991 年版，第 1318 页。

大成桥镇将网格化走访和屋场夜话会作为干群信任破冰工具，利用村级干道修复、美丽屋场建设、人居环境整治等载体平台，通过乡村建设投入机制的创新，实行财政支持指标竞争性申报，不搞平均分配，谁先动工完善基础，镇村指标就优先向谁倾斜，充分激发了村民参与乡村建设的热情。每一个环节，镇、村、群众缺一不可。群众马上行动，镇村给指导和支持；群众一动不动，镇村不会主动。当群众看到周边风风火火搞建设，而自家附近依然破旧不堪时，思想和行动便在潜移默化中被带动起来。

　　站立潮头再击桨，无边胜景在前头。乡村建设不会有最好的模式与答案，但最终的落脚点都是通过有为而治，以少量财政资金撬动社会资金，以利益共有激发群众力量，以情感相通发挥奉献精神，在坚持节约和高效的原则上，在政府、村级、群众之间找到合适的平衡关系，从而促进实现各美其美、美人之美、美美与共。

第八记　发展产业是富民强村的关键出路

没有兴旺的产业，乡村振兴就如同无源之水、无本之木。2023 年 4 月，习近平总书记在广东省柏桥村考察调研时指出，发展特色产业是实现乡村振兴的一条重要途径，要着力做好"土特产"文章，以产业振兴促进乡村全面振兴。要想村强民富、人丁兴旺、烟火气十足，就得壮大村级集体经济，发展能为村民提供家门口就业赚钱机会的产业。产业发展的出路在哪里？这需要我们充分挖掘当地资源优势，做好土地流转、企业赋能、资产转变为资金等文章，培育地方特色产业和特色农产品，不断增强集体经济的造血功能，激发农村经济活力，建立利益联结机制，最终实现共同富裕。

"黑色"产业向"绿色"产业转型的痛楚

2014 年，受政策影响，大成桥镇所有煤矿正式关停，宣告全镇上上下下正式告别了靠煤吃煤的历史。伴随而来的是财政收入锐减，村集体负债浮出水面，大量煤矿工人和从事煤炭贸易的商人失业，部分煤矿承包人破产，餐饮、运输、汽车修理等诸多配套产业迅速倒闭，仿佛一夜之间，经济状况急转直下，社会瞬息之间由富足陷入穷乱。

过去靠煤吃煤，挣钱容易，无须技巧，在很大程度上麻痹了大成桥镇人民的神经。大家普遍觉得这种好日子可以延续下去，很少有人想着要去拓宽创业就业渠道，更没有人有危机意识。过去几十年，大成桥镇人民的创新创业精神几乎被消磨殆尽。改革开放以来，整个乡镇鲜有成功的企业家，没有出过上市公司的创始人，也没有诞生过一家叫得响的民营企业。更让人担忧的是，习惯了过安逸的日子，农村学生试图通过读书来改变命运的奋进精神在大成桥镇也难觅踪迹。

随着煤炭产业的覆灭，"黑金时代"成为过去式，乡镇工业需要重新起步，产业必须从"地下"向"地上"转型；农业产业凋零，留下抛荒的农田和满目疮痍的废弃矿山，产业必须从"黑色"向"绿色"转型。有人说转型必然伴随着阵痛，但对于完全没有任何思想准备和转型基础的大成桥镇来说，转型伴随的是漫长痛楚，不仅有产业定位的艰难，还有社会群体思想意识转变的不易，更有资金、土地、人才等生产要素紧缺的困境。

有过去从事煤矿生产经营的老板，在煤矿关闭后试图从事集镇的综合开发业务，由于缺少相关从业经验，特别是受当地居民收入减少、购买力降低的影响，投入几千万元血本无归。时至今日，几百亩已经完成征地拆迁和土方平整的土地，长期被闲置荒废，投资方和施工单位陷入债务纠纷。也有多名老板尝试转型从事烟花爆竹、鞋服、无纺布等产业的发展，但均以亏损而收场。多数煤矿经营承包人几十年采煤赚积的财富，几年时间亏损殆尽。还有不少从事煤炭贸易或运输的人员，不得不背井离乡，从事出租车运营、承包学校和企业食堂的营生。本地工业产业和商贸流通也陷入全军覆没的境地，就业增收无门，全镇普遍陷入经济紧缩和低迷。

当好工业园区企业的推动者、守护者

痛定思痛后，大成桥镇经过多方面的调查研究，瞄定长沙工程机械之都的产业优势，决定盘活利用好原来煤矿留下的闲置工业用地，拟建一个为工程机械进行配套生产的工业园区。工业园区选址在永盛村宁横公路边，面积约两平方公里。起初，镇里既无资金也无产业基础，同时建设用地指标相当紧张，群众持观望态度，不配合征地拆迁。尽管如此，首期还是征用了300亩左右的用地，征地款是跟老百姓赊欠的，并承诺一旦引进项目把土地转让出去，将第一时间结清征地款项。征地拆迁本身就是一项非常具有挑战性的任务，而要赊欠农民的征地款，工作推进起来更是难上加难。好在当时的镇村两级干部咬紧牙关坚持了下来，首期顺利征收到约300亩土地，并完成相关农用地转批手续的办理。

土地拿下来了，接着铺开园区的道路、供水、供电等基础设施建设。通过整合原来一些煤矿承包人和煤炭贸易商人的资金资源，鼓励他们将闲置资金投入创办加工企业，镇里先后动员两位原煤矿承包人创办了两个钻头加工企业，目前这两个企业的年产值均在2000万元左右。镇人民政府外出招商，成功吸引了一位在安徽从事化工行业的企业老板回乡摘牌了30亩土地，建设了将近三万平方米的标准化厂房，又通过他个人和政府共同努力，成功招商引进了福建的特步公司在园区投资生产。目前特步工厂有员工800多人，建立了六条运动鞋生产线，年产380万双运动鞋，年产值约2.4亿元，每年纳税在1000万—1500万元，发放的劳动工资约5000万元。特步工厂的800多名员工，基本上都是宁乡的女性，其中大成桥镇本地占500多人，为乡村富余劳动力实现在家门口就业提供了机会。后来园区又陆陆续续引进了从事钢结构生产的泰诚钢构，年产值超过5000万元；以及专门为工程机械企业和机床加工企业配套的湘瑞重工，2023年的产值接近2亿元，成为湖南铸造行业的龙头，被评为湖南省专精特新小巨人企业。2024年，湘瑞重工又启动了第二条生产线的建设，预计建成投产后产值可以实现倍增。

截至2023年，经过多年的积累和发展，工业园区落地工业加工企业20余家，其中规模以上工业企业8家，拥有在职员工1500多人，年税收约5000万元，其中地方收入2000万元，为乡镇财政税收的复苏，解决当地富余劳动力就业，以及提振消费信心，发挥良好的带动作用。

然而，由于工业用地指标限制和企业集中向县级以上工业园区集中的政策导向，自2019年后，大成桥镇就没有空间继续招商和扩大工业园区的规模，而是把工作重心放在了优化营商环境上，服务企业日常生产经营，化解历史遗留问题。

2019年，泰诚钢构、奔地圣鞋业、武强梦彩印包装三家企业向我反映，尽管企业已经正常生产经营好几年了，也履行招商合同，足额交清了当时购买土地的款项，但由于土地款被挪用到基础设施建设中，土地在完成农用地报批以后，一直没有摘牌办理国有工业用地的使用权证，而企业流动资金需求大，时常需要向银行融资，可因未办理土地使用权证，没有固定资产作抵押物，融资难、融资贵。知晓企业的实际困难后，本着新官要理旧账，帮助企业渡过难关的朴素想法，我多次向宁乡市委市政府领导汇报，争取上级支持，向市财政暂借五六千万元资金周转，同时镇财政也想方设法筹集了部分资金，帮助三家企业完善了土地的摘牌程序，顺利办理了国有土地使用权证。三家企业拿到了原以为很难到手的国有土地使用权证，每年能够节约上百万元的融资担保费。

特步宁乡工厂在大成桥镇落地后，发展形势渐好，随着企业持续扩大再生产，面临流水线生产工人短缺的困难。知晓这个情况后，大成桥镇成立协助企业招聘产业工人的专门工作组，安排各村进行全面宣传动员，把本地资源挖掘到位后，又组成工作小分队到宁乡市其他乡镇进行宣传招聘，并赴周边县市的乡镇驻点招聘。企业的在岗工人由 500 多人逐步增加到 800 多人，几年来持续保障了特步企业的生产需求。

2023 年辖区内一家烟花企业因为管理不善，意外发生爆炸事故，造成一名工人重伤、周边 30 多栋房屋不同程度受损。事故发生后，大成桥镇人民政府第一时间赶赴现场处理，并向上汇报争取湘雅医院的支持，以最好的医疗救助力量确保重伤人员得到全力救治。在群情激愤围堵企业大门要求赔偿房屋损失并关闭烟花生产企业的情况下，镇党委政府安排干部一对一包户做好群众的心理安抚和受损房屋的定损工作，稳定了局面。

我自己第一时间到村组召开户主会议，与群众面对面进行沟通解释，责令企业把房屋损失足额补偿到位，既安抚好了群众情绪，也确保了企业在最短时间内恢复生产。对个别在赔偿问题上存在分歧的群众，我们出面为他们聘请律师，为他们提供免费的法律援助，支持他们合理合法地与企业就赔偿问题进行协商，最终双方都获得了较为满意的结果。

实实在在的收益是乡村产业发展的命脉

2019年我刚到大成桥镇的时候，这里的特色农业缺乏竞争力，发展呈分散化。除了常规的水稻种植，主要产业就是2800亩的烟叶种植，以及一些零散的水果种植、水产养殖，没有一个农产品加工企业和流通企业。通过调研，我发现许多产业都只是表面上热闹，没有给参与主体带来实质性收益，村集体也未能从中获益，甚至有些项目还存在遗留问题。

在一次关于发展乡村产业的座谈会上，我提出："发展产业不赚钱就是耍流氓，产品没竞争力、没销售渠道就是死路一条。"这句话犹如平地起惊雷，震撼了很多人。可能在许多人的观念中，领导干部抓产业发展应考虑形象、特色等多方面因素，而不仅仅是以赚钱为目标。然而，直至今日，确保产品拥有稳定的销售渠道和让群众获得实际收益，依然是大成桥镇产业发展的遵循和指导方向。

作为订单农业的烟叶产业，在正常年份每亩能够产生5000元左右的直接产值，除去生产成本，从事生产种植的农户每亩能获得 1500—2000 元不等的纯收益，解决群众 10 个左右的劳动工日，发放劳动工资 1200 元左右。若不计入县级的收益，仅税收分配一项，镇级可分得约 300 元，村级则可分得约 150 元。因此，烟叶产业不仅为农户带来实实在在的经济利益，也为基层的财政收入做出积极贡献，是一个既惠及群众又促进地方经济发展的双赢项目。

烟叶产业要做大做强，需要一定的规模效应。大成桥镇 2800 亩的烟叶种植面积是用将近十年的积累增长实现的，每增加 100 亩，都付出了不小的努力。我到大成桥镇履职后，镇党委政府决定把烟叶种植作为一个重要产业来发展，不断增加种植面积。2020 年出台了促进烟叶种植的专门奖励政策，对新发展的烟农每人奖励 1000 元，对面积超过 50 亩的新老烟农奖励 1000 元，面积超过 100 亩的奖励 2000 元。特别是突破政策的局限，鼓励村组干部动员发展烟农，村组干部每动员一个烟农奖励 1000 元，同时给予所有烟农翻耕等方面的补助。在配套政策的支持和各方的努力下，大成桥镇烟叶种植面积连年增长，2020 年达 3500 亩，2021 年达 4200 亩，2022 年达 5000 亩，2023 年达 6100 亩。

在扩大面积的同时，镇村一方面争取和筹集资金，加强农田水利设施的建设，另一方面加大对烟叶分级场地的提质改造和烤烟设备的升级，同时优化种植和烘烤两个环节以提高产量和等级。我们不断加强生产流程的管理和关键技术要点的普及，确保单产年年有提升。产量和效益的提高，使烟农得到了实惠，种烟积极性明显提升，反过来也推动了种植面积增长和新烟农的加入。除了传统的烟叶种植，大成桥镇有不少产业主体和新农人也尝试过艾叶、百合、黄花菜、辣椒、水果等的种植，但因缺乏固定的销售渠道，更没有品牌来提升价值，生产效益不佳，产业不断萎缩，部分存活了几年后就彻底退出。

我们深知，在没有产业基础的地方，只有实行订单农业，依托上游有实力的加工企业兜底才能最大限度地减轻农业产业的风险，形成单一产品的竞争力。基于这种分析判断，我们一直在寻找合适的产业和机会，2022 年终于联系上了宁乡市的一家农业产业化国家重点龙头企业彭记坊。该企业专门从事预制菜生产，其香芋蒸排骨单品的年产值就突破了一亿元，市场前景一直被看好，甚至有井喷式发展的可能。我们了解到，彭记坊的原材料香芋都是从福建和广西购进，运输成本大、损耗多，而且定价权掌握在别人手中，企业发展受到掣肘。于是，我们与彭记坊协商，在大成桥镇打造一个专业的香芋种植基地，以供应其所需的原材料。双方探讨采取"村集体＋公司＋大户"的模式，以规模化标准化发展香芋产业。

2022 年，我们做了香芋种植五年超过一万亩的产业发展规划，磋商出具体的合作模式：村集体负责流转土地，引进大户进行种植，彭记坊提供技术指导，负责保底价格收购，并按照 1000 元 / 亩垫付前期成本。如果种植大户赢利了，这 1000 元 / 亩垫付资金在收购环节抵扣；如果亏本了，1000 元 / 亩的垫付资金不再追回，同时还按实际成本给予补偿。在产业收益中，村集体以土地入股占股 10%，不参与生产经营，按销售总收入的 10% 享受分红。有了村集体负责集中流转土地，有了彭记坊的资金垫付和保底收购，种植大户就基本没有了后顾之忧。2023年全镇两个大户试种了400亩，在技术条件不太成熟、经验不足的情况，实现了1700元/亩的纯收益。2024年，增加到七个种植大户，落实种植面积3000亩，预计亩产值可达一万元以上，纯收益有望超过5000元/亩。因为效益不错，镇村两级又高度重视香芋产业的发展，产业发展来势喜人。

我在2024年初，拍了几个与香芋产业有关的视频发在抖音平台上，一些外地人看到后，主动与我联系种植事宜。其中一个年轻人，从湖南大学毕业后一直从事建筑施工方面的工作，看到视频后，经过与我对接，几次到大成桥镇实地考察，决定转行做香芋种植。他已经筹集将近400万元的资金，并与大成桥镇签订了1000亩的种植合作协议。

预计到2025年，全镇的种植面积将达到6000亩，而到2026年，有可能提前一年实现种植面积超过一万亩的目标。根据初步估算，一万亩香芋种植将为当地提供约12万个工日的就业机会，这将有效吸纳大成桥镇及周边乡镇的闲置劳动力。此外，一万亩香芋的产值有望超过一亿元，每年可支付约1500万元的劳动工资，为种植大户带来超过5000万元的纯收益，并为村集体创造至少1000万元的收入。

在发展巩固烟叶和香芋产业的同时，我们因地制宜，鼓励发展小而精的家庭农场和特色水果种植。百香果、火龙果、黄金贡柚等以家庭农场的形式发展了上千亩的面积，同时也带动了乡村农家乐的兴起。为了解决过去农户种植各类农产品销售渠道不畅的问题，我们一方面通过积极拓宽网络直播带货销售渠道，另一方面鼓励支持农产品深加工产业的发展。以乡里坛子菜、黑山羊系列预制菜、乡村腊制品为主打产品的多个加工企业在逐步成长，矿泉水、饮料加工企业也相继建成投产。在过去的五年里，大成桥镇成功吸引了120多名大学生返乡创业，新增80多个产业主体，因为创业能人的加入，进一步提升了乡村产业的技术水平和附加值，初步实现了乡村第一、第二产业的融合发展。

促乡村旅游，让村民在家门口就业增收

美丽屋场的建设让乡村环境焕然一新，各村依托各自的特点，打造了不少能够拍照打卡的特色景观景点。随着产业的蓬勃发展，特别是一些特色小水果采摘基地和休闲垂钓基地的兴起，吸引周边城镇不少居民到大成桥镇度假和踏青，于是我们因势利导，着手规划发展起了乡村旅游。

2019年，我们吸引一个在外资企业从事技术管理工作的博士回乡创业，他和他的几个同学一起在大成桥镇投资2000多万元建成了一个集规模化种养、垂钓休闲、亲子体验、民宿于一体的网红农庄。农庄有近2000亩的水面，打造了水稻＋龙虾、罗氏虾、澳洲虾、名优水产等养殖基地，引进了现代化水产工厂。各种新型养殖技术，加上博士生回乡创业自带的流量，从一开始就吸引了不少游客前来体验和感受。

2020年本地的一名致富能手建成了尚果采摘园，占地280亩。尚果采摘园是一个集生态示范、科普教育、赏花品果、采

摘游乐、休闲度假、生产创收于一体的综合性果园，采用"党建＋公司＋农户"的模式，把支部建在产业上面。园内通过林地综合利用、大棚种植等技术，种植火龙果、无花果、百香果、猕猴桃等十余种小水果，在一个亚热带地区实现了包括多种热带水果在内的特色水果全年种植和现场采摘。水果的现场采摘价一般比市场零售价高出不少，但即使这样，很多水果一成熟就被采摘者一扫而空，产业主体效益倍增。

2022 年建成的毛公塘、芋头坡、长盛连片标杆美丽屋场，因其独特的自然风貌，以及融入乡村记忆的景观加持，从建成伊始就吸引了周边的诸多游客来参观打卡。群众自力更生投入建设的励志故事、村组美丽屋场建设自我总结的具体做法，也吸引了其他地方的乡镇干部和农业农村系统干部前来考察学习。来这里考察和游玩的人络绎不绝，当地理事会抓住这一机遇，将学习参观和乡村体验转化为产业经营，精心打造了一条售卖特色产品的商业街，并安排了专业的现场讲解收费服务。同时，由群众投资运营的农家乐也应运而生，为游客提供了更加丰富的乡村体验。

2023 年底，永盛村在湘都生态农庄举办最具乡村特色的冬季"村晚"。所有的节目都是由村民小组组织本组内的群众自编自导自演，一首首歌曲唱出了群众热爱祖国、热爱家乡的赤诚之心；广场舞、杂技、武术等舞出了群众热爱生活、昂扬向上的精气神；小品、相声更是把群众平时生活中发生的趣事生动地演了出来。"村晚"中还穿插表彰了优秀的党支部、村民小组、户代表，乡村建设之星，卫生示范户等。现场的群众不仅有本村的，还有周边村庄被吸引过来的，大家共同从这浓浓的乡音乡土乡情中感受美好生活。此外，我们每年还举办村BA（村级篮球赛事）、乡村啤酒节等群众性文化体育活动，增加曝光度和吸引力，推动乡村旅游发展。

为了进一步丰富乡村旅游的内涵，我们不仅支持鼓励产业主体的发展、农家乐的开办、各类群众性文化体育赛事活动，还从多方面采取创新措施。

2022年，镇里出资10万元，引进并支持专门拍摄短视频和微电影的拾月陌歌团队，进行乡村故事的创作、拍摄和宣传。拾月陌歌团队是一群坚守在新农村的年轻新农人，以自己独特的视角，用手中的镜头把变化中的乡村呈现出来，让越来越多的人留住乡愁、感受发展、奔赴未来。团队先后拍了几十部在业界小有影响的视频和微电影，其中用永盛村真实故事改编，由村民利用业余时间参演，还原美丽乡村建设、移风易俗新气象的微电影《回家》，网上浏览量超过百万；推介大成桥镇"不办寿宴送社保"的微电影《有一种爱》，更是被人力资源和社会保障部的平台转发，有效宣传了大成桥镇的人文特色和自然景观，间接带动外地游客慕名前来。

据不完全统计，这五年来大成桥镇在乡村旅游领域取得了显著成就，新增了近50家各具特色的农家乐、八个特色水果采摘基地和多个休闲垂钓基地。这些项目不仅丰富了乡村旅游的内涵，还为当地居民提供了超过500个就业机会。每年，大成桥镇吸引了超过20万人次的游客，旅游收入突破一亿元，为村强民富注入了强劲动力。

从湘都生态农业看大成桥：一个时代的缩影

湖南湘都生态农业发展有限公司（以下简称湘都生态农业公司）的发展史，就是大成桥镇经济社会转型发展的一个缩影，也是大成桥镇历经波折、不断探索的生动例证。

湘都生态农业公司的负责人刘跃华，20世纪80年代是大成桥镇永盛村的支部书记，通过基层干部招录，被择优选拔到乡镇机关工作，后来又陆续被提拔担任副乡长、宁乡县人民政府驻北京办事处副主任、主任。在驻京办撤销后，他审时度势，带着浓郁的家乡情结，辞去公职，回到家乡永盛村。他看到了这里因采煤而被抛荒的大片水田，便承租了几个村民小组将近2800亩水田和旱地，搞起了蔬菜种植。他这样做，不仅是想解决家乡农田的抛荒问题，更是想为乡邻提供家门口的就业门路，同时也想为自己家族在外地开的几家餐厅提供绿色无公害食材。种植基地做起来后，他又翻新扩建自己原来的老宅，开了一家特色餐厅。凭借他们丰富的餐饮经验，加上乡村的环境优雅、食材地道，餐厅迅速走红，生意非常火爆。

2017年，他又在之前积累的基础上尝试发展乡村旅游，打造了一些乡村景点，干起了简单的民宿，项目不断壮大成长，朝着良性发展的轨道前进。但天有不测风云，2017年7月，席卷宁乡市的特大洪灾，使他的山庄项目损失惨重，诸多乡村旅游设施被洪水冲毁，2000多亩的种植基地颗粒无收，农业水利等设施遭受严重破坏。面对困境，他咬紧牙关，积极筹资重建。然而，挑战并未结束。2018年一场突如其来的大火，又把山庄最重要的乡村舞台餐厅烧个精光，造成近千万元的损失。紧接着，2019 年开始的大棚房整治行动，要求诸多过去没有审批的房屋和临时建筑必须全部拆除并复耕，湘都生态农业公司再次面临重创。

2019 年我到大成桥镇履职的时候，湘都生态农业公司正陷入困境，处于能不能坚持下去、要不要关门停业的十字路口。时至今日，我依然记得第一次见到刘跃华的时候，他满眼的血丝，成片的白发，落寞而沮丧的神情。其实我也不确定项目到底能不能再崛起，也不知道他到底还有没有财力投入，但从他的眼神里，我看到了倔强和不甘。

坐在他们公司的茶室里，我和他漫谈式地交流了半天，最后我对他说："你是否甘心让自己像孩子一样培养的湘都生态农业公司从此烟消云散？如果不甘心，那就再博一把，最多也是回到 30 年前当农民的境地，你能不能接受和适应？"我知道他对市场和事物有相当敏锐的嗅觉，是个轻易不服输、相当有方向感的人。我鼓励他说，过去的湘都生态农业公司只是个相对大点的农家乐而已，真正要做出品牌，形成竞争力，特别是产生高的附加值和收益，还要提档次、做精品。一场大火和一次整治，既是意外也是政策倒逼，都在推着他们提质升级，也许这才是命运最好的安排。

也许是他自己本来已经考虑得差不多，只需要外界为他鼓把劲，也许是我的话给了他触动和信心，从那次交流后，他的沮丧一扫而光，开始了第二次创业。个中艰辛外人不得而知，但我知道他为了资金找银行融资，为了项目重建协调争取土地指标，也为了丰富业态想尽办法招商引进配套项目而到处奔走。通过半年的努力，至 2020 年初湘都生态农业公司面貌焕然一新，重新开门营业。接下来，湘都生态农业公司建起了农产品加工车间，收购了一家专业做酱板鸭的品牌企业并扩大再生产；招商引进合作方共同出资建起了乡村职业中专学校，目前在校学生将近 2000 人。镇人民政府和永盛村将农村综合性改革试点试验资金近 2000 万元，入股到湘都生态农业公司，支持他们建设乡村振兴学院的培训楼和住宿楼。乡村振兴学院的建设融入了诸多党史元素，有类似遵义会议旧址风格的培训大楼，有仿延安窑洞风格的住宿区，还有仿照南湖红船打造的支部会议室，项目一落成就吸引了外界的关注。恰逢 2021 年全国开展党史学习教育，各类培训班纷至沓来。同年湘都生态农业公司开始深化乡村旅游，对周边近 20 多家民房进行改造，根据经营投入，以不同分红比例的模式，与当地老百姓合作做起了民宿业务。

2022 年，湘都生态农业公司进一步升级，重点开展乡村旅游和研学培训，当年接待各类培训班 300 多批次，各类中小学生研学人数突破五万人次。利用这个契机，湘都生态农业公司精心设置了参观调研线路和课程，把业务做到了全国。2023 年，吸引了全国各乡镇街道来考察学习的团队 200 多个。2024 年，公司进一步引进专业团队，在基层党建、基层治理、乡村振兴、非公有制企业党建等领域的教育培训上进行重点深耕和研究。培训业务也由过去单一的落地培训，调整为全程培训、其他培训单位培训点和部分课程承接、本地团队赴外地培训业务承接等，进一步扩大业务，做成品牌。

近年来，湘都生态农业公司在发展上累计投入将近 3 亿元，到 2023 年实现产值 1.5 亿元，其中餐饮业务 3000 万元，农产品加工销售业务 4000 万元，乡村旅游研学和培训业务将近 8000 万元。通过多年努力和提升，湘都生态农业公司成为湖南省乡村一、二、三产业深度融合的典范，能人返乡创业的典范，村企共建赋能乡村振兴的典范，助力集体经济发展和群众家门口就业增收的典范；负责人刘跃华获评长沙市现代农业产业领军人才、长沙市乡村振兴产业人才先进代表。

从输血到造血，三种模式推动村集体经济新突破

中西部地区的村集体经济自身普遍存在造血功能不足的问题，大多数村处于依靠上级拨款和讨钱过日子的状态。很多时候在乡村衡量一个村支部书记是不是能人，其中有一条就是会不会争取资金，说白了就是能不能从上面讨回来资金。2019 年大成桥镇八个村（社区），除自身负债严重外，村集体经济收入一片空白，讨钱过日子成为常态，大家习以为常。包括我本人刚到大成桥镇工作的第一年，也无数次鼓励村支部书记要胆子大、脸皮厚，敢于走出去争资金和项目。争取上级支持得到输血固然是有益的，但增强自身造血功能来推动发展，摆脱过去那种讨钱过日子的模式也成为摆在我们面前的一个重要课题。

2020 年，针对大成桥镇八个村（社区）不同的现状和特点，我们进行了深入研究，因地制宜、因材施策，重点探索出三种模式：第一种是通过土地"三权分置"改革，推动适度规

模经营，享受土地增值带来的红利，以此增加集体收入；第二种是通过资金、资产、资源"三资入股"，参与企业和项目分红；第三种是村企联动合作，获取经营收益。通过四年的实践，这三种模式均在相关村（社区）落地，为推动集体经济增收开辟了新渠道。

鹊山村、大成桥村、成功塘村和玉新村四个村，通过实施土地"三权分置"改革，将所有农田集中流转至村集体合作社，再统一发包经营，实现了土地流转价值的显著提升。这四个村组织群众反复召开民主协商会议，共同研究并制定了包括管理和分红在内的详细规则。

例如，在香芋产业的发展中，村集体负责集中流转土地，并免费提供给种植大户。同时，村集体积极争取项目资金，推动水利和道路等基础设施建设，以满足香芋生产的需求。村集体在香芋基地占股10%，但不参与日常生产和经营，仅按最终销售收入的10%享受分红。2023年，香芋的销售收入约为7000元/亩，村集体分红700元/亩，在扣除给原土地承包人的300元/亩分红款后，村集体的净收益达400元/亩。此外根据协议，通过镇村争取的政策性补贴计入产业总收益，村集体按50%分红：2024年长沙市"菜篮子"工程奖补政策为每个面积达到200亩的基地提供10万元奖补，折合500元/亩；宁乡市为支持预制菜发展，每亩奖补1000元。两项奖补合计达到1500元/亩，村集体可分红750元/亩。加上销售收入分红，村集体在香芋种植上的纯收益可达1150元/亩。此外，村集体也能享受到其他产业如烟叶等略低于香芋产业的土地收益分红。

例如，鹊山村 2023 年村集体经济收入达到 140 万元。

产业主体拥有便利的基础设施和一流的生产环境，同时享受政策补助，因此非常愿意在大成桥镇发展。村民的土地流转金从 150—200 元 / 亩提高到 300 元 / 亩，他们也乐于支持产业发展。村集体收益稳定后，可以将部分集体经济收益用于群众普惠性分红，如购买农村合作医疗、二孩三孩生育奖励等。

二泉村、青泉社区和梅鸣村通过"三资入股"的方式参与企业项目分红。他们将争取到的项目资金、已建成的基础设施如道路和美丽屋场，以及闲置的校舍和获批的集体建设用地等资产，用于招商引资项目，参与分红。在过去的四年里，二泉村成功引进了 22 家农业加工企业，包括从事有机肥生产的丰裕科技、从事矿泉水加工的黄土仑甘泉、从事预制菜生产的百珂农业。村集体将集体土地使用权和闲置房屋作为股份投入，按照每年不低于 5000 元 / 亩的标准参与这些企业的分红，年度分红超过 40 万元。此外，该村还充分发挥其美丽屋场和自然景观的优势，成功吸引了两家高端家庭农场的入驻，每年获得的分红接近 8 万元。青泉社区和梅鸣村则利用其成规模的山地和林地资源，办理设施农业用地手续，成功引进正大集团建设两家规模化养殖场，仅此项目每年分红就达到 20 万元。同时，这三个村在政府的支持下，整合农村综合性改革资金，投资相关项目，享受每年不低于 5% 的固定分红和不低于 4% 的收益分红。这三个村的集体经济纯收益均从零开始，到 2023 年超过50 万元。

永盛村则依托自身资源，与湘都生态农业公司开展深度合作，以村企互相赋能实现了村企双赢的发展目标。湘都生态农业公司将生产用工、日常保洁等事务性工作，全部打包交给村集体，由村集体合作社的劳务公司安排人员落实。2020年，永盛村将农村综合性改革资金2000万元投入湘都生态农业公司的乡村振兴培训学院和民宿改造项目上，享受分红。村集体合作社又成立了乡村旅游服务公司，对接承揽各类调研培训业务，然后将接下的业务以最优惠的折扣打包交给湘都生态农业公司负责实施，从而获取收益。通过这些合作，永盛村每年从湘都生态农业公司享受的资金分红和经营性分红超过120万元，同时村集体还成立了几个产业合作社，均有不错的收益。2023年永盛村村集体收入达到170万元，2024年可以突破300万元。

发展乡村产业，壮大村级集体经济是推动乡村振兴的重要抓手，是实现群众共同富裕的重要途径，更是凝聚基层党组织战斗力、凝聚力、巩固基层治理基础的物质保障。在中国农村，很多地方都如大成桥镇的诸村一样，面临主导产业发展不清晰、村集体造血功能不足，闲置资源资产未得到充分利用、引领产业发展的龙头企业和人才缺乏等。在这种情况下，如何因地制宜找到适合本地发展的主导产业，如何丰富乡村经济的不同业态，如何构建共富型的现代乡村产业体系，需要我们边实践边思考。

因地制宜寻找合适的村集体经济发展模式。在中国农村，由于历史条件、自然资源、地理位置、人文环境、发展水平以及群众受教育程度的差异等，甚至受到作为"领头雁"的乡镇党委书记、村支部书记的能力和思维不同的影响，乡村产业发展呈现不同的探索局面。但万变不离其宗，不管是运用土地"三权分置"改革的集中流转规模经营，还是"三资入股"分红，或是村企联动互赢模式，都是基于本村的实际情况而发展起来的。一个村要从被动输血转型为主动造血，必须摸清自身家底，利用各种发展资源，深挖乡村独特价值，打造具有适应性和独特性的特色产业发展模式和体系。

千方百计探索出地域鲜明的主导产业。大成桥镇在由"黑色地下经济"向"绿色地上经济"转型的过程中，在主导产业探索之路上也走了十多年。从工业园区的建设，到高效水产养殖与水果的种植，再到集中发展烟叶产业，到最终选择发展预制菜配套原材料香芋的种植，从一路探索到坚定信心，只为找到既符合本地自然条件又能让村集体和农民创收增收的产业。所以镇村产业发展不仅要遵循国家粮食安全政策，还要适应本地的自然地理条件，更要有可持续发展的前景，甚至还可以考虑能否打通乡村经济内外循环，实现三产融合。

坚持走规模化、市场化、订单化发展道路。做农业不仅需要定力、毅力与情怀，还需要赚到钱。农业靠天吃饭，如何才能得到一些可靠的保障呢？答案是坚持走市场化、订单化的道路。这样，农业产业在产加销的过程中，能得到标准化的生产技术指导，消除了产品销售的后顾之忧，甚至还能得到品种、肥料、耕种等统一的社会化服务的加持。如此一来，才能真正推动产业良性发展，保证农民收入稳定增长。

不断强化产业顶层设计与政策支持。一方面，有效的规划设计对于农业产业发展至关重要，这关涉产业定位、业态规划、产品开发和品牌打造等方面。我们既要从长远着手，又要确保规划能得到落实，比如，进行产业业态规划，不仅要考虑农产品加工、特色餐饮和乡村休闲旅游，还要考虑民俗经济、农文旅、电子商务、研学培训等新业态的发展，以提升产业的附加值。另一方面，上级政策支持也很重要，以大成桥镇的香芋产业发展为例，通过与企业的合作，共同争取到上级对预制菜原材料香芋种植的大力支持。这不仅促进了大成桥镇农业产业的可持续发展，也为农民增收提供了新的途径。

探索有效利益联结机制实现村强民富。农业强、农村美、农民富才是农业产业发展应该达到的最终目的。在农业产业发展中，我们应该探索打破镇村界限、村村界限，促进各类发展要素多向流动；应该推动产业主体加强联盟，实现企业上下游抱团发展；应该探索更多村集体、企业、农户之间的三产融合与链条延伸增值收益分配模式，形成专业协作的规模经济，实现多方共赢，最终使产业发展与乡村建设相辅相成、相互促进。

第九记　移风易俗和乡风文明[1]

　　乡村振兴，不仅要塑造外在形象，更要铸就内在灵魂，这灵魂便是文明乡风。然而，在当前社会中，婚丧嫁娶的大操大办、铺张浪费现象依然普遍，各类酒席名目繁多、礼金数额巨大，这些陋习不仅给群众带来沉重的经济和心理压力，而且扭曲了正常的乡邻关系，破坏了淳朴的乡风民风。为了建设乡风文明，我们必须坚持问题导向，倡导移风易俗，引导群众摒弃相互攀比、爱慕虚荣的歪风邪气，形成婚事新办、丧事简办、余事不办、孝老爱亲、勤俭节约的良好社会风尚。

名目繁多和竞相攀比的宴席

　　风俗是人们千百年传承下来的规矩习惯，其中既有风清气正的优良传统，也不乏陈规陋习。2024 年中央一号文件提出持续推进农村移风易俗，持续推进高额彩礼、大操大办等突出问题综合治理，减轻农村人情负担。2019 年之前，名目繁多的酒席、豪华丧葬和房车彩礼等费用，曾一度成为制约大成桥镇经

---

[1]　部分文字和数据来源于唐曙光《一位宣传干部对农村人情负担的样本调查》。

济社会发展的瓶颈，"还不起"的礼金、"娶不起"的天价彩礼、"死不起"的豪华丧葬成为群众的沉重负担。

在大成桥镇，除了传统的红白喜事，群众还因攀比心理和为了回收人情债而竞相举办各种名目的酒席，主要包括乔迁、升学、上梁、建杂屋、满月、生日等十余项宴请。生日宴请还细分为一岁（周岁）、18岁（成人礼）、36岁（双十八）、60岁（花甲寿）、70岁（古稀寿）、80岁（伞寿）。鞭炮、拱门、彩球、乐队等是宴席的重要组成部分。群众普遍认为，鞭炮放得越多，拱门立得越多，乐队来得越多，面子就越大。一场喜事高达13万余元，一场丧事花费高达10万余元，一场生日等宴请花费高达7万余元。一场酒席下来，基本开支平均在10万元左右，光是"芙蓉王"牌香烟就要发放200条以上。红白喜事一般持续三天至五天，其他宴席也在三天左右，包括正餐和预备餐，邻里帮忙的名单贴满半面墙，参与人数超过百人。一些群众办酒席规模达50—60桌，事前几天就通过微信朋友圈和短信群发邀请客人。村里有人办酒席，群众之间都要"客气一下"。部分在外工作收入较高的群众为彰显孝心，大肆举办丧事，存在丧事举办时间过长、名目繁多、宣扬封建迷信活动、豪华墓葬等问题。攀比风气盛行，加之乡村厨师、道师和唱戏等群体因利益推波助澜，导致办宴档次越来越高，名目越来越多，开支也越来越大。

从2015年的大约8万元起，丧事费用每年以近万元的幅度增长。特别是唱戏、哭灵、电子花圈等新生事物的出现，每个新增的项目都是一笔不小的开支，其中烟花、鞭炮等费用高达万余元。一些经济条件较差的群众受歪风邪气的裹挟，不得不打肿脸充胖子，借钱为去世的父母办葬礼。即便是他们内心希望减少开支，但地方的负责人会替他们拿主意、定方案，几乎没有节省余地。一些家庭甚至需要三年到五年的时间来偿还因办丧事而产生的债务。与此同时，对于在世的父母，子女能够每年拿出 5000 元赡养的并不多见。这种厚葬薄养的现象已成为扭曲社会风气的恶习。

一本"人情簿"道出的沉重负担

在农村，几乎家家户户都保存着记录人情往来的"人情簿"。这些记录最初代表着欢喜和面子，但随着时间的流逝，逐渐变成了沉重的人情债，使得家庭在面对邻里大事小情时，不仅要关注，还要承担还人情的义务。以大成桥镇为例，农村家庭的年均收入 7 万—9 万元，人情负担高达 2.5 万—3.5 万元/年，占到家庭收入的 1/4—1/3。此外，人情礼金上涨速度很快，从 21 世纪初的 80 元涨至现在的 200—400 元，增长了 2.5—5 倍。特别是一些村干部，出于身份和情面的原因，不得不频繁参加各种宴席，一年的人情支出高达 4 万余元，个别人因承受不了这种重负而选择辞职。还有村干部主动向政府求助，希望政府能大力推行移风易俗，并对他们四处送人情的行为进行通报批评。在人情攀比严重的地方，铺张浪费的现象往往也严重，这两者互为因果、相互滋生。

曾有一名脱贫户居住在交通不便的偏远山区，尽管乡村两级干部多次上门劝说，希望他搬迁至政府免费提供的易地搬迁爱心大屋，但他始终不为所动。这一情况被前来乡镇调研的上级领导无意中得知。领导初步判断基层干部的工作不够扎实，因此在调研过程中特意上门走访了这名脱贫户，询问他不愿搬迁的具体原因。在与这名脱贫户交流时，领导特意让乡村干部回避，以便听到真实的声音。经过领导的耐心沟通，这名脱贫户终于吐露了心声："我独自居住在山中，没有人情往来的负担。但搬到爱心大屋后，与众多邻居共同生活，一年的人情开支可能高达数万元，而我全家年收入仅三四万元。我并非不愿意住进新房子，而是实在无力承担这样的开支。"

在宁乡的乡村，人们将送人情称为"种人情"，这个"种"字暗含了春种秋收的寓意，意味着送出的人情需要连本带利收回。这种做法不仅导致人情礼金的额度逐年攀升，还促使那些家庭人口较少、举办红白喜事机会不多的家庭，想方设法通过举办生日宴、乔迁宴等名目的宴席来收回人情。更有甚者，一些实际上并未在城市购商品房的人，也会假借乔迁之名，在乡下大办酒席，以此收回之前"种"出去的人情。

人情负担的逐年增加对农村社会风气产生了深远的影响，它不仅助长了宴席名目的增多和攀比之风的盛行，还导致了农民积蓄的大量浪费。所谓的"人情债"不仅消耗了农民的积蓄，加大了贫富差距，还对社会稳定构成了威胁。红白喜事所收的礼金大多用于酒席开销，沉重的人情负担进一步加剧了村民间的经济不平等。在人情往来中，那些办酒席档次不高、规模不大、仪式不热闹的群众容易受到非议，这不仅挫伤了他们的积极性，还可能在邻里亲友间造成误会和隔阂，削弱人们的精气神，引发价值观的扭曲，严重影响家庭的生活质量和幸福感。厚葬薄养的现象容易使农民忽视履行孝道的责任，不利于传承传统孝道文化。而高价彩礼等物质追求使得部分人忽视了道德、良心、责任感等更为重要的价值观。

探索"一二三四"移风易俗模式

2020年，我们抓住疫情期间人员不聚集的契机，审时度势地在全镇开展移风易俗工作。我们将移风易俗列为乡村治理"一号工程"，党政领导干部和村支部书记、各社团负责人层层负责，构建党支部与社团组织同向同行、群众与干部同心同力的推进机制，成功探索推行"一支队伍、两项行动、三个创新、四类宣传"的移风易俗模式，引导群众婚事新办、丧事简办、余事不办，切实减轻农村群众人情往来负担。这一举措不仅培养了群众勤俭节约、文明健康的生活方式，还让文明乡风成为美丽乡村的一部分，为乡村振兴注入了新的动力。

第一，成立凝成文明劝导服务中心，建强一支队伍，凝聚社团组织合力。我们广泛吸纳村民小组长、党员、离退休干部、乡贤乡友、群众代表等加入凝成文明劝导服务中心，在各村成立劝导分中心，发展会员200多人，由巾帼风采志愿者服务队队员和各村民小组妇女信息员担任移风易俗工作信息员，各村明确一名村干部担任移风易俗专干。由凝成文明劝导服务中心牵头，常态化开展移风易俗和文明劝导，破除乡村婚丧酒席大操大办、高价彩礼、低俗婚闹、人情攀比、铺张浪费、厚葬薄养、封建迷信等七类婚丧陋习。劝导员和志愿者做好事前介入，结合片长、组长、邻长"三长制"，畅通各村组农户酒席举办信息，事前做到协会成员、片长、组长、邻长、网格干部"五必到"，全程上门跟踪开展劝导服务。

第二，突出两项重点行动，大力破除陈规陋习。一是破旧俗，深入开展移风易俗专项治理。我们强化督导检查，对红白事大操大办、封建迷信、黄赌毒等活动，组织城管、自然资源和生态环境等部门联合进行重点治理。对于不遵守移风易俗制度、不赡养父母等陋习现象，我们运用自治组织的方式进行合理规劝和约束，对情况严重者进行负面曝光和邻里帮教。我们强制取消了丧事办理出殡途中沿线乡邻燃放鞭炮的习俗，这不仅节约了群众和主家的开支，也消除了鞭炮残余对环境卫生的影响。对于依然碍于面子到非亲属之家送人情的行为，我们常态化进行通报曝光，从源头上遏制办宴的冲动，打破被动送人情的困局。我们严格落实党员群众酒席报备制度，由镇纪委牵头，对不遵守制度的党员干部实行真通报、真处理。二是树新风，文明实践搭建移风易俗新平台。我们倡导健康的文化文娱生活，积极开展送戏下乡活动，利用社团组织引导群众参加广场舞、篮球赛等文化活动，关闭乡村经营性麻将馆，将"麻友"变成"舞友"和志愿者。连续几年举办村 BA 和村晚，丰富群众文化体育活动。

第三，推出三个治理创新，激励群众广泛参与。一是做实村规民约，移风易俗有章可循。我们完善村规民约，将婚事新办、丧事简办、余事不办等原则纳入其中，规定婚丧酒席不超过 20 桌，每桌用餐标准不超过 420 元；提倡文明祭祖，用鲜花代替原始的纸质祭品；禁止燃放烟花爆竹，并由巾帼风采志愿服务队免费提供音响设备等。二是夯实激励机制，志愿积分激发动能。我们把移风易俗纳入"志愿服务积分细则"，对带头践行移风易俗，严格按相关要求实行婚事新办、丧事简办的家庭，每户每次奖励 10 分；对积极举报或主动制止吸毒、赌博、盗窃等违法犯罪行为和乱扔垃圾、滥办酒席等不文明行为，根据贡献大小每次奖励 2—5 分；对坚持孝道、舍己救人、拾金不昧、见义勇为等弘扬社会正能量事迹的行为，根据贡献和影响奖励 2—10 分。每月定期通过广播、微信群、电子显示屏、重要会议等公示村民"功德银行"账户积分。大成桥镇以户为单位发放"功德银行"存折 8850 本，四年累计积分逾 4 万分，作为重要依据推荐表彰"优秀共产党员""大成清风之星"等300 余名。三是引领文明新风，转化推动公益建设。我们倡导"不办寿宴送社保、不送彩礼送社保"文明新风。永盛村群众陈杰 2023 年为父亲陈龙光购买了一份每年缴费标准为 3000 元的城乡居民养老保险，15 年缴费 4.5 万元，相当于用一次寿宴的支出，换来老人终身保障。通过典型事件的宣传和简单明了的政策解读，引导群众学习新风典型，全镇不办寿宴并为父母缴纳高档次城乡居民养老保险的居民户数快速增长。我们还引导辖区社会人士"不办酒席做公益"，激发群众参与乡村公益建设内生动力，他们将减少的人情支出、"功德银行"积分兑换的奖金等用于集体筹资，助力美丽屋场和其他乡村公益建设项目。

成功塘村群众张志斌原是戏班班主，朋友众多，亲朋好友要为其大办80岁寿宴，但他主动响应移风易俗倡议，不办寿宴，生日当天捐款2000元用于乡村公路建设。

第四，开展四类舆论宣传，浓厚文明新风氛围。一是典型宣传，充分发挥榜样示范引领作用。我们持续开展"大成清风之星"评选表彰活动，通过广泛发动、深入发掘，每年在群众中评选50名左右的清风正气典型。四年来，累计评选表彰200余人，其中"文明新风之星"每年评选表彰16人。我们充分发挥"大成清风之星"的示范引领作用，以身边事教育身边人，以身边事感染身边人，引导全镇群众纠陋习、树新风、扬正气，推动全镇形成崇廉尚实、干事创业的良好氛围。二是点对点宣传，打通劝导群众"最后一米"。我们做实屋场召集人和村（居）民代表联系服务群众等举措，充分发挥贤达作用，召开屋场户主会，动员屋场召集人和村（居）民代表当好国策乡情宣传员、村庄建设组织员、村情民意信息员、移风易俗劝导员、邻里互助示范员、矛盾纠纷调解员等"六员"，通过入户走访、屋场夜话会等常态化开展移风易俗宣讲，带动95%的群众积极响应并参与，全镇居民签订移风易俗承诺书21685份。三是线上宣传，扩大移风易俗活动影响力。我们利用村村响、微信群、流动宣传车、新闻媒介、美篇等全方位开展移风易俗宣传和倡议，创新宣教方式，扩大主流阵地，文明新风在潜移默化中融入村民的一言一行、一事一理，成为乡亲们的价值取向和行为准则。四是形象宣传，强化交流树立良好形象。我们还与武汉大学、湘潭大学等高校合作促进镇校交流，持续探索乡村治理新路径,移风易俗经验多次被《湖南日报》《长沙晚报》等媒体报道,《人民日报》、新华社先后多次推介。

不断攀升的轻松感和幸福感

第一,陈规陋习得到遏制,人情成本降下来。自 2020 年以来,我们见证了喜事酒席、烟花鞭炮、拱门、气球等数量大幅减少,婚庆主持、花鼓戏等项目被取消,喜棚的档次随之降低。同样,丧事酒席、拱门、花圈等数量也大幅减少,烟花鞭炮、龙灯舞狮乐队、小型戏队被取消,丧棚的档次降低。喜事、丧事费用分别由原来的约 14.3 万元、10 万元降至约 4 万元、3.2 万元(详见表 1—表 3);彩礼费用逾 10 万元降到 4.8 万—6.8 万元;其余酒席均不举办。全镇群众户均每年人情支出减少约 1.3 万元。

表 1　2020 年前后大成桥镇喜事费用明细对比

2020 年及之前			2020 年之后		
项目	项目数量及单价 /元	金额 /元	项目	项目数量及单价 /元	金额 /元
预备席	20×800	16000	预备席	20×700	14000
正席	40×800	32000	酒席(含酒水)	20×700	14000
香烟	220×50	11000	香烟	220×20	4400
拱门、气球	80×200	16000	拱门、气球	2×200	400
花鼓戏		28000	无		
婚庆主持		8000	无		

2020 年及之前			2020 年之后		
项目	项目数量及单价 / 元	金额 / 元	项目	项目数量及单价 / 元	金额 / 元
高架喜棚		9600	一般喜棚		2200
烟花、鞭炮		16000	烟花、鞭炮		1000
厨师工资，租桌凳、碗筷等费用	60×120	7200	厨师工资，租桌凳、碗筷等费用	40×120	4800
合计		143800	合计		40800

表 2　2020 年前后大成桥镇丧事费用明细对比

2020 年及之前			2020 年之后		
项目	项目数量及单价 / 元	金额 / 元	项目	项目数量及单价 / 元	金额 / 元
预备席	15×700	10500	无		
酒席（含酒水）	35×700	24500	酒席（含酒水）	20×600	12000
香烟	220×50	11000	香烟	220×20	4400
拱门、花圈		6000	拱门、电子花圈		1000
龙灯、舞狮、乐队		9000	无		
小开台		5400	小开台		1200
道师		8800	道师		8800
高架棚		8000	丧棚		2000
烟花、鞭炮		12000	烟花、鞭炮		200
小型戏队		6800	无		
厨师工资，租桌凳、碗筷等费用	50×120	6000	厨师工资，租桌凳、碗筷等费用	20×120	2400
合计		108000	合计		32000

表 3　2020 年前后大成桥镇生日宴、寿宴等其他宴席费用明细对比

2020 年及之前			2020 年之后
项目	项目数量及单价 / 元	金额 / 元	自 2019 年大成桥镇开展移风易俗以来，除婚丧喜宴外的生日宴、寿宴等其他酒宴一律倡导不办
预备席	18 × 800	14400	
正席	30 × 800	24000	
香烟	220 × 48	10560	
拱门、气球	30 × 200	6000	
花鼓戏	1 场	10000	
高架喜棚		8000	
烟花、鞭炮		6000	
厨师工资、租桌凳、碗筷等费用	48 × 120	5760	
合计		84720	

　　第二，崇德向善蔚然成风，社会风气好起来。2020—2023年，大成桥镇分别劝导 510 起、571 起、575 起、561 起，共计 2217 起不必要的酒席，其中红喜事 690 起、丧事 980 起、余事不办 557 起（图 1—图 2），为全镇 8900 个家庭缩减人情开支约 1.2 亿元（8900 户 × 1.3 万元 / 户）。婚丧嫁娶以外的酒席和邻里间的礼金往来已成为过去，乡村文明新风逐渐成为人人崇尚、参与和享受的新常态，80% 以上的村（小组）连续四年实现群众零信访、村民零违法、村庄零乱象，村民的参与感、获得感、幸福感、满意度不断提高。

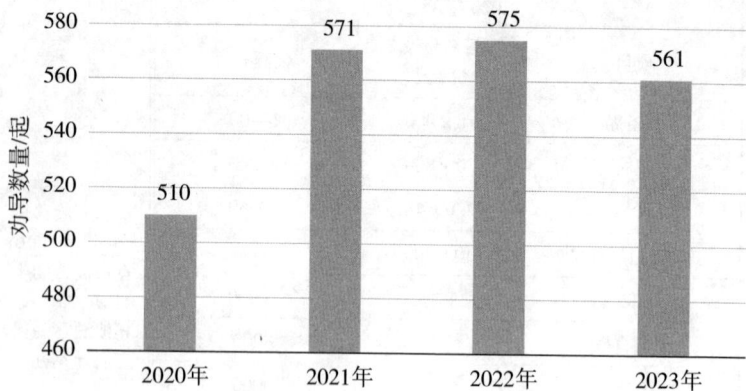

图 1　大成桥镇红白喜事及余事劝导数量趋势

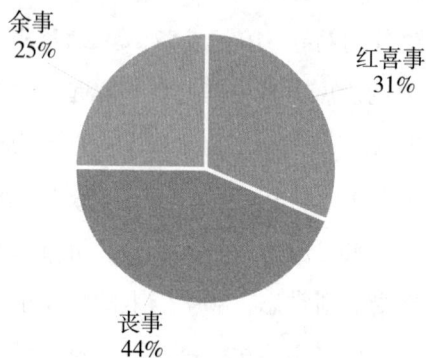

图 2　大成桥镇红白喜事及余事劝导数量占比分布

第三，党员群众同心同向，干群关系和谐起来。在全镇群众与干部共同努力下，大成桥镇移风易俗工作取得了明显成效，人民群众负担持续减轻，社会风气逐渐好转，原本复杂的社情民意也在推动移风易俗的过程中连带化解，党员干部和群众对立的关系逐步缓和，充分激发了人民群众的自主性，不断增强了共同干事创业的热情和凝聚力。

第四，焕发文明崭新气象，各类荣誉多起来。大成桥镇移风易俗工作得到社会广泛认同，2023 年获评"长沙市移风易俗十佳村镇"，"三三制"激发群众参与乡村建设内生动力入选湖南省基层治理创新实验项目，"'六化'社团织密善治网络"入选成为全国乡村治理典型案例。大成桥镇先后被评为湖南省文明村镇、全国首批乡村治理示范乡镇。

打好乡风文明"组合拳"

在推进移风易俗中，我们不可避免地遭遇了巨大的阻力，有时甚至陷入了"红旗到底能打多久"的悲观与沮丧之中。正如"冰冻三尺，非一日之寒"，乡村中的陈规陋习并非短时间内形成，要实现根本性扭转和根治，必须采取综合措施，持续不断努力。

一要在思想认识上提高，下好标本兼治先手棋。"万民乡风，旦暮利之。"乡风文明是乡村振兴的魂之所在，规范群众的生活方式和消费习惯，对推动乡村振兴具有举足轻重的作用。乡镇党委必须从全局高度认识移风易俗对于乡风文明建设和乡村振兴的地位和作用，从长远角度来规划移风易俗工作，甘于打好基础、谋利长远，持之以恒地进行标本兼治。各部门、乡镇（街道）和人民群众要提高认识、统一思想，特别是村一级，要积极履行乡风文明建设的主体责任，将其作为日常工作长期开展。大成桥镇则是利用了疫情期间人员不聚集的契机全面铺开移风易俗工作，这一经验表明，今后其他乡镇要推动此项工作，选择的契机很重要。或利用中央某部门发布的一个重要文件为契机，或利用在婚丧酒席办理过程中出现的意外事件为突破口，或利用某年高考的全面胜利从倡导不办升学宴开始。

二要在队伍建设上发力，用好群众参与关键招。大成桥镇八个社团组织在榜样树立、文明劝导、志愿服务、纠纷调解、风尚引领方面发挥了不可替代的作用。乡风文明建设要持续宣传群众、发动群众、组织群众，做好"走看问听帮引"等工作，让群众从陋习受害者变为新风引领者。志愿服务群体不要因为其成立之初的人员少、力量微薄而动摇，志愿者就是乡风文明建设的星星之火，一旦遇到合适的时机即可形成燎原之势。大成桥镇的八个社团组织，特别是以移风易俗劝导工作为主业的凝成文明劝导服务中心，成立之初只有几名退休老师加入，一年时间不到，就从 3 人增长到 9 人，再到 27 人，直至目前的200 多人，实现了显著的增长。

三要在引导教育上点灯，发展培育更多模范生。风成于上，俗化于下。党员干部要走在前列，自觉向各种陈规陋习说"不"，在新事新办、余事不办宴请等方面为群众带好头，用易于接受、能够理解的方式进行宣传、教育、管理，引导树立移风易俗新风尚，对周围群众产生积极影响。对违规办宴者进行负面批评通报外，也要对响应新风的典型不吝宣传和表彰，通过倡树正面典型引路，让广大人民群众学习有榜样，跟进有方向。

四要在思维观念上破局，培养共同事业守护者。大成桥镇在推进移风易俗中遇到的阻力一度让镇村干部和志愿者产生了迷茫和悲观情绪。有人质疑，婚丧陋习是千百年来形成的，在没有强制政策的情况下，单靠一个乡镇努力，在三五年之内不会取得显著成果。即使能够取得阶段性成果，一旦松懈，也可能反弹，导致前功尽弃。还有人质疑，其他区县、乡镇没有采取类似措施，群众因攀比而不愿意自觉参与，导致事倍功半，工作效果大打折扣。面对这两种在一定范围内存在的悲观论调，我们进行了有理有力的回应。我们认为，婚丧陋习不等于传统习俗，更不是千百年来形成的，而是这二三十年演变来的。只要坚持不懈，用二三十个月时间就一定能够有效扭转这些陋习。如果把移风易俗视为加重群众负担或纯粹规范群众行为的工作，群众可能会因为其他地方没有推行而产生攀比和抵制。但如果将其视为美丽屋场建设、提高农民收入一样的惠民实事，群众就不会攀比，反而会积极拥护和支持。通过解答好这两个疑惑，我们较好地理顺了思维观念上的杂音和紊乱，坚定了推动移风易俗的信心和决心，使一些原本摇摆不定的人成为移风易俗工作的坚定支持者。

第四部分

经验感悟与治理挑战

　　基层治理中遇到的问题都很具体，甚至还很棘手，这是观念多元、诉求复杂、基层弱化等方面的真实反映，也是社会转型和治理求变的生动体现和映射。基层治理中遭遇的挑战，实际上成为倒逼治理体制机制改革与创新的重要动力。大道至简，只要心中始终装着人民，把群众需求作为工作的出发点和落脚点，我们就能最大限度地把人民群众组织动员起来。通过不断优化制度设计，科学研判形势，勇于做出前瞻性决策，我们就可以切实推动基层赋能和减负。通过强化系统思维，我们脚踏实地担当工作，经过持续不断的努力，就一定能创新治理机制，提升治理效能，重塑社会秩序和风气，走出基层良性治理的路子。

第十记　激发治理内生动力的制度设计

良好的制度设计应是因地因时制宜、有的放矢，精准有效地解决问题。要引导干部和群众积极参与基层治理，关键在于激发他们的内驱力，满足他们在物质、心理、情感等方面的合理需求。因此，在制定社会治理路线图、提升组级自我管理能力、引导群众倡树文明新风、激发干部主动担当作为等重要方面，我们更加注重制度设计的鲜明针对性和实践指导性，让干部和群众在形式、内容、效果等方面有切身体验和情感认同，从而让制度既能规范工作又能成就事业。

绘制乡村治理路线图

2019 年底，大成桥镇党委率先开始研究并制定加强基层治理体系和治理能力建设的实施方案。为了确保方案的科学性和实用性，我们深入研读上级文件，并结合大成桥镇的实际情况，特别是面临的具体问题，着手构思方案。在方案的拟定过程中，我与办公室的同事们一起开展 30 余次深入调研，组织 8 次各行各业代表参加的座谈会和 5 次专题党委会议，对方案进行深入讨论和仔细修订。该方案的出台虽然耗费了大量的时间和精力，但是非常值得。它为大成桥镇推进基层社会治理工作奠定了坚实基础，起到了纲举目张的作用，时至今日仍有较强的现实指导意义。方案包括机制、目标、任务、具体措施等多个方面。

一是明确工作机制。落实宁乡市"316"群众工作机制①，推行"支部扎桩、社团织网、三员共治"工作法，强化基层党支部战斗堡垒作用，发挥社会团体和自治协会桥梁纽带作用，引导支部党员、社团成员、家庭成员积极参与，实现政府依法治理、居民自治互动、德治活力充分彰显的"三治"协同发力社会治理新格局。

二是清晰工作目标。我们的主要目标分为三个层次。2020年上半年，搭建制度框架和出台实施细则，同时完善相关工作措施，以推动乡村治理工作各项政策措施的全面落地。到2020年底，各项制度和措施成熟定型并有效运转，从而提升农村基层党组织战斗堡垒作用，构建有效的乡村治理体系，激发群众的主体性和村民自治的动力，逐步增强德治活力，初步形成自治、法治、德治相融合的治理新模式。到2021年底，乡村治理体系进一步健全和完善，实现自治、法治、德治深度融合、协同发力，基层党组织统筹领导力显著增强，镇村建立高效服务体系。同时，群众主体作用得到充分发挥，进一步培育崇德向

---

① "3"指三大工作机制："领导联点、十联十到"督办机制，"赋权到镇、强责到村"责任机制，"乡镇吹哨、部门报到"工作机制。"1"指一个组织体系：构建"1+5+29+N"的常态化为民服务体系，即以党群服务中心为载体，归集政务办理、民声受理、矛盾处理、信访代理、依法治理五项职能，下沉到29个乡镇（街道）和村（社区）等，整合各种资源，打造向党员、群众开放的共享服务空间。"6"指六项具体措施：编印《群众工作指引》，公开领导工作电话，撤除行政中心门禁系统，开设《问政宁乡》电视栏目，倾听群众呼声，办好民生实事，开展专项监督和专项巡察。

善的文明乡风，打造宜居生态环境，推动乡村产业振兴。

三是铺排工作任务。其一，加强基层党组织建设，扎牢乡村治理组织根基。加强村（社区）党总支和基层党支部建设，实行"头雁"引领计划，选优配强党总支和党支部班子。严格落实支部"三会一课"制度，持续创新开展主题党日活动，强化党员设岗定责和量化积分管理。大力选拔培养村级后备干部，实行定向培养、动态观察和个性化锻炼。提升村级党组织领导下的村级集体经济组织运营能力，推动新型集体经济增收，强化基层支部"主心骨"和战斗堡垒作用。其二，完善干部联系群众制度，筑牢乡村治理群众基础。推行干部联组包户精细化服务，加强村民小组长管理和选任，实行组账村管。建立镇村组三级的社会基层治理塔群，推行网格化管理和互联网管理新模式。其三，鼓励社团组织助力，织牢乡村治理社会网络。支持鼓励社团组织利用其协会自律和社会调节的能力，在爱心助学、治安防控、文明劝导、人民调解、移风易俗等各个方面积极大胆实践。支持志愿者协会、凝成文明劝导服务中心、社会禁毒协会、惠成平安服务中心、围鼓戏协会、巾帼风采志愿者服务队、工商业联合会、环保志愿者协会等8个社团组织积极开展各项工作。鼓励各村（社区）在党总支的领导和镇社团组织的指导下，因地制宜成立分会（分中心），创造性开展工作。其四，发挥群众主体作用，构建有效的乡村治理自治机制。因地制宜制定村规民约，充分发挥村规民约的约束力，以此作为强化自治的工具。推行民主协商议事机制，积极推动民主协商对话深入村组屋场，将群众的事交给群众商议、决定、实施，不断提高群众参与度，不断提升群众幸福感和获得感。提升广大群众和乡友乡贤的积极性，实行以奖代投推动村组公益事业建设。同时，加强对村级项目和公共资源交易的监督管理。大胆探索村级集体经济增收的新路径，动员社会力量参与民生改善。其五，坚持依法治理，夯实乡村治理法治根基。首先，坚持专群结合、群防群治，提高乡村依法治理水平，形成问题联治、工作联动、平安联创的工作机制。深入开展"法律进乡村"活动，培养一批以村（社区）干部和人民调解员为骨干的"法治带头人"。其次，广泛开展普法宣传教育，以案释法和以案促改，强化全民法治意识。最后，实现村级工作台账电子化，建立智慧村庄综合管理服务平台，通过健全村级监督体系、制定村级小微权利责任清单等，强化农村基层民主法制建设，扎实推进依法行政、依法办事，夯实乡村治理法治根基。其六，持续倡树文明新风，激发乡村治理德治活力。通过创新方式，如倡导行善积德、互助奉献的功德精神，记录凡人善事，建立好人好事统计登记、褒奖激励机制，有效激发村民德治活力。如通过设立"功德银行"，倡导"存美德、挣积分、得实惠"，树立"有功者有位，有德者有得"的崇德向善乡风。同时，破除乡村陈规陋习，树立清风正气和文明乡风。又如开展中小学生"小手牵大手"活动，提升未成年人思想道德素质和培养良好家风。组织退役军人、离退休老干部、乡贤乡友、"大成清风之星"等群体中的典型代表人物进行巡回宣讲，传播德治能量。采取政府购买服务的方式，支持围鼓戏协会等文化社团紧贴乡村治理实际进行精品创作和义演，丰富群众文化生活、弘扬文明新风。

四是细化工作措施，开展"三联"行动。其一，机关干部联组包户常态化走访服务群众，打破干群信任壁垒。全镇按照村民小组划分为 154 个网格，要求每名机关干部联系一个网格，每月至少上门走访 10 户群众，一年对网格内群众上门走访慰问全覆盖；此外，每年至少召开一次全体户主参加的屋场夜话会，每月至少为网格内有需求的群众提供一次精细服务，每月至少参加一次网格组织的全民义务劳动，并对网格内的矛盾纠纷和具体问题实行责任制包干解决。党委政府出台精细的考核办法，明确由党建办牵头实行一月一摸底调度、一季一考核讲评。其二，代表人士联系帮扶特殊群体，兜牢社会底线。按照政府引导、行业协会推荐、自愿报名的方式，鼓励市以上的党代表、人大代表、政协委员、乡贤乡友和优秀企业家一对一联系镇域范围的信访、刑释、社区矫正等特殊群体。通过访谈交流、重点帮助、介绍就业等多种形式来解决特殊群体的具体问题和困难，确保一年给予不低于 3000 元的实物支持。其三，邻长常态化联系群众，打通服务群众的"最后一米"。在每一个村民小组按照地域相近、人员相熟原则，每 10—15 户推选一名邻长，邻长要当好政策宣传员、民情信息员、建设组织员、纠纷调解员、新风劝导员，发挥基层治理的"喇叭"和"探头"作用。镇财政每人每年安排 500 元工作经费用于邻长常态化开展工作。

五是开展"三破"行动。其一，破除乡村陋习。成立专项整治工作组，调度镇村、部门干部和社团组织力量，出台工作措施重点开展乡村六大陋习整治；通过立体宣传、查处打击和文娱活动替代等综合措施，破除乡村麻将馆带彩赌博和参与地下六合彩的恶习；通过制定村规民约，出台规范性指导意见，成立村级理事会倡导移风易俗，综合施策破除红白喜事大操大办和人情开支居高不下的歪风陋习；通过教育与轻处罚相结合，上路劝导与合理规划相结合，破除集镇停车摆摊和房屋搭建不规范的陋习；通过屋场户主会宣传与上路劝导相结合，破除骑摩托车不戴头盔和逆行等不遵守交通规则的陋习；通过屋场夜话会宣传发动和一月一义务大扫除相结合，破除居民房前屋后不整洁的陋习；通过美丽屋场建设，实行统一规划设计，推动村民集居点有序建设，破除农村建房散乱无序的陋习；各整治专项组由相关职能办公室牵头负责，出台专门的工作方案和措施，通过专项行动与日常引导相结合、整治与疏导相结合，实现乡村陋习一年基本破除，三年巩固提升的目标。其二，突破发展瓶颈，进一步深入探索破除乡村管理和发展工作中存在的瓶颈和短板。深化推广土地"三权分置"合作经营的"鹊山模式"，解决土地碎片化和产出不高的问题；出台制度，加强对村级公共资源交易和招商合同的管理；实施组账村管，加强对组级资金的监管，确保资金使用广泛尊重民意并且使用高效率，确保村民小组长换届过程中责任与资金移交顺畅；提升村务监督委员会的履职能力，对其实行镇管为主的机制改革；强化对村级项目建设资金来源和必要性的评估审批，避免盲目铺摊子导致村级负债增加；探索推行"一张屏管到底"的村务公开电子化，减轻工作过分重视留痕造成的负担；强化联组包户制度下的工作首受责任制，破除群众有事找镇不找村、找领导不找干部的思维方式；探索田土经济未合并的村民小组，依程序报批后按原有生产小队进行自治管理；出台制度，规范村民小组长工作职责和选任办法，破除村民小组地域广、人口多、具体事务管理难的困境。其三，破清责任边界，精细服务群众的同时，明确群众的主体作用，形成乡村治理人人参与的格局。根据村规民约，落实赋权到村、强责到组的工作机制，构建村事村办、组事组办的治理体系；出台以奖代投实施办法，破除群众"等靠要"思想，动员乡友乡贤和广大群众筹资投劳掀起基础设施建设热潮；通过宣传动员、劳动参与和环境卫生有偿服务收费，破除镇村包揽环境卫生的局面，引导群众房前屋后责任三包和垃圾分类出户，提升人居环境整体水平；规范兜底救助评选标准和程序，防范不符合政策的群体对兜底政策观望和攀比。

六是开展"三树"行动。其一，树新风正气。依托村规民约，把社会主义核心价值观融入文明公约和家规家训之中，强化规矩意识和诚信意识，注重道德引领；重点对不赡养父母、无原则闹邻里纠纷、恶意诉讼、党员和群众的不当信访等行为，通过村民自治组织进行合理规劝和约束，情况严重的，进行负面曝光和邻里帮教；做实"功德银行"积分管理和通报表彰，倡导崇尚法治、行善积德、互助奉献的家风民风；开展零信访、零违法、零乱象的"三零"善治村组创建。其二，树身边典型。持续开展"大成清风之星"评选表彰活动，通过广泛发动和深入发掘，每年在普通群众中评选 50 名左右的清风正气典型，以身边事教育身边人，以身边事感染身边人。这些"大成清风之星"将作为示范引领者，引导全镇人民群众纠陋习、树新风、扬正气，进一步推动形成崇廉尚实、干事创业的良好氛围。其三，树整体形象。借助全国农村综合性改革试点试验区平台，完善推广土地合作经营的"鹊山模式"和产业发展的"湘都模式"；持续深入探索乡村治理新路径，总结提升实践经验，不断推出全镇各条战线和各个行业代表的典型经验和先进事迹；将大成桥镇建成国家农村综合性改革试点试验区、全国首批乡村治理示范乡镇、全省乡村振兴领跑者，在探索实践中不断推出乡村治理和乡村振兴的大成经验。

"三零"村组创建，激发村民自治内生动力

习近平总书记强调："要健全党组织领导的自治、法治、德治相结合的基层治理体系。"[①] 村民自治作为乡村治理的重要组成部分，在实践中要坚持以党建为引领，推动建设充满活力、和谐有序的善治乡村，要注重发挥基层群众性自治组织作用，进一步加强其规范化建设，同时拓宽农村各类组织和农民有序参与乡村治理的渠道。

在基层治理实践中，普遍存在缺乏牵头"能人"、村民自治内生动力不足、村规民约难以落地执行等方面的短板和不足。多数地方的群众存在"等靠要"的依赖思想，普遍认为村庄的大小事项都应该交由镇村来负责，缺乏参与乡村治理的意愿和

---

① 《在更高起点上扎实推动中部地区崛起》，《人民日报》2024年3月21日。

动力。再加上缺乏刚性的制约措施和柔性的激励措施，使得村规民约在一定程度上成为一纸空文，难以执行。比如，之前乡村的违章建筑比比皆是，常出现未批先建、批少建多等现象，尽管涉嫌违法，但乡邻往往视而不见，只要没有侵犯自身的土地承包权益或影响自身生产生活，大部分人都是事不关己，高高挂起。正是由于缺乏村民之间的相互监督，乡村的违章建筑和违法用地才能野蛮成长。邻里之间发生矛盾纠纷，大部分人为了不惹火烧身，一般不会主动组织和参与调解。村规民约中关于婚丧酒席简办和爱护环境卫生等推进移风易俗和乡风文明的倡议，大部分人漠然视之，依旧我行我素，等等。这些问题归根结底在于未能构建起与村民个人及集体利益相挂钩的激励机制，从而导致村民参与自治的内在动力不足。

为了切实破解自治范围过大，自治内生动力不足等问题，大成桥镇因地制宜推动"三零"村民小组创建工作，缩小自治范围，实现利益共通，从而推动村民自治，提升乡村治理水平。

一是目标清晰可见，即以创建"群众零信访、村民零违法、村庄零乱象"为核心的"三零"村民小组为目标。通过压实工作责任、风险防御前移、干部工作下沉等举措，切实加强治理，提升服务效能，激发群众参与自治的内生动力。依托群众组织发动群众，增强集体观念和集体荣誉感，实现自我组织、自我教育、自我管理，不断提升村民素质，持续淳化乡风民风，提高耕地利用效率，有效化解矛盾纠纷和安全隐患，规范建设行为，提升村庄环境。

二是标准合理有效，即以村民小组和屋场构建的利益共同体作为创建单元，缩小自治范围，推动自治措施落地。在"群众零信访"方面，要求创建单元年度内无一例到宁乡市及以上信访的案例，推动群众之间相互教化，引导群众合理表达诉求，充分发挥社团协会和群众自治作用，将信访问题化解在基层，将矛盾吸附在当地，化解在萌芽状态。在"村民零违法"方面，要求创建单元年度内无一例上交到乡镇的邻里纠纷、本辖区村民无治安和刑事案件发生、无电信诈骗发案、无滞留缅北人员、无新增吸毒人员和吸毒人员复吸、无酒驾人员，推进自治网格化管理，发挥平安建设"三级塔群"管理作用，倡导邻里和谐、村民学法守法，倡导邻里守望、相互监督提醒。在"村庄零乱象"方面，要求创建单元年度内无耕地抛荒现象；无新增农田"非粮化"和耕地"非农化"现象发生；无未批先建、少批多建、建新未拆旧、违法占用耕地建设等国土违法违规案件发生；无违法毁林案件发生；无养殖和生产加工引发的环境污染投诉发生；落实婚事新办、丧事简办、余事不办，无大操大办现象。引导群众自觉遵守村规民约，养成事前相互提醒的良好习惯，培养相互监督的自治氛围和机制。

三是激励实实在在，即建立可观可感的利益链接机制，将"三零"村民小组创建与村民小组的公共建设、村民群众的利益直接挂钩。对创建成功的"三零"村民小组，由镇财政给予1万元的资金奖励，其中50%可以用于村民小组长、村民代表和其他有突出贡献人员的奖励，让积极主导和参与村民自治的人员有为有得。此外，这也是能否纳入基础设施建设项目安排的重要依据。凡是要争取镇村支持进行美丽屋场、道路提质、山塘水利等基础设施建设项目的，上一年度必须为创建成功的"三零"村民小组。达不到"三零"要求的村民小组，原则上当年度不安排支持资金，下年度不安排美丽屋场和其他基础设施支持项目。

自推行"三零"村民小组创建工作以来，大成桥镇群众参与自治的内生动力不断激发，村民自治取得显著成效。群众拨打12345的次数以每年24%的比例下降，矛盾纠纷的数量连续三年以超过30%的比例下降，上交到乡镇的矛盾纠纷由过去的每年200多起下降到不足20起。村庄里基本没有了违章建房、滥占耕地、养殖污染等乱象。乡村经营性麻将馆关闭清零，婚丧以外无酒席、非亲属之间无人情礼金往来的移风易俗倡议得到全民响应。每年有70%以上的村民小组获评"三零"小组，大成桥镇获评长沙市移风易俗工作十佳乡镇、长沙市信访工作"三无乡镇"、长沙市新时代"枫桥经验"创新单位。

"功德银行"纪实积分，激发德治活力

为进一步创新基层治理，倡导行善积德、互助奉献的功德精神，助推全国乡村治理示范乡镇建设，大成桥镇不断创新工作方式方法，决定在全镇各村（社区）设立推广"功德银行"，对好人善事实行纪实积分管理。我们期待依托"功德银行"建设，记录凡人善事，激发德治活力；建立好人好事统计登记、道德评议、褒奖激励机制，充分调动群众参与的积极性，营造出好人好事人人做、典型事迹人人评的良好人文环境，倡导

"存美德、挣积分、得实惠"，树立"有功者有位，有德者有得"的崇德向善之风，从而探索出一条"党建引领、全民参与、三治融合"的乡村治理新路径。

坚持四大基本原则。其一，坚持党的领导、分级负责。加强党组织对"功德银行"工作的领导，建立"镇级主导、村级主管"工作机制，扎实推进"功德银行"建设。其二，坚持群众主体、自主申报。充分发挥人民群众在"功德银行"建设中的主体作用。其三，坚持规范运作、严格审核。优化评选流程，严格监督管理，力戒形式主义，不搞过度留痕，公开公平公正，让群众认可，让群众满意。其四，坚持典型引领、动态管理。公示账户积分，表彰先进典型，实行动态考评，进行跟踪管理。

实施五大工作措施。其一，明晰组织架构，以村（社区）为单位设立"功德银行"。"功德银行"设银行理事会，村（社区）党总支书记担任"功德银行"行长，总支组织委员担任副行长，另设秘书长一名。其二，搭建服务阵地，全镇"功德银行"的业务指导机构为镇党建办公室。在广泛征求意见的基础上，结合大成桥镇实际情况，各村（社区）分别召开村（居）民代表大会，通过"功德银行"章程。其三，严格积分管理。依托村级组织活动场所，单独建设积分超市。超市的物品由村（社区）协调负责。物品由镇统一标分，1积分对应1元人民币。积分卡和存折是兑换物品的凭证，由镇统一编号管理。积分卡设1分、2分、5分、10分、50分五种面值，根据"账户积分登记本"数值发放。存折是村民的"功德档案"，设置时间、实施人、功德项目、功德积分、证明人、审核人等内容。积分卡和存折均加盖村级公章。其四，定期通报表彰。以季度为时间节点，定期向全镇通报表彰表现突出的人员和先进事迹。其五，明确资金来源。"功德银行"积分奖励兑换经费按照镇村各半分担，村级经费主要来源为村（社区）自筹、村民捐赠、外部赞助等。

提出三大具体要求。镇党委成立以党委书记为组长的"功德银行"领导小组，领导小组办公室设在镇党建办。其一，压实责任，规范管理。强化督导、严格奖惩，对考核排名靠前的村（社区）和组，给予奖励；对排名靠后的村（社区）和组，压缩下年度"功德银行"专项经费。全程跟踪"功德银行"建设，将专项经费纳入村级财务管理，加强业务培训，确保"功德银行"规范有序运行。每个村（社区）选取一组，试点推行信息化管理。其二，总结经验，全面推广。镇党建办、乡村治理办、自然资源和生态环境办等深入调研各村（社区）"功德银行"建设情况，各村（社区）及时总结"功德银行"建设的好经验、好做法，相互交流、相互促进，进一步凝聚群众、引导群众，实现以文化人、成风化俗。其三，广泛宣传，营造氛围。充分利用传统媒体与现代媒体，通过征集"功德银行"标识、利用微信公众号和微信群宣传、创作小品戏剧等措施，大力宣传推广"功德银行"建设。将"功德银行"积分作为中小学生和党员评先评优的重要参考依据和年轻人入党入团的重要考核指标。将"功德银行"建设纳入智慧党建工程，并开设专题板块。设立"功德银行"文化墙和光荣榜，实行微信公众号、板报、喇叭"三公示"，宣扬先进，鞭策后进，大力营造积分争星、崇德向善的良好氛围。

深化移风易俗，提升乡村文明程度

为弘扬和践行社会主义核心价值观，引导广大群众更新思想观念，革除陈规陋习，形成勤俭节约、文明健康的新风尚，大成桥镇于 2020 年 3 月出台了摒弃婚丧陋习、倡树文明新风的工作实施方案。重点抓好以婚事新办、丧事简办、余事不办、非亲属之间不送人情礼金为重点的移风易俗工作。全面倡导举办酒席不燃放烟花鞭炮，不收取非直系亲属人情礼金，不启动大规模邻里帮忙的简朴模式，彻底减少铺张浪费，减轻人情负担。

明确工作要求。自觉抵制歪风陋习，党员和乡村干部示范带动、全民自觉参与，抵制讲排场、比阔气等歪风陋习。严禁滥办酒席，反对借机炫富、显贵、敛财。特别是生日、乔迁、升学等非婚丧类酒席，一律不得操办。对违规举办的婚丧以外宴席，进行坚决抵制，不赴宴、不送礼。在婚礼方面，主张适度操办，自觉控制宴请桌数、酒席档次，不吃预备餐，不悬挂拱门气球，不燃放烟花鞭炮，不安排乐队歌舞，不搞豪华车队，坚决反对任何庸俗的表演，并鼓励不收取非直系亲属人情礼金，同时提倡采用集体婚礼和旅游结婚等婚礼新形式。在丧礼方面，倡导丧事简办，主张简化治丧仪式，控制治丧时间和丧葬规模，丧葬支出控制在三万元以内，不启动邻里大规模帮忙，不燃放烟花鞭炮，并鼓励不收取直系亲属以外的人情礼金，倡导网上祭奠、送鲜花、植树、家庭追思会等文明祭奠活动，用生态环保、文明节俭的方式表达哀思。引导广大群众爱护环境卫生。搞好房前屋后卫生，积极参与镇村组织的每月一次义务大扫除，不乱停乱放，不随手乱丢乱扔，爱护公共基础设施，坚决抵制大肆燃放鞭炮等不良习俗。确保从事婚丧事宜的中介服务人员的行为与倡导的移风易俗工作相一致，加强对乡村厨师、道士、乐队等中介服务人员的监督和管理，对不服从文明劝导和与移风易俗工作背道而驰的个人进行约谈和训诫。

明确保障措施。其一，成立领导机构。成立以镇党委书记为组长、其他党政领导为副组长的移风易俗工作领导小组，负责统筹全镇移风易俗工作，成员单位包括自然资源和生态环境办、乡村治理办、各村（社区）、凝成文明劝导服务中心。领导小组在自然资源和生态环境办下设办公室，负责指导各村（社区）开展好"摒弃婚丧陋习、倡树文明新风"工作。村（社区）负责部署协调全村移风易俗工作，负责落实具体工作内容。其二，成立劝导组织。镇一级成立凝成文明劝导服务中心，代表镇党委政府履行宣传动员和上门劝导等工作职责。各村（社区）成立分中心，明确专人负责。各村民小组建立信息员队伍，及时提供信息。其三，进行宣传推介。领导小组办公室每月底统计并通报各村（社区）移风易俗工作开展情况，对新风典型进行宣传推介和表彰。其四，落实奖惩措施。党员干部要令行禁止，率先垂范。村组干部严禁违规赴宴送礼，更不得接受邀约代为他人操办红白喜事。对于违规违纪者，镇纪委视情况给予纪律处分。各村（社区）根据村规民约，落实微惩戒和微奖励措施，纳入"功德银行"进行积分管理。

2021 年 6 月、2022 年 2 月、2023 年 12 月，大成桥镇针对推进移风易俗工作中出现的新情况、新问题，又有针对性地出台了进一步巩固移风易俗治理成果的工作方案，细化措施、提高要求、务实举措，确保移风易俗成果得到巩固和提升。

进一步提升工作目标。力争再通过 2—3 年的努力使镇域内大操大办铺张浪费现象得到根治，婚事新办、丧事简办、余事不办等社会风尚更加浓厚，群众人情礼金支出负担显著减轻，乡村社会文明程度全面提升。

进一步明晰工作路径。其一，成立新的移风易俗工作协调领导小组，由相关领导班子、办公室和凝成文明劝导服务中心组成，负责全镇移风易俗工作的组织协调和统筹调度。要求各村（社区）切实加强对移风易俗工作的组织领导，定期研究解决工作中存在的问题。村党总支书记（村主任）要发挥牵头抓总作用，明确一名"两委"班子成员分管负责，健全信息员队伍，成立红白理事会和道德评议会，加大政策宣传和典型推介力度。其二，充分发挥村民自治作用。支持出台约束性措施，鼓励各村（社区）在党组织统一领导下，进一步修订完善村规民约，充实婚事新办、丧事简办、余事不办等移风易俗内容。同时，结合《婚丧喜庆事宜十条倡议》，鼓励各村（社区）依据村规民约出台具体约束性措施，对大操大办、铺张浪费、人情歪风、厚葬薄养等进行治理，通过教育、规劝、奖惩等措施，引导村民遵守相关规定。此外，发挥社团协会作用。建立健全红白理事会（成员以村民小组长、屋场召集人为主）、凝成文明劝导服务中心（分中心）、道德评议会（以监事会成员为主）等群众组织，广泛开展议事协商、志愿服务、邻里互助和道德评议等活动。其中，红白理事会侧重政策宣传、志愿服务、控制大操大办；凝成文明劝导服务中心负责事前、事中的引导和规劝；道德评议会负责"功德银行"纪实积分监管，正反典型的评议。其三，持续加强宣传引导。各村（社区）要通过召开组长会、党员会、屋场会，利用村组微信群、村村响广播、宣传车、电子屏、文化墙等方式，持续加大宣传力度，让移风易俗倡议深入人心，变成全体群众的自觉行动。红白理事会和凝成文明劝导服务中心要注重开展点对点式的入户宣传把控，让事主深切感受到事情利弊，增进情感认同和行动自觉。其四，严格落实信息报送和事项报备。分村民小组设立移风易俗信息员，负责搜集和报送信息，凡组内村民操办婚庆事宜的应提前10—15天向村（社区）专干报告，丧事实行即知即报，其余事宜闻讯必报。村（社区）专干收到信息后，需在第一时间通知事主向村（居）民委员会进行事宜报备，并签订移风易俗承诺书。报备表和承诺书要同时在村务公开栏和本组显要位置进行公示，主动接受群众监督。其五，切实加强事前事中劝导监管。接到村民事项报备后，村（社区）专干要迅速会同红白理事会、凝成文明劝导服务中心上门开展工作，就办理规模、酒席标准、人员安排等操办细则与事主充分沟通，提出合理化建议，并做出倡议要求。事项办理过程中，要继续上门跟进，看其是否切实遵守了相关备案承诺，并在发现不妥时督促其改正。如遇到事主拒不配合、工作难度较大的，报告村（社区）党总支书记和联组干部上门做思想工作；明显大操大办影响突出的，应报镇协调领导小组办公室，由乡村治理办、纪检办、自然资源和生态环境办、城管中队、联村办公室派出联合工作队伍上门开展工作。其六，不断发挥党员干部引领作用。全体党员、镇村干部、村民小组长、屋场召集人要发挥示范引领作用，带头落实备案承诺制度，带头做到《婚丧喜庆事宜十条倡议》中的要求。对群众举报、媒体曝光和监督检查中发现的违规办宴、违规收受非亲属人情礼金以及违规赴宴赠送礼金等相关问题线索，由镇村纪检组织及时调查核实、查处问责、通报曝光。对在任村（社区）两委干部（含后备干部）违规操办婚丧喜庆事宜，按《湖南省关于党和国家工作人员操办婚丧喜庆事宜的暂行规定》严格处理到位，违规赴宴赠送礼金的一律进行点名通报。各村建立移风易俗"红黑榜"，加大正反典型的通报曝光力度。

绩效考核激励干部担当作为

为充分发挥绩效考核的激励导向作用，充分调动全体干部职工的工作积极性和主动性，提升干部职工素质，大成桥镇从2019年开始相继制定和完善了干部职工管理考核的制度性文件和作风建设文件，形成奖优罚劣、优胜劣汰的工作机制。通过这些机制的约束，转变了干部作风，形成了正面激励的导向，激发了全镇干部职工干事创业的激情动力。

明确绩效考核方式。每季度考核一次，从岗位实绩、作风建设、群众工作、民主测评四个方面进行考核，另设特色工作加分。

岗位实绩占 50 分，由线办分管领导根据办内成员岗位职责分工，结合工作任务、现实表现、工作质效分三档进行计分，其中一档 52 分（占比人数在 30% 以内），二档 50 分（占比人数在 50% 以上），三档 48 分，每个办公室至少要分出两个以上的档次。党政负责人的计分由主要领导打分。

作风建设由出勤计分和负面清单扣分两部分组成。工作日出勤一天计 0.5 分，以此激励干部尽量克服困难少请假。对于当月无请假出满勤的，额外奖励 1 分（法定天数内的婚丧假、产假、陪产假，以及 3 天以内的病假且提供了医疗证明的，都可视作满勤计算）。此外，在集中休年假期间一次性休假的，当月同样参照满勤计算。至于负面清单扣分，则依据镇党委政府关于进一步加强机关作风建设的实施意见文件执行。

群众工作实行奖扣分制。按照所联系的网格每月走访群众至少 10 户，缺 1 户扣 1 分，经抽查发现有弄虚作假的，按 3 倍扣分处理。每年召开一次屋场夜话会，纳入第二季度绩效考核，若未召开户主会则扣 3 分。每月组织群众参加一次义务大扫除，每少组织一次扣 2 分。同时，引导所联村组积极开展"三零"村民小组创建工作，若组内出现信访案，根据信访级别（宁乡市、长沙市、省、中央）分别扣 0.2 分、0.5 分、1 分、2 分；发生一起上交到镇的邻里纠纷扣 0.5 分；发生一起民转刑事案件扣 5 分；若发现未批先建、少批多建、建新未拆旧、违法占用耕地等国土违法违规行为的，每发现一起扣 1 分。对于主动参与所联村组纠纷调解处理或信访问题化解，调处化解成功且

5 日内将相关结果和佐证资料报综治办的，每例奖 3 分。

民主测评占 20 分。在每个季度末的 25 日左右召开干部职工大会，随机抽取 10 名左右干部职工在会上进行季度工作公开述职，并对全体干部职工季度工作进行民主评议，按"优秀、称职、基本称职、不称职"四个等次进行测评，对应分值分别为 20 分、18 分、16 分、10 分。

实行特色工作加分，鼓励创优争先。所负责的工作创造了典型经验做法，被市级以上部门发文表扬通报的，对承担主要工作任务的干部酌情加 1 — 3 分。分线或单项工作在市对镇阶段性考核排名中进入前五位的，对承担主要工作任务的干部酌情加 1 — 3 分。对积极承担急难险重任务、处理复杂问题以及出色完成镇党委政府交办中心工作任务的干部职工酌情加分。加分申请由本人在每季度末提出，并提供印证材料，经党政负责人会议根据申报情况集体审定。

考核结果与绩效奖金直接挂钩。绩效考核得分实行系数制，正科级及以上党政领导系数为 1.2，副科级党政领导系数为 1.3，办公室主任系数为 1.4，公共资源交易中心主任和统计站长系数为 1.3，办公室副主任、政务大厅工作人员、驻村队员系数为 1.2。原则上每季度的考核在全镇年度总绩效奖金中按每季度 8000 元的标准，按个人计算岗位系数后的实际得分进行测算。剩余的年度绩效奖金按全年综合得分进行考核测算。

作风管理让严管成为厚爱

为扎实推进清廉干部队伍建设，大成桥镇不断加强干部管理和作风建设，为此相继就深化干部作风建设出台了制度文件，并严格落实奖惩制度。

严格上下班纪律。干部职工每日签到、签离通过打卡机进行人脸识别完成，不得无故迟到、早退和擅自离岗外出。考勤打卡迟到 1 次扣 1 分，缺勤 1 次扣 2 分。干部职工出镇开会或办理其他公务，须事前向分管领导报告，并由分管领导事前在群内报备。事后补报并经查实确认的，本人未及时报告的扣本人 0.5 分，分管领导未及时报备的扣分管领导 0.5 分。

严格值班工作纪律。值班由党政综合办公室统一安排，值班日晚上打卡时间为 19：00 至 21：00。值班人员应认真负责，确保值班工作的连续性，各当值人员交接班时间为当日早上 9 点和次日早上 9 点。值班人员未按照要求落实工作的，视同缺勤，1 次扣 2 分。如有特殊情况需要请假的，应由值班领导在领导班子成员微信群中报备。未请假报备的，视同缺勤，1 次扣 2 分。

严格请假纪律。因特殊情况需推迟上班、提前下班或中途外出等短时间请假者，班子成员向党委书记请假，干部职工向分管领导请假，经批准后由分管领导在班子成员微信群中予以报备。因病因事不能上班，请假 1 天的由分管领导在班子成员微信群内报备；请假 2 天的须履行正式请假手续，按要求填写好请假条，报分管领导和镇长同步审批；请假 3 天及以上的报分管领导和镇党委书记同步审批。请假条交镇纪检监察室存档备查，同时明确一年内请事假不能超过 4 天，请病假原则上不能超过 15 天，超过允许的请假天数按缺勤计算。

严肃会风会纪规定。会议期间无故迟到或早退，1 次扣 1 分；无故缺席，1 次扣 2 分。出于会议冲突或工作加急须完成等特殊原因不能参会的，应当事前向会议主持人报告。未按规定报告的，视同无故缺会，1 次扣 2 分。严重影响会风会纪，造成不良影响的，1 次扣 1 分。

规范财经纪律。增强节俭意识，办公室通宵未关灯、未关空调，或存在浪费宿舍水电等现象，每次扣 1 分；增强规矩意识，所有采购先走审批程序再进行采购或定制，同时增强询价意识，将资金用在刀刃上。不得在餐馆、农家乐等餐饮店签单消费，所有公务接待归口财政所统一管理。

务实网格联组要求。各网格联组干部应当熟悉本网格所属人员的家庭基本情况、实际居住地，及时掌握网格群众诉求，扎实开展网格走访，根据记录本如实填写完整基本情况。当年 1—6 月应对所联系网格进行一次全面走访，凡是发现未按要求落实的，缺 1 户扣 1 分，弄虚作假 1 户扣 3 分。网格内出现的 12345 热线工单，联组干部为第一责任人，每出现 1 条扣 1 分，作为首位受理责任人，联组干部应当对群众诉求及时了解，协调相关办公室、村（社区）及联村领导及时办理，如发现存在敷衍办理情况，回访不满意的 1 次扣 2 分。

提升履职能力。对干部职工（男 50 岁、女 45 岁以下）熟悉电脑程度以及动手操作文档、表格的能力进行考核，对基本操作不熟练者将组织专门培训，或进行转岗。

压实分线管理主体责任。各分管领导应当加强对所属人员的教育和管理，每周召开例会，强调作风建设的相关要求。若发现有未按要求落实，作风建设问题较多的办公室，或季度考核排名靠后的2名干部，其所属线办的分管领导将受到相应的扣分处分。

开展作风专项督查。由镇纪委牵头，联合当日值班领导，对照作风建设相关要求，定期开展作风建设专项督查。对干部职工的上下班纪律进行抽查，如发现报备与实际工作去向不一致，虚假报备的，按缺勤计算，1次扣3分；发现违规公款吃喝、违规收受红包礼金、违反群众工作纪律、涉黄赌毒、工作日违规饮酒、酒后驾车等问题的，根据情节严重程度，每人次扣3—5分，同时根据党纪和相关规定，视情况给予处分。因作风纪律问题被上级部门督查发现、媒体曝光、群众举报的，1次扣5分。协调纪检片区检查，一月开展一次"四不两直"暗访督查，所有违规违纪情况由片区办理，并纳入扣分考核。

严格结果运用。由纪检监察室建立机关作风建设督查日志，按日详细记录上下班纪律和会风会纪情况，实行一月一考核一通报，一季度一讲评，作风建设专项督查实行一督查一通报。将机关作风建设考核得分进行一季度一汇总，纳入干部职工季度绩效考核，与绩效待遇直接挂钩。由镇纪委按季度分线办进行统计，对网格走访扎实、表现突出、作风优良的同志，推荐在讲评大会上进行经验交流；对季度内问题通报占比多，或季度绩效考核排在后两名的干部，由所属线办的分管领导在讲评大会上作表态发言。干部职工考核情况将作为乡镇机关事业单位交流调配、激励性交流、关怀性交流、鞭策性交流的重要依据。

制度优势是一个政党、一个国家的最大优势。邓小平同志曾深刻指出："制度好可以使坏人无法任意横行，制度不好可以使好人无法充分做好事，甚至会走向反面。"[①] 所以，我们建立一系列制度的根本出发点在于在一种相对公平的环境中，让善为者有位，有德者有味，实干者得实惠，同时以增压鞭策等方式，让"躺平者"学起来、干起来。

实用的制度要能立得住、好执行。我们在制定每一项制度之前，都会以深入调研为基础，权衡各方利弊与得失，甚至考虑被管理者可能产生的负面情绪，因为制度的设定总会打破一部分得过且过的人的既得利益。但在理性与大局面前，只要制度从实际出发，从维护大多数人的利益出发，反对者的声音只能被视为"牢骚"，且终将在统一思想中被熄灭。

实用的制度要能一以贯之地抓到底。制度的生命力在于执行。无论是移风易俗制度，还是干部考核制度，党委政府坚持公正公平公示、持续抓落实的坚决态度，让干部和群众看到制度不是写在纸上、挂在墙上，而是与村组项目建设倾斜支持有关，与年终绩效考核奖金有关，与涉及个人的争先评优、入党提干这些实际利益密切相关，并且一季一通报、一年一兑现，让大家真实感到制度的刚性约束。

---

① 《邓小平文选》第 2 卷，人民出版社 1992 年版，第 333 页。

实用的制度要能与时俱进。移风易俗在于持之以恒地抓，使习俗习惯成为一种自觉，所以制度要根据推进的实际情况不断变化、细化。在其他方面，我们也应当根据事物的发展变化，做到决策、政策、制度始终坚持一脉相承和与时俱进相结合，实现稳定性与灵活性相统一，做到在巩固成果中完善制度，在完善制度中不断提升转化成果。

第十一记　乡村工作法

艰难方显勇毅，磨砺始得玉成。从"思想大同"到"干事大成"的筚路蓝缕，闪耀着大成桥镇人不惧艰难困苦的决心和勇气，彰显着大成桥镇人不畏泥泞曲折的干劲和韧性。唯有热爱，方能全力以赴；唯有执着，方能行稳致远！回首五年，我与大成桥镇共成长，得到了难能可贵的工作历练，收获了弥足珍贵的友情，也有属于自己的深切感悟。乡村工作，需要用一颗热辣滚烫的心将"个人小我"融入"人民大我"，实现双向奔赴。

把每一项工作当成事业来干

"所营谓之事，事成谓之业。"习近平总书记在中央党校建校 90 周年庆祝大会暨 2023 年春季学期开学典礼上强调："履行好党和人民赋予的新时代职责使命，领导干部必须全面增强各方面本领，努力成为本职工作的行家里手。"① 党员干部要始终保持强烈的事业心和责任感，真心热爱本职工作，把干事创业

---

① 《坚守党校初心　努力为党育才为党献策》，《人民日报》2023 年 3 月 2 日。

作为自己的天职，对工作充满感情、保持韧劲，以饱满的热情、昂扬的激情、敬业的痴情投入工作。镇村两级处于基层社会治理的最末端，工作具体、任务繁重、直面矛盾，需要我们竭尽全力，方能有所作为。过去说淮海战役是一锅夹生饭，是共产党人凭借顽强的毅力和发动群众全力支持，才啃下的。当前的乡镇工作也像一锅夹生饭，我们要用一块钱做三块钱的事，很多工作只有属地责任，没有执法权。乡镇党委书记和村支部书记就像没有金箍棒的孙悟空，逢山要开路，遇水要架桥，碰到"妖魔鬼怪"还要降妖伏魔。然而我们手里并没有金箍棒，怎么来开路、架桥、降妖伏魔？怎么把一锅夹生饭啃下去，还能尝出香喷喷的味道，这确实是一门艺术。

基层工作约束条件多、负担重，成就感往往不突出。如果把工作仅仅当成谋生手段来对待，那么工作自然会缺乏激情和动力。只有把工作当成事业，从内心深处想干、愿干，始终处于主动思考、主动谋划、主动作为的状态，无论遇到什么样的困难和挫折，都能信念不摇、追求不变、痴心不改，方可能事半功倍，有为有味。

一要"抬轿子"，搞好团结协作。团结出生产力，团结出效益，团结出好的工作氛围。班子的团结、队伍的团结、干群的团结，就像四人抬轿，步伐一定要一致，每个人要把自己的那份责任担下去。如果快的快、慢的慢，还有拖后腿的，轿子既抬不稳，也走不快。做基层工作要搞好团结，说起来容易，做起来却有难度。现在的乡村有时候矛盾是比较突出的，比如，在个别群众朝着某一名村干部，特别是村支部书记闹情绪、针锋相对的时候，如果班子成员不能团结协作拧成一股绳，甚至作壁上观、隔岸观火，任由支部书记被架到火上烤，那么整个班子就会分崩离析。作为班子成员，他如果习惯性地袖手旁观，甚至希望火能把同事烤下去，腾出位置，那现实的后果可能是他自己的前途也被这种不良氛围烤焦了。一个人的结局可能也昭示着一个班子、一个团队共同的结局。有些当乡镇长的，只想乡镇党委书记给他腾位置，看见乡镇党委书记有困难了，不但不帮忙顶上，还在旁边搞小动作。组织的眼睛是雪亮的，这些都无法逃脱组织的洞察。所以一般来说，乡镇党委书记遇到困难，乡镇长不帮忙顶上去，之后即使位置腾出来，他也接不到；即使接到了，结局也不会太好。

其实世界很简单，复杂在人心，而人心复杂，无非是利益的牵扯与分配。基层的复杂性，取决于班子成员是否团结一致、一心为公、人民至上；取决于班子成员之间是团结还是结团，是同志还是同伙，是信任还是放任，是补台还是拆台。乡镇党委书记影响班子成员，班子成员影响党员干部，党员干部影响人民群众。构建良好的政风、民风，必须从乡镇党委书记做起。乡镇党委书记要用自身垂范来示范带动党员，要用思想教育来引导提点党员，要用具体措施来警醒敲打党员，真正实现对党员言行的规范与管理。

二要"担担子"，敢于担当作为。无论是各部门、各单位还是乡镇基层，想把一件事情搞砸，就层层上报；想把工作抓好抓实，就在政策的指引下灵活变通、担当作为。假如一个地方某个月因财政收入下滑出现"三保"压力，要临时拆借一笔资金用来保民生支出，县财政局长就完全可以担起责任。但这件事情如果一定要向常务副县长、县长和县委书记报告，或者要县委书记、县长开一个会，出一个会议纪要，白纸黑字指定用哪一笔资金来保民生支出，这件事情基本就解决不了。尽管现在作风纪律要求严、追责力度大，但每个单位仍然需要敢于担当，积极作为。只要没有把公家的钱塞到自己的口袋里面，一个干部在法律红线、纪律底线范围内为了工作而担当作为，极少会被追责；被追责的往往是不作为、乱作为、造成恶劣影响的干部。

要激发群众和社团组织在基层治理中的主体作用，政府部门也需要勇于担当作为，对新事物采取包容审慎、积极支持的态度，而不是基于"一放就乱"的恐慌采取矫枉过正的治理措施。实际上，矫枉过正和官僚主义往往是在遇到新问题时，无法采取新办法的无能表现。

三要"钉钉子"，狠抓工作落实。习近平总书记强调："干事业就要有钉钉子精神，抓铁有痕、踏石留印，稳扎稳打向前走，过了一山再登一峰，跨过一沟再越一壑，不断通过化解难题开创工作新局面。"①抓工作就要像钉钉子一样一钉到底，方可抓出理想的预期效果。

"钉钉子"要把握时点。也就是说，敲钉子不能凭蛮力逢墙就钉，而是要懂得在合适的时机、合适的场合借力用力使力。比如，去争取一笔资金，就要知道这个部门或单位刚好这个时

① 《年轻干部要提高解决实际问题能力　想干事能干事干成事》，《人民日报》2020年10月11日。

候有一个项目、有一笔资金。如果等到这个项目落地了，牛过田埂，你再去扯尾巴就扯不到了。美丽屋场建设，需要人民群众拆墙透绿，做这项工作特别需要发挥钉钉子精神。因为群众对自己投入建成的围墙，难免有些留恋，但大气候大氛围来了，周边邻居的都拆了，这种不舍与不配合的心理就会慢慢弱化。假如遇到个别群众的思想工作没有做得特别通透，半推半就勉强同意拆除，这时就等不得、拖不得，一定要盯着即日拆除。不然过几天，另一户不想拆的群众跟这户吹吹风，他可能就改变主意了。如果一个事情只是安排了、布置了，而不去关注这个围墙是否真正被拆除，那最终就是"扁担没扎，两头打塌"。

"钉钉子"要把握重点。"钉钉子"不能蛮干、硬干，要巧干，要钉在点上，钉得又准又稳。一个个村、一个个办公室、一个个村民小组，有哪些关键人物、哪些关键事，我们心里要有非常清晰的轮廓，推动工作一定要具体化。在项目建设中，如果明天工地需要上三台挖掘机才能保证完成工程任务，那就要盯着抓落实。美丽屋场什么时候把围墙拆完，什么时候把路基搞出来，什么时候铺混凝土，什么时候建绿化景观，要精确到天，有完整计划。毛泽东同志非常有雄才大略，一般不管这种小事，但是关键时候会紧盯细节不放。比如，东北野战军打赢辽沈战役以后要立即入关到华北，他就命令部队必须在限定时间赶到，而且要隐蔽行军昼伏夜行。他还让新华社发布东北野战军在东北祝捷练兵的新闻。为什么毛泽东同志管这么细？因为这些都是关键的、重点的事。所以工作中一些比较关键的点、一些事关全局的要事，必须管而且管到位。

"钉钉子"要把握尺度。钉子钉浅了会松，钉深了可能脚又会伸出去。把握好度非常关键，这需要我们在现实工作中好好琢磨。比如，现在我们说要树立大抓基层的导向，落实中央部署的"最后一公里"，但如果把所有工作都交到镇村，所有任务都压到镇村，那么权责的不匹配会压垮基层，导致适得其反的结果。

　　四要"开方子"，善于解决问题。基层要解决具体问题，就像医生仅能诊断出病症是远远不够的，还要能针对病症开出行之有效的药方。党员干部特别是"一把手"，能说会写只是基本要求，最重要的是要有解决问题的办法和路径。这和当律师类似，很多人误以为当律师需要好口才、能言善辩，但实际上，当律师最重要的一点是会抓辩护的关键点和方向。信访户为什么热衷于信访？有一部分是有问题没有解决的，我们要给他解决；还有一部分是胡搅蛮缠的，我们该怎么办？个别信访户之所以无理取闹，是因为信访的成本和代价太低了。我们在尽力做他思想工作的同时，也要在法律框架内适当抬高其信访成本。做思想工作要善于因人施策：对那些思维固执、沉默寡言的，我们要多讲道理，多疏导；对那些胡搅蛮缠、说起话来滔滔不绝的，我们就不要跟他们站在同一个维度和角度去辩论，可以考虑跟他们讲人生得失，跟他们讲一些哲学思考。怎么样找到最合适的角度，也就是解决问题的办法和路径，对解决难题、推动工作来说非常之重要。

群众需要什么，我们就做什么

"治国有常，而利民为本。"利益关系是人类社会最基本的关系之一。无产阶级政党与其他政党的本质区别，就在于它没有自己的私利，始终服务于绝大多数人的利益。中国共产党是为人民群众谋利益的党，全心全意为人民服务是我们党的根本宗旨。习近平总书记强调："党的一切工作，必须以最广大人民根本利益为最高标准。检验我们一切工作的成效，最终都要看人民是否真正得到了实惠，人民生活是否真正得到了改善，人民权益是否真正得到了保障。"①基层工作直面群众，直接涉及群众的利益和心理感受，思考决策和推动工作必须识民情、接地气，以人民利益为重、以人民期盼为念，真诚倾听群众呼声，真实反映群众愿望，真情关心群众疾苦，做到问需于民、问计于民、问效于民。基层群众工作的关键在于，群众忧什么，我们就抓什么；群众盼什么，我们就干什么；群众缺什么，我们就补什么。

当前农村老百姓忧什么？老百姓忧的是婚丧酒席大操大办，忧的是人情开支居高不下，忧的是打牌赌博乡风民风恶化，所以我们就应该抓移风易俗、抓乡村文化建设和民风重塑。

老百姓盼什么？老百姓盼宜居的生态环境，老百姓盼能够在家门口就业、增加收入。我们就应该争取资金项目，动员群众筹资投劳推动乡村建设；就应该引进企业、发展产业，让

---

① 《习近平著作选读》第1卷，人民出版社2023年版，第212页。

老百姓可以在家门口参与产业发展，在家门口实现就业、增加收入。

老百姓缺什么？老百姓缺的可能各有不同，但是我觉得老百姓和我们一样缺少平台。在体制内，干部中间流传着这样一句话："不是事情我搞不下，是岗位我搞不上。"言下之意就是缺少伯乐赏识，缺少平台施展身手。其实，老百姓也缺少平台，缺少组织广场舞、篮球比赛、文艺表演的平台，缺少参与志愿服务活动的平台，我们应该为老百姓搭建这些平台。要把人民群众组织动员起来，关键在于激发他们内心向上向善的意识，实现这个目标就需要搭建志愿服务的平台。每一个人心里都有向上向善的种子，但若无人组织，即便内心有想法，也很少有人会在小区里做义务清扫，很少有人会到街头进行义务交通劝导。由于没有平台的组织，一个人单枪匹马去做善事，会担心别人议论，说他出风头、图表现、博眼球，但是如果成立了志愿者组织，有了志愿者平台，成为志愿者，那么就没有了心理负担。

问计于民要坚信高手在民间。2020年9月，习近平总书记考察湖南时，在长沙主持召开了基层代表座谈会，当面听取基层干部群众代表对"十四五"规划编制的意见和建议。习近平总书记亲身示范，就一些国家大事和宏观政策问计于民。作为天天与群众打交道，从事基层事务和直接服务群众的乡村干部，更需要从群众身上汲取智慧和力量。2023年，李强总理在全国两会结束答记者问的时候，说了一句非常经典的话："坐在办公室碰到的都是问题，深入基层看到的全是办法，高手在民间。"[1]
这更能说明俯下身子、深入基层、深入群众，才能真正找到问题症结与解决方法。

基层有很多问题，我们坐在办公室难以解决。在大成桥镇工作期间，有一件小事深深触动了我。有一次，我给一名参加工作不久的年轻干部安排了一项任务，组织所有镇干部第二天到镇上的街道去搞义务大扫除，他需要以办公室为单元把工作任务分配到位，即一个办公室负责一条街道。因为刚到大成桥镇，他人生地不熟，既不认识同事，又不熟悉道路名称，感觉无从下手。他跑到街道上转了两圈，走进了一个打印店。打印店的老板看他愁眉苦脸，就开口问他是不是遇到了什么困难。听了他的情况介绍后，老板当即就告诉他一个办法：从网上下载街景地图打印出来，根据街道的长短和每个办公室的人数进行责任区划分，用不干胶条标记办公室名称，再拍照发到群里，所有干部就知道自己负责的区域了。在当时我们不知道方法来源的情况下，都觉得这个干部有创新精神，所以他很快走上了办公室主任岗位，后面也很快被提拔到副科级领导岗位。问计于群众可以让自己少走弯路，甚至取得更好的工作效果。

问效于民的核心是工作效果是否符合群众预期，是否让群众更有获得感和幸福感。比如秸秆禁烧工作，上级要求不让看见一个火点，下面群众普遍存在抵触情绪。如果只唯上抓落实，一禁了之，小的方面来讲是不利于农业生产，大的方面来

---

[1] 新华社中央新闻采访中心编：《2023 全国两会记者会实录》，人民出版社 2023 年版，第 14 页。

讲可能激化干群之间的矛盾，甚至引发舆情。如果灵活执行政策，在空气质量比较好的区域和时段，允许村组有计划地焚烧一部分，这样既不会对空气造成大的污染，又能很好地回应群众诉求。

又比如，为了粮食安全，镇村两级积极推动耕地恢复是很有必要的。但恢复耕地绝不是恢复数字。在大成桥镇的实践中，我们绝不为完成任务指标而去恢复那些上了山的水田，而是先征求群众意见，找那些原本条件较好、恢复后有人愿意耕种且有水源条件耕种的田来落实工作。所以，我们即使把群众水田里面的树木砍掉了，把他们养鱼的池塘填平了，也能得到当事人支持，赢得群众认可。

再比如，上级要求乡村学校不允许强行撤并，只要有一个学生，学校就要保留。我在大成桥镇工作期间，看到不少乡村学校，一所学校七八十个学生，一个班不到十人，捉襟见肘的教师资源导致一名老师兼上几门课。我意识到这样的学校和师资是不能保证优质的教学质量的，所以顶着压力撤并了大成桥镇小规模的小学。当时，有一些家长不理解，我就亲自上门做思想工作，同时安排镇村干部一对一联系，反复跟家长强调送孩子上学是去学知识的，不能只追求离家更近一点的便利。对于确实有困难的家庭，我们通过财政资金和爱心人士的捐助来补贴校车费用。通过一点点做工作，学校撤并得到了家长的理解，大成桥镇的学校被整合成一所小学、一所初中。老师的干劲越来越足，教学质量越来越好，跑到城里读书的孩子也越来越少。许多家长事后都为此点赞，他们意识到镇党委政府撤并学校真的是为地方好、为家长和学生好，甚至因此对干部都有了更理性、更正面的评价。

最大限度把群众组织动员起来

毛泽东同志说："把群众力量组织起来，这是一种方针。"组织起来就不怕任何困难。基层治理工作就是把干部群众组织动员起来。无论在什么工作岗位，把人民群众组织动员起来，调动一切积极的因素，始终是最重要、最核心的抓手。一个地方如果不能有效调动社会积极因素，形成社会共识和凝聚力，那就无法精准谋划和高效推动工作。

要把人民群众最大限度组织动员起来，首先要对群众讲实用的话。

群众听得懂的话才是实用的话。干部讲话最忌讳掌握了话筒就自说自话，跟群众讲话，要讲他们听得懂的话。比如，上级推行秸秆禁烧的时候，要求基层做好宣传工作。我们南方地区也学着北方地区的操作，到处挂禁烧秸秆的横幅标语。很多群众看到标语问我，秸秆到底是什么，我们这里压根儿没有，为什么要宣传禁止焚烧呢？我跟群众解释，秸秆就是我们南方的稻草。他们就反问我，为什么你们要把稻草说成秸秆呢？搞宣传不是要让群众听得懂、听得进去吗？听了老百姓朴实而犀利的话，我无言以对，一直记着这个教训。之后我说话、搞宣传、写文章，都要求入乡随俗，让群众听得懂。

与群众利益攸关的话才是实用的话。标语"禁烧秸秆，人人有责",群众即使能理解意思,也会感觉这事跟自己没有多大关系,不会去负责。所以,我们把禁烧秸秆的标语写成"不听劝导烧稻草,罚款拘留少不了"。群众知晓烧稻草可能会面临罚款甚至拘留,这样的严重后果事关他们的切身利益,他们才会真正受到触动,从而实现宣传的预期效果。

为什么工农红军有那么强大的群众组织动员能力?"打土豪"后面一句话是"分田地!"。在当时工农红军还很弱小,无法与国民党基层政权争锋的情况下,普通老百姓愿意豁出性命跟着共产党人闹革命打土豪,核心原因就是打倒了土豪,可以分到梦寐以求的土地。在当时,对于做了一辈子雇工和佃农的中国老百姓,土地是赖以生存的资源,也是翻身当主人的象征。抗美援朝时期,为什么在国家和民众最需要休养生息的时候,中国的老百姓愿意节衣缩食把粮食和棉被等紧缺物资捐出来?为什么很多家庭愿意把一个、两个孩子陆陆续续送上战场?这是因为抗美援朝是为了保家卫国。当时刚把国民党反动派赶到台湾岛,在国民党还在叫嚣着要"反攻大陆"的当口,美帝国主义的第七舰队耀武扬威地游弋在台湾海峡,战火又烧到了鸭绿江边。全国人民都感觉新生的政权受到威胁,翻身当了主人的日子可能又被颠覆,所以保家卫国的口号直击心灵,与每一个国人的利益攸关,大家愿意无条件地支持抗美援朝伟大事业。很多时候,基层干部讲话也好,写标语、写文章也罢,一定要使自己讲出去的话让受众直观感觉到与之有利益关联。如果与广大人民群众的利益不挂钩,那宣传动员的效果自然不好。

能够激起群众共鸣的话就是实用的话。大成桥镇原来干群关系比较紧张，群众对干部基本不讲什么好话。担任镇党委书记以后，我就在大会上公开讲："本人只是咱们这个乡镇 35000 人请来的物业公司经理，这里的治理和发展搞不搞得好，既是我的事，更是你们自己的事。大家配合，事情搞得好，我这个物业公司经理陪着大家搞 5—8 年；大家不配合，事情搞得不好，我随时可以离开。相对于大家，我只是个临时工。"我跟群众反复强调，你们对我这个党委书记，就要跟对待小区的物业公司经理、对待自己家的保姆一样。你们不要今天讲我地没拖干净，明天讲小孩儿没带好，而要告诉我如何把地拖得更干净，如何把小孩儿带得更好。你们要鼓励我、告诉我这件事该怎么做，我才会努力把事情做好。我讲的这些话被大多数人认同和接受，激起了他们内心的共鸣，认为建设好家乡是大家共同的责任。

很多地方特别怕出现负面舆情，特别是一些小事，执法机构不适合介入，教育引导也无从下手，想管也管不了，那我们就利用屋场夜话会反复跟人民群众宣讲。

比如，有群众随随便便把自己乡镇的负面素材拍成照片、录成视频发到网上去。我们就和他们说，不是我们容不下真相，也不是我们不允许群众表达不同的诉求和观点，而是一个地方如果长期被负面消息困扰，外界和上级的目光就会倾注到这些负面事情上，担心这里的社会风气是不是出了问题，疑虑这里的基层治理是不是漏洞百出，进而导致他们不会把关心的目光、支持的项目投向这里。也有群众说，马路上发生交通事故，邻居家房子起火了，我拍个抖音、发个视频是基于好心，警示其他人要注意安全。我们让群众不妨换位思考一下，假如出交通事故或房屋失火的是自己的亲人，我们是不是还会拍视频去警示他人？为什么亲人出事低调不声张，别人出事就帮忙宣传警示？这是因为没有把出事的乡邻当成自己的亲人，没有把咱们这个乡镇、这个家乡当成自己的大家庭，所以没有产生共情，没有意识到自己的行为可能会在乡邻的伤口上撒盐，可能会给家乡抹黑。当我们用朴素的道理来解释这些复杂的事情，我们就能够触动人心，激发共鸣，就能够广泛呼吁群众把乡邻当亲人一样守护，把家乡当自己的大家庭一样呵护，绝大多数人自然而然就会客观看待事物、理性表达想法。

塑造情怀的话就是实用的话。对干部的管理，我的原则是七分鼓励，两分教育引导，一分批评。我很少批评同事，更不发脾气骂人。七分鼓励，或者说表扬激励，主要就是靠长期跟他们讲塑造情怀的话来实现的。

我反复跟村支部书记分享一个故事。1999 年我参加工作的第一站，是被派往一个软弱涣散的村庄挂职。为了对软弱涣散村进行整治提升，全村党员选了一名预备党员担任村支部书记。一个村 100 多名党员，怎么大家会选择一名预备党员出来担任支部书记呢？这是因为这名预备党员的父亲在 20 世纪 80 年代，曾担任该村的支部书记。老书记在任期间，心中始终装着人民群众，通过务实的作风组织发动群众参与，在全镇率先实现机耕路修到每一个村民小组，率先把集镇的电网架设到了每家每户。老书记的所作所为和情怀品质，给全村群众留下了深刻印象，成为群众心中永恒的记忆。所以在村里出现困难的时候，村里的党员和群众不约而同地想到了老书记，认为老书记培养的儿子会跟他一样优秀，一样务实为民，所以他们义无反顾地把一名预备党员推上了支部书记岗位。

群众也许记不住谁曾担任县委书记、省委书记，但他们肯定记得谁曾担任村支部书记，特别能够记住那些为村里、为群众做了实事、推动了发展、改善了民生的好书记，不但在职的时候人民群众会记得他们、支持他们、拥护他们，在他们百年之后，群众依然口口相传，谁的父亲、谁的爷爷担任过村支部书记，做了一些什么，做好了一些什么，留下了一些什么！这就是基层干部的价值所在。

我经常跟村支部书记讲，当个党委书记、支部书记，不要想着名誉地位，更不要想着丰厚的物质回报。现在担任基层领导干部，就类似于养儿育女。不要想着若干年以后子女来端茶送水，养老送终，我们能够享受的，就是通过自己的倾心付出，跟着子女一起收获他们成长的过程和喜悦。自己付出得越多，培养的子女可能越优秀，然而，优秀的子女，往往不能常常陪伴父母。养儿育女、含辛茹苦二十多年，就如同研制人造卫星，多年的研制，一朝发射升空，只是偶尔传回一些信号，留下一些念想。我们绝大部分人在养儿育女的问题上有这种高尚的情怀和无私奉献的精神，但是在工作上"躺平"应付，马马虎虎，这是不正确的价值取向。当支部书记要有和养儿育女一样的思想境界和奉献精神，把地方搞好了，工作奋斗的过程就是收获成功喜悦的过程；把地方搞好了，人民群众为之拥护点赞，就是收获荣耀的过程。作为党的基层干部，我们一定要通过自己的语言和行为，让我们的同事、工作伙伴、服务对象，在我们的影响下塑造情怀、强化内生动力。

很多人知道毛泽东同志曾经说过："世界是你们的，也是我们的，但是归根结底是你们的。你们青年人朝气蓬勃，正在兴旺时期，好像早晨八九点钟的太阳。希望寄托在你们身上。"这是他1957年在莫斯科对中国青年留学生们说的一句话。从宁乡走出去的科学家周光召有一次回乡说，就是这句"希望寄托在你们身上"，让他们那批青年学生从此立下鸿鹄之志，要学成报效祖国。很多人放弃了国外优越的生活条件和学术环境，毅然决然地回到了一穷二白的祖国，回到了荒无人烟的西北戈壁滩，隐姓埋名从事"两弹一星"的研究。毛泽东同志这番塑造情怀的话可以影响青年学生一辈子，我们作为基层领导干部，一定要通过自己的语言和行为，激励同事、工作伙伴、服务对象，塑造他们的情怀，强化他们的内生动力。

提升士气的话就是实用的话。一个地方好不好，一个团队好不好，既与现实状况有关，也与主要领导干部的心态和思维方式有关。我从来不在外面诉说困难和压力，跟任何人都讲我是全市乡镇党委书记里面最轻松、最洒脱的。如果我们总是强调自己作为党委书记有多么累，或者这个地方有多么复杂和困难，不仅不会得到同情，反而会让团队的士气日渐低落。下属会看不起你，领导也不会帮助你。

我们可以从毛泽东同志身上汲取精神力量和工作方法。在红四军有人怀疑红旗能够打多久的时候，他写出了《星星之火，可以燎原》，令全党和红军扫除阴霾，士气高涨。在抗日战争初期，面对强大的日本侵略者，许多人感到迷茫和绝望的时候，他发表《论持久战》，让国人相信经过持久抗战中国必胜的光明前景，提振了国人的士气。1947年，针对解放区军民不能理解党中央暂时撤离延安决定的时候，他告诉大家：存地失人，人地皆失；存人失地，人地皆存。少则一年，多则二年，我们就要回来，我们要以一个延安换取全中国。我们要向毛泽东同志学习，多讲提振士气的话，鼓舞了士气，提振了信心，必将精神百倍，事半功倍！

把人民群众最大限度地组织动员起来，其次要擘画清晰的蓝图。

作为基层治理的领导者，我们不能够漫无目的地带着团队往前走，也不能完全只跟着上面的指挥棒亦步亦趋前行，一定要擘画一张清晰的、有前瞻性的蓝图来激励自己和团队。

第一，目标要清晰。我到大成桥镇工作一个月以后，在召开的第一个近千人参加的大型会议上，重点给大家描绘了一张清晰的蓝图。我们要用一年时间把乡镇人居环境由过去的脏乱差变为洁净美；要用五年时间全域基本建成美丽屋场；要用不到一年的时间，系统性解决全镇的信访个案和信访频发的问题；要用一年时间全面修复干群关系，让干部有尊严地工作，找到被尊重的感觉，要让群众看见干部，感受干部的付出，自发为干部点赞；我们要争创全国乡村治理示范乡镇、全国乡村振兴示范乡镇。当时虽然与会人员对此半信半疑，个别人甚至觉得是天方夜谭，但大多数人至少感觉找到了一些方向，看到了一些希望。在会上，我告诉大家，如果不是历史事件真实发生，谁敢相信井冈山的星星之火真的可以燎原？谁会相信一穷二白的新中国可以造出原子弹、氢弹？时光倒流几十年，谁会相信可上九天揽月、可下五洋捉鳖的梦想竟会走进现实？世间事，只要有目标就可能实现，只有想不到没有做不到。

当时大会上我们把所有的村民小组长、党小组长和离退职的老村干部请到了会场，特别是把全镇比较有名的信访群众代表也请到了会场。让他们听本届党委政府擘画的蓝图，告诉他们人居环境基础条件提升了，下一步就建设美丽屋场，要让全镇几十平方公里8个村154个村民小组在5年左右实现美丽屋场全域覆盖，像城市小区一样走干净宽敞的柏油马路，配套休闲广场和绿化、亮化；告诉所有干部群众只要干群关系融洽了，大家心齐气顺，干起事业来必将事半功倍，所有美好的建设目标和蓝图都可以实现。也是在这个会上，党委政府向全镇郑重承诺，每年争取不低于3000万元的项目资金回来，用于乡村的基础设施建设。哪里群众基础好，群众愿意筹资投劳，就先支持哪里搞建设。

第二，路径要清晰。目标确定了，不能是空中楼阁，更不能只是夸夸其谈，而要在大目标下设立阶段性小目标，小目标有实现的路径和时间节点。让目标具有可操作性，确保每一步都能落到实处。关于人居环境提升和美丽屋场建设，我们设定的路径是通过半年努力，持续召开屋场夜话会进行宣讲并启动环境卫生收费，把群众的环境卫生意识增强起来，让所有人觉得搞好环境卫生是为群众创建一个宜居的环境，是为大家的身心健康着想，而不是因为上级要考核排名，更不能是干部在干，群众在看。通过抓两头来促中间，对环境好的家庭和村民小组进行表彰宣传，对环境卫生差的家庭进行曝光，并组织环卫工人和志愿者上门帮忙一起进行整治。用半年时间打好基础，再通过半年进行总结提升。群众意识增强了，基础的环境卫生搞好了，来年就通过争取项目资金和发动群众筹资投劳推进美丽屋场建设。

我们认识到，干群关系紧张的一个重要原因是人民群众看不见干部的工作，不了解干部为地方做了些什么。这种"民不知官所为，官不知民所想"的信任壁垒需要被打破。为此，我们要求干部下村入户，深入群众之中，被群众看见，与群众交流，以这样的路径，增进干群之间的了解和好感。

解决棘手信访问题的核心在于情绪的疏导和情感的认同。这需要领导干部发挥带头作用，特别是党委书记要亲自啃下最硬的骨头。作为党委书记，我领办了三起最突出的信访案件。这不仅是为了解决具体问题，更是为了建立清晰的工作路径，让干部看到解决问题的希望，坚定信心，并学习到解决信访问题的有效方法。同时，信访群众也能从这些成功案例中看到脱离信访苦海的可能性，从而形成良性循环，使得大部分信访问题迎刃而解。

针对干部信心不足的问题，我做了一个表态，我说我在大成桥镇干满五年，现在的班子成员、年轻的中层骨干，我都要把你们送走，在你们提拔重用以后，我自己再走。后来工作有了起色，组织也特别关心这个之前很少提拔干部的乡镇，提拔重用的多了，干部的士气越来越高，大家感觉跟着描绘的蓝图路径一起干工作越来越有劲头了。跳起来能够摘到桃子，大家当然都乐意铆起劲儿加油干。

第三，措施要清晰。目标和路径确定之后，解决问题的关键在于落实。为了增强老百姓的人居环境意识，我们重点从三个方面来抓。其一，实行环境卫生有偿收费，按照60元／（年·户）收费，让群众意识到搞好人居环境既是镇村的责任，也是每个人自己应尽的义务，增强他们对环境卫生的责任感和参与度。其二，要求网格干部每月组织一次网格内的义务大扫除活动。最初，参与人数寥寥无几，但随着活动的持续和效果的显现，参与的群众越来越多，甚至发展到现在全员参与的局面。有些群众还建议将活动安排在周末，以便包括孩子在内的家庭成员，都能参与进来。其三，推出了人居环境评选的"红黑榜"，对环境差的进行曝光，并安排人员上门进行帮助指导，督促整改，通过两年的持续曝光和整治，基本上找不到这种需要曝光的对象了。

为了解决信访难题，我们的措施也非常简单明确。其一，处理信访问题，坚持原则不动摇，绝不能为解决信访问题而无底线地丧失原则，更不会花钱买平安，以免让信访人产生不合理的期望和幻想。其二，加强走访了解，跟信访群众交朋友，真正俯下身子倾听他们的诉求，疏导他们的情绪，让其从心理上、情感上去除对干部的逆反甚至仇视心理，认识到干部可以和他们站在一个立场探讨问题，交流看法。其三，对有困难的群众，结合政策、现状进行帮扶，对有产业发展愿望的、可能从事志愿服务的、有就业需求的群众，想方设法给予帮助，让他们从信访的旋涡里解脱出来。他们转移了注意力，有了新的工作和生活，自然就放下了信访。其四，对个别恶意信访，以信访牟利的，坚决搜集证据进行打击处理。大成桥镇按照这四条措施，结合信访群众的个性特点，对症下药、辩证施策，让大部分难题迎刃而解。信访没有了氛围和土壤，群众由信访到信法信干部，自然而然地就很少出现新的信访问题了。

精准研判形势，敢于超前决策

"明者防祸于未萌，智者图患于将来。"习近平总书记强调："我们必须坚持统筹发展和安全，增强机遇意识和风险意识，树立底线思维，把困难估计得更充分一些，把风险思考得更深入一些，注重堵漏洞、强弱项，下好先手棋、打好主动仗。"[1] 领导干部在决策时要有超前意识，要着眼于未来，对可能出现的情况进行预判，并提前制定相应的应对措施。这种超前决策的理念，不仅体现了领导干部的责任担当，也是提高决策科学性和有效性的重要保障。善于精准判断形势，切实增强敏锐性、预见性、针对性，是领导干部能够创造性抓好工作的基础。判断形势不是凭空想象，而要建立在扎实的基本功和前期充足的功课之上。作为乡镇党委书记，我将学理论、读文件、懂政策有机结合起来，作为判断形势、做出决策的坚实基础。

学理论一定多读原著、悟原理，坚持不懈用习近平新时代

---

[1] 《习近平谈治国理政》第4卷，外文出版社2022年版，第117页。

中国特色社会主义思想凝心铸魂，深刻领悟"两个确立"的决定性意义，自觉增强"四个意识"、坚定"四个自信"、做到"两个维护"。学理论，不仅要自己学，还要带领班子成员和党员干部一起学。同时，理论学习不能完全跳开具体的工作事务，需要与工作实践相结合，确保习近平总书记念兹在兹的乡村全面振兴、粮食安全问题等，落实到我们的工作中。

读文件要把握重点，深学细研。每年的中央一号文件、关于基层治理和乡村振兴的重要文件、省市党代会的工作报告、人大会议的政府工作报告，都应该成为基层领导干部的必读文件。有些文件，读一两遍，囫囵吞枣式阅读可能发现不了什么，但是读三五遍，就可能发现文件中自有黄金屋，能够在文件中发现政策的脉络，发现上面重点铺排的项目，能够捕捉到支撑基层干事创业的依据和力量。

2019年下半年，大成桥镇能够在众多竞争单位中脱颖而出，获评全国首批乡村治理示范乡镇，关键就是从文件中读出来的。那一年的中央一号文件中特别提到了加强基层治理体系和治理能力建设的重要性，我作为从事基层治理工作的乡镇党委书记，有意识地记住了相关段落。有一次，省里的六个部门来宁乡市调研乡村治理工作，请了宁乡市多个部门的同志参加座谈会。会上，宣传部汇报移风易俗工作，农业农村局汇报集体经济发展工作，司法局汇报依法行政工作，唯独只有我作为乡镇党委书记，汇报根据当年中央一号文件精神制定的乡村治理方案，强调要健全党组织领导下的自治、法治、德治协同的乡村治理体系，以及如何把党委领导、政府负责、社会协同、公众参与、法治保障、科技支撑的治理模式细化到基层治理的每个具体措施中。与会的领导在会上直言，在全国才开始探索如何推行乡村治理工作的时候，没想到一个乡镇党委书记对中央政策能够理解得这么深刻透彻，而且已经出台措施推进实践了。关于大成桥镇工作的汇报给与会领导留下了特别深刻的印象，大成桥镇因此被湖南省推选为参评全国首批乡村治理示范乡镇，并最终获此殊荣。

读懂政策才能为改革创新找到依据，避免走弯路。在基层干一些创造性的工作，无论理由多充分，出发点多高尚，都不能跳出现行政策的大框架，要在政策允许的范围内寻找创新的空间。这是确保工作合法性、合规性以及可持续性的关键。我们在大成桥镇搞了不少改革和创新，并且很多工作举措走在了前列。我们深知，即便是在追求进步和创新的过程中，也必须如履薄冰，确保不偏离政策的轨道。我们的工作有时被比喻为"踩钢丝"，意指在风险和挑战中寻找平衡，但我们从未失足，那是因为我们每一个决策和行动，都能够从上级政策和文件中找到依据。

要研判政策的走向和形势的发展。当领导干部，特别是想干成点事业的基层领导干部，必须具备前瞻性，不能仅仅跟随政策的步伐，而要主动研判政策的走向和形势的发展，敢于在必要时打破常规，引领变革。以安徽的小岗村为例，它之所以能成为中国农村改革的典范，是因为敢于打破常规，率先实行家庭联产承包责任制。华西村之所以能够迅速富裕起来，就是因为当时的村支部书记根据邓小平同志南方谈话的精神，敏锐地捕捉到国家将更加重视经济建设，特别是基础设施建设，所以他力排众议，多方筹集资金大举购进钢材，为村里赚到了第一桶金，才有了后来钢铁企业的兴办，村级集体经济的发展壮大。

当习近平总书记反复强调中国人要把饭碗端在自己手中，而且要装自己的粮食时，我们就敏锐地意识到国家的耕地保护政策会进一步加强。因为粮食单产难以在短时间取得重大突破，要保证粮食安全，最主要的途径就是保障和增加播种面积。基于这种判断，大成桥镇从 2020 年开始，就坚决不允许在基本农田里种树、挖塘、种植多年生经济作物。从 2021 年开始，我们进一步要求，在建设美丽屋场的区域，必须同步把挖田养鱼的区域填平，恢复为水田，并把种在农田里的苗木全部移走，达不到这两个要求的一律不支持启动美丽屋场建设。

要敢于适度超前决策。光对形势有判断，但不敢拍板决策，调整工作思路和工作措施，也将徒劳无功。2020 年，利用疫情期间人员聚集受限的特殊情况，我们果断决策，全面推进移风易俗和关停麻将馆的工作。由于我们的超前决策和抓住了这一特殊时期的机遇，这两项在当时许多人看来难以完成的任务，最终都顺利实现了预期效果。如果换到今日，在没有法律和政策明确支持的前提下，全面关停麻将馆基本不可能实现；而全面深入推进移风易俗工作，无疑也要付出更多的精力和代价。

制度设计要讲究精简实用

习近平总书记反复强调制度设计的重要性，提出要健全科学完备、有效管用的制度体系。基层治理工作的成效在很大程度上取决于制度的设计和运行。然而，制度设计绝对不是越周全越好。如果制度设计试图追求面面俱到，往往难于落地；试图周密周全，可能陷入形式主义、沦为摆设。因此，精简和实用应当成为基层制度设计和运行的基本原则。

首先，要注重对症下药。面对具体问题时，我们需要采取直接而有效的措施，正如治疗疾病需要直接对症下药一样。例如，为了加强对干部的管理，鼓励大家少请假、抓好本职工作，我们在管理政策里明确规定，出1天勤计1分。我们要求干部走访群众，加强干群之间的联系，干脆就定个固定的群众走访日。这一天，机关食堂不开餐，干部不想下去走访也得下去。针对个别机关干部在宿舍睡懒觉、上班不及时的问题，我们采取宿舍到点拉闸停电的措施。这一措施虽然简单，但能有效促使干部按时起床，避免影响群众办事。

如果出台一些制度，想着面面俱到，甚至包含一些违背常识或难以执行的要求，那么最终只会成为摆设。一个制度，部分成为摆设，人们可能会因为这种认知而忽视那些本可以落实的有效部分。

其次，要注重辩证施策。大成桥镇率先在宁乡市推行移风易俗，像这种涉及千家万户，风俗习惯根深蒂固的工作，就不可能做到一步到位、药到病除。当时，我们从出台整治意见，成立专班管理开始，再到文明劝导上门全覆盖，特别是利用屋场和村村响广播持续进行宣讲，跟人民群众算清账，讲透利好，才逐步推开。在酒席办理标准上，我们采取了逐步收紧的策略，从最开始党员干部从严带头，到普通群众做到婚丧以外不办酒席，再到压控婚丧酒席的规模开支，到现在的倡导非亲属之间无人情礼金往来。这一系列措施都是针对各个阶段群众的思想、社会面上的反响，辩证施策、循序渐进的。

为了关闭经营性麻将馆，我们也是煞费苦心。乡村爱打麻将的氛围浓厚，麻将馆老板又是既得利益者，因此想要关闭麻将馆何其困难。当我们提出这个设想的时候，有很多领导和同僚持怀疑态度，担心我们麻将馆可能没关闭得了，反而舆情满天飞。然而，我们通过精心设计的策略，使这一工作得到逐步推进。我们先在日常走访、屋场夜话会上进行全方位宣讲，把乡村麻将馆说成乡村矛盾和债务纠纷的源头，是乡村最大的吸血器，是影响家庭和谐的主要原因。接着出台政策，对首批响应号召主动关停的麻将馆给予一定补偿。整治到深水区后，对一些有安全隐患、有赌博行为的麻将馆，进行查处和处罚。同时，引导原来一些爱打麻将的群众到产业基地务工，参加志愿服务，还买了一百多个音箱送到屋场，请专门的老师到乡村屋场培训指导群众跳广场舞。如此综合施策，打麻将的人渐少，麻将馆自然失去了营利存活的土壤，不到一年时间我们清零了经营性麻将馆。

最后，要注重赋能激励。在执行上级关于建立严格值班制度的要求时，我们意识到这一规定占用了基层干部大量休息时间，进而影响到他们的工作体验和幸福感。为了给干部减负赋能，同时确保不与上级要求发生冲突，经过精心思考，我们在坚持做好值班工作的原则上采取了系列变通措施，允许那些在五年内即将退休、身体不好、家里有学龄前儿童需要照顾的干部，通过书面提出申请，经党委会审议后，除了防汛应急响应等特殊情况外，可以不参与节假日值班和夜班工作。广大干部对这一人性化措施拍手称赞，纷纷表示，这样的政策不仅体现了组织的关怀，还有助于他们在需要休息时得到充分休息，从而上班时就会以更加饱满的精神状态，甚至以感恩的心更积极地投入正常工作中来，值班处理突发事件的效果一点也不差。为了给基层减负，2024年多地清理无实际意义的值班值守。这充分证明我们当时决策正确，具有前瞻性。

为了减轻村干部的工作压力，给他们激励赋能，我表达过一个观点："不考核，相信大家也会尽力做事。"镇党委对各村的工作始终抱有坚定的信心，坚信每一名村干部都是基于对美好事业的追求而投身于工作，这种内在动力不应被考核和排名束缚。因此，我们果断取消了对村的考核排名，并配套出台了优秀奖项自主申报制。不论哪个村、哪个干部，只要觉得自己把单项工作做到了极致，成为全镇的佼佼者，就可以向镇党委申报评奖。不论是抖音发得好还是村BA办得好，不论是移风易俗成效显著还是产业发展引领潮流，均可以申报。我们的出发点就是激励大家，都能结合自身特点、利用自身优势，奋发有为把优势发挥出来，不断把木桶的长板接长。大家只要有了主动接长长板的荣誉感和积极性，自然而然就不会缺少把短板补齐、把漏洞补好的责任心。而更多的人和村，看到他人的某项工作做到了极致时，他们不仅会向榜样学习成功的方法和经验，还会激发追赶意识，从而形成推动乡村发展和进步的合力。

把改革创新贯穿工作始终

习近平总书记强调："惟改革者进，惟创新者强，惟改革创新者胜。"① 改革创新是社会主义核心价值体系的基本内容之一，是实现中华民族伟大复兴的强大动力。以改革创新为核心的时代精神是基层干部必须具有的思想品格。改革既源于顶层设计，又源于基层田野。

作为基层干部，我们要培养创新精神。创新不只是技术层面的创造，也是精神层面和思维方式的培养。在基层治理实践中，转换思维，乃至改变看问题的角度、转变述事的方式，本质上也是创新。

记得有一年，我们为了解决干部职工寒暑假带孩子存在困难的状况，决定重新改造餐厅，利用已有房间实现餐厅与阅览室共用，安排志愿者带队管理服务，让干部职工的孩子改变一到假期就到办公室缠着父母要玩手机、玩电脑的坏习惯。装修完成投入使用后，在到大成桥镇检查指导工作的上级工会领导到食堂用餐时，我突发奇想，指着餐厅和阅览室向工会领导汇报称，这是大成桥镇别具匠心打造的示范性职工之家，希望上级工会给予支持。出人意料的是，工会领导对此非常感兴趣，并提出了诸多建设性意见。我们根据工会领导的意见，增加了一些职工之家的元素，争取到工会项目资金的支持。上级领导来大成桥镇检查工作后到餐厅就餐时，看着食堂环境，称赞我

① 习近平：《论坚持推动构建人类命运共同体》，中央文献出版社 2018 年版，第 174 页。

们将食堂当家一样经营。原本是食堂的改造，但是因理念的提升和述事方向的转变，大成桥镇不但争取到资金支持，还获得了上级领导的肯定和称赞。

我们写汇报材料，进行发言不能照本宣科，哪怕仅仅根据不同环境转换语言风格，把所做的工作简单提炼，也是创新。鹊山村将整村土地流转，由村级合作社统一管理，用创新思维归纳总结为农村土地所有权、承包权、经营权"三权分置"，入选 2016 中国改革年度案例。乡村振兴"鹊山模式"的兴起，引得上级领导的高度重视，引起外界的广泛关注，项目资金支持和市场主体进驻发展纷至沓来。

作为基层干部，我们要做有创造性的执行者。基层的实际情况千差万别，不同时期有不同的社会需求，宏观的政策不可能一揽子管理到位。基层干部必须主动担当作为，创造性地把各项任务部署抓实抓好，变宏伟蓝图为施工图，变施工图为实景画，推动经济社会高质量发展。所以在基层实践中，特别需要结合本地情况，创造性地开展工作。

2022 年，长沙市民政局下达任务，要求每个乡镇建设一个公益性墓地，每个项目市县两级给予 150 万元的补助。公益性墓地占地不能低于 5 亩，墓穴不能少于 1000 个。全市其他有任务的乡镇都按要求认真落实。但大成桥镇在推进工作过程中，联想到长沙市刚出台不久的殡葬改革文件，文件明确鼓励生态安葬，每起给予 5000 元奖励。基于对这个文件的理解，我们果断决策，征地 3 亩，建设 200 个常规性墓穴，其他区域栽种800 棵罗汉松小苗，预留用作今后树葬区域。预计投入超过 200

万元的项目，大成桥镇投入不到110万元，节约项目资金90多万元。上级部门验收项目时，初步认为大成桥镇的墓地建设不达标。我结合市里出台的文件，解释大成桥镇项目规划的初衷和出发点，得到上级部门的认可和支持，不但项目验收获得通过，还得到了额外奖励。如果基层仅仅对标政策要求，生搬硬套开展项目建设，不但耗费更多人力、物力和财力，容易造成浪费，而且与未来的需求相冲突。大成桥镇结合政策和实际情况，创造性开展工作，为自己争取到更多自主权，推动工作更加高效便捷。

作为基层干部，我们要树立品牌意识。企业和产品需要品牌，品牌能够创造更高价值。一个乡镇、一项工作同样需要树立品牌。乡镇工作能够做到人无我有、人有我精，打造特色和亮点，成为工作品牌，就能够为乡镇带来更多关注和资源，带来更快发展的机遇和契机。

鹊山村因打造了乡村振兴的"鹊山模式"，得到上级各部门的项目资金青睐鹊山、支持鹊山。正因为有项目资金的支持，鹊山村才能推动基础设施升级改造，让群众看到希望，筹资投劳无条件支持建设美丽屋场，才有产业项目的入驻和发展。村支部书记陈剑同志因此成为"品牌"书记。

宁乡市陈家桥村，能够得到长沙市委主要领导的高度评价，被誉为"乡村振兴的样板"，关键在于春江水暖鸭先知，他们比其他村早走一步。别的村在收拾白色垃圾时，陈家桥村开始垃圾分类减量。别的村搞垃圾分类减量时，陈家桥村开始进行美丽屋场建设。市县开始部署美丽屋场建设时，陈家桥村已经基本建成美丽屋场并开始第二轮提质升级。陈家桥村不仅引领了长沙市美丽乡村建设，而且为我们美丽乡村建设提供了标准和路径。能够成为标准的制定者，陈家桥村想不成功都难，想不获得支持都不可能！粗略估计，鹊山村因为声名鹊起形成了特色和品牌，从 2014 年开始累计获得的各类项目资金支持近 5000 万元，撬动社会资本投入和群众筹资更是超过了 5000 万元。陈家桥村自启动美丽屋场建设以来，获得上级的交通运输、水利、财政、农业农村、环保等项目资金也超过了 3000 万元。为什么有的镇村申报项目、争取资金寸步难行，而有的镇村，项目资金、新闻报道、荣誉奖励围着转、找上门？关键在于后者的工作有特色和亮点，形成了品牌。也正因如此，鹊山村被评为全国文明村、支部书记陈剑被评为全国优秀党务工作者；陈家桥村被评为湖南省文明村、湖南省美丽乡村示范村，支部书记黄立平被评为湖南省优秀党务工作者。这些项目和资金、荣誉和地位，虽然离不开他们的主观努力，但绝不是单凭主观能力就可以争取来的，关键在于工作品牌形成竞争优势。

大成桥镇因在党的十九届四中全会召开前就着手推动乡村治理体系和治理能力建设，并作为全镇头号课题进行研究部署和持续努力，所以被评为全国首批乡村治理示范乡镇。大成桥镇因高度重视社团建设和志愿者发展，着力推进乡风文明建设，被评为湖南省文明镇。大成桥镇又因发动群众筹资投劳建设美丽屋场做出了示范，推行的"三三制"激发村民参与公益建设内生动力，获评了湖南省基层治理创新实验项目。基层治理成为品牌，大成桥镇先后在全国、全省的乡村治理推进会议上作典型发言，全国各地每年来大成桥镇调研学习的团队超百个，为乡村培训旅游带来近千万元的直接收入。这种由品牌价值带来的社会效益、经济效益，随着品牌的进一步推广，还将持续发酵，不断延伸。

第十二记　当前乡村工作面临的挑战

推进基层治理现代化是适应世界之变、时代之变、历史之变的必然要求。但是事物发展总是前进性与曲折性相统一的。在基层治理推进过程中，我们既见证了方法的推陈出新和成果的不断彰显，又清醒地意识到有待我们进一步破解的困境、困难和困惑。

缺失的战略思维

基层治理工作与经济社会发展工作相似，最忌讳的是在工作中采取孤立的处理方式，仅仅针对具体问题制定政策和措施，而不顾及实际情况和全局影响。这种做法可能会导致顾此失彼，影响整体的协调发展。

比如，安全生产是事关人民群众生命安全的底线底板工作，但在实际操作中存在一些矫枉过正现象。一些地区为了抓好安全生产工作，出台了隐患排查的排名考核办法，考核措施一环扣一环，均与优化营商环境、激活市场主体积极性背道而驰。首先是发现的安全隐患数量。地方政府带着显微镜到企业开展安全检查，发现安全隐患即上报。其次是隐患整改率。隐患排查出来了，就需要比拼隐患整改率。基层继续施加压力督促企业整改隐患，绝大多数的隐患整改需要企业付出代价。最后是立案数和处罚金额。在面对考核排名的压力下，一些本可不必立案的小隐患和违章行为，原则上变为尽可能立案、尽可能处罚的情况。企业尽管叫苦不迭，但在对照政策文件时，却发现没有任何部门或干部的行为违反了规定。

有时，仅有部分干部会在私下里向企业老板透露："我们也是考核压力下的无奈之举，希望您能理解。"根据不完全统计，近年来，大多数地区的规模企业每季度平均至少接受两次各级安全生产检查。这些检查包括乡镇安监站的日常检查、乡镇领导带队的检查、县级应急管理部门的检查、行业主管部门的检查、上级领导带队的检查，以及各单位委托的第三方专家检查。偶尔，还会有省市相关部门和领导进行"四不两直"突击检查。企业管理人员不得不花费大量时间陪同检查，聘请专人负责台账和资料的完善，投入资金用于增添设备、建立制度、增加人员，以整改那些可能并不直接影响安全的隐患。

平时，各级政府和部门通常鼓励并支持企业正常经营和扩大生产。然而，一旦迎接上级环保督查，一些存在轻微环保风险的企业，甚至那些只是预估可能引发群众投诉的企业，就会收到通知要求暂时停业。在某些情况下，所谓的环保问题并不真正对环境造成影响，但由于投诉的存在或引起督查组的注意，企业被要求停业。

企业渴望一个公平的营商环境，更期待一个宽松且少干扰的监管环境。发现并责令整改几个安全隐患，虽然看似是小事，却可能耽误企业的黄金生产时期，削弱企业家扩大生产的积极性。这种做法无形中违背了优化营商环境、亲商安商的初衷，而相关部门可能对此毫无察觉。

在基层治理实践中，类似现象经常出现。比如，每当防汛季节来临，有的地方会提出"不垮一堤一坝一塘，不死一人"的目标。为了实现这个目标，有时只要连续降雨三五天，就会立即开闸放水以腾出水库容量，而不顾及水库的实际蓄水量是70%还是50%，更不顾秋冬季节农业生产和人畜饮水的需求是否能得到满足。实际上，面对真正的暴雨，只要采取适度的预防措施，就能将风险控制在可接受的范围内。关键在于基层政府要切实履行防汛责任，并根据实际情况做出果断决策。

再如，多个部门三番五次倡导移风易俗，倡导树立文明新风。但在推进过程中，基层干部可能会因为执行过激而成为众矢之的。近期某地一副镇长在对违规办宴家庭劝阻无效的情况下，往宴席的菜里撒盐，结果被追责。试想如果仅通过宣传和做思想工作就能实现目标，那么基层领导也不会出此下策，将自己置于风口浪尖。因此，有权制定政策的部门在出台政策时，应充分考虑基层可能面临的各种问题，并制定相应的工作措施，而不是仅仅提出一个宽泛的要求，让基层干部去解决所有问题。

又如，当前基层减负工作正在大力推进，特别是在村一级，负担已经得到了明显减轻。然而，县级对乡镇的考核机制尚未做出相应调整，导致乡镇面临的任务量并未减少，无论是自愿献血、优生检测，还是早稻播种面积、发展市场主体等任务，乡镇单凭自身力量难以完成，往往需要依赖村一级的配合与推动。在这种情形下，如果只是简单地削减村级事务，而没有为乡镇提供相应的减负措施，最终可能导致工作任务无法完成，或者迫使乡镇违规将任务下派，造成乡镇和村级的双重压力，工作效率大幅下降。因此，减负工作需要全面考虑，确保各级政府和部门的负担都得到合理调整，避免形式主义和官僚主义的反弹，真正实现基层治理的提质增效。

基层工作的高效推进依赖上级部门事先做好的制度设计。基层期待上级部门出台的措施能够在结合历史背景、当前状况和事物的发展规律基础上，充分考虑基层的职能定位和实际需求。在考虑推动某项工作时，应当全面评估其对事物其他方面可能产生的阻碍和影响。关键在于如何做到既关注当前目标，又不忽视其他方面，采取适度、温和且循序渐进的方式，尽量减少负面影响。这种做法不仅能够避免基层干部疲于应对各种突发状况，还能防止他们长期充当"恶人"，无意中被推向群众和企业的对立面。

"一放就乱"的治理恐慌

近年来，执法部门与街头摊贩之间的"互动"频繁成为媒体报道和自媒体讨论的焦点。摊贩在城市街道上占道经营，显然与城市管理的规定或法律存在冲突。有的执法人员采取生硬的执法方式强行收缴物品并依规进行处罚，有的执法人员对摊贩进行批评教育并劝离现场，有的执法人员协助摊贩找到不影响交通和市容的地点继续经营，甚至个别有温度的执法人员拿起扩音喇叭吆喝，帮助摊贩把货物卖完，让他们早点回家。在执法过程中，如果执法人员机械地套用法律条文，忽视群众的现实情况和社会情绪的承受度，可能引发个体对抗和社会情绪的反弹。虽然表面上看似通过执法维护了城市形象，但缺乏人情味的执法实际上伤害了人民群众的朴素情感，对城市形象和人民群众自觉维护城市形象的积极性无疑是一种长远的伤害。然而，大多数执法人员出于对责任的担忧和对连锁反应的考虑，在实际操作中往往坚持严格而非宽松的执法导向，其本质是担心"一放就乱"。

西部某县顺应机构改革要求，为一个新成立的部门举行揭牌仪式，几个自媒体主动参加了这个仪式的采写和宣传，以视频方式向外界宣传这一新部门的成立并向社会解读其职能职责。但因为视频中出现了县领导揭牌的镜头，视频被相关部门责令下架。一个正常宣传新部门职责职能的视频仅因出现了县领导镜头而被下架，是典型的生搬硬套条文规定的"一刀切"行为。

在基层治理中普遍存在对"一放就乱"的担忧。为了防止这种情况，相关部门往往以法律法规为依据，简单粗暴地维护秩序。然而，这种行为反而破坏了秩序，不仅严重影响了部门单位和城市在人民群众心目中的形象，而且削弱了社会组织和普通民众参与社会管理的热情。

"一放就乱"的治理恐慌引发了各种形式主义和官僚主义行为，其根本原因在于能力水平的不足。面对新情况和新问题时，相关部门未能创造性地寻找解决问题的新思路和新方法，而是冷漠地依赖法律条文和内部规定，机械地执行，忽略了其行为对经济发展和社会治理可能产生的不利影响。

基层和基层干部，特别盼望上级在评价工作和执行政策时，对新事物、新业态、新情况，采取包容审慎的评价方式和监管态度，从根本上支持基层激发社会治理的活力和推动工作创新，最大限度地相信社会本身具有的容错纠错机能，按照少取多予放活的原则，激发社会的创造性，构建风清气正、和谐美好的社会治理氛围。

"一管到底"引发的弊端

在本轮乡镇机构改革中，有些地方的乡镇领导干部在接到县里下发的机构改革方案时感到无所适从。根据方案规定，不同规模的乡镇可设 9—10 个办公室，然而作为农村乡镇，一些地方取消了农业办公室；在城市街道，过去的网格化办公室或物业管理办公室也不见了；而在那些以旅游为主业的乡镇，旅游办公室消失了。一些乡镇领导试图向县委组织部和编制办反映本乡镇的实际情况，希望能够调整办公室的设置。然而，他们得到的答复是深不可测的："这样的设置不是县里决定的，上面早就画好了圈圈。"至于"上面"指的是哪一级，却无从得知。

从基层的视角出发，上级在推动机构改革时，可以根据乡镇的规模和人口数量设定办公室职数的上限。在此框架内，应鼓励并允许基层根据自身实际情况自主设定办公室。例如，以农业为主的乡镇可以设立农业办公室，以旅游为特色的乡镇可以设立旅游办公室，有工业园区的乡镇则可以设立工业办公室。只要方案合理且不超出既定框架，基层可以因地制宜地制定方案，并上报县里审批。这样的做法能够确保机构改革既符合上级的指导原则，又能满足基层的实际需求，实现更加灵活和有效的基层治理。

县级民政部门承担着全县困难群众临时救助的管理职责，除在年初按常规安排预算资金外，还制定详尽的政策，力求在救助工作中做到严格对标、细致入微。救助金额的核定通常基于群众因意外事故或疾病治疗所产生的费用。然而，在基层实际操作中，有时会遇到特殊情况。例如，一些家庭特别困难，尤其是家庭中主要劳动力因病住院，即便医疗费用仅有一万元，其对家庭的影响可能远超过医疗费用高达三万元的家庭。面对这种情况，基层往往缺乏灵活操作的空间，只能依据实际医疗费用核定救助金。即便通过集体决策，也不可能让一个医疗费仅为一万元的困难家庭获得的救助金超过一个医疗费达三万元的中等收入家庭。这种情况导致基层临时救助在一定程度上变成了谁持有医疗发票多、谁更积极寻求帮助，谁就更有可能获得救助补贴的尴尬局面。

为了激励村干部干事创业，推动村集体经济的增收发展，一些市县出台政策，允许根据村集体经济增长规模，拿出一定比例的资金来提高村干部待遇。从基层的角度来看，这些政策的初衷是积极的，但在实际操作中面临不小的挑战，有时甚至可能引发新的矛盾。由于不同乡镇、不同村庄的情况各异，即使是在同一县内，城市社区可能拥有物业出租和经营实体，而偏远乡镇的村庄可能既缺乏资源也难以找到合适的项目。因此，出台的奖励政策有时反而会引起新的攀比和不公平现象。在制定此类政策时，最佳方案是市县设定上限，由各乡镇根据实际情况制定具体的操作细则。是否实施奖励政策，如何设定奖励标准，都应由乡镇决定。这样不仅能够充分考虑均衡与公平，还有利于真正调动干事创业的积极性。

为了规范基层管理，一些市县一级组织部门出台了乡镇机关中层干部的选任管理办法，政策明确要求在干部选拔中考虑学历和年龄的合理搭配。然而，在实际操作中可能导致一些能干且有意愿做事的人才因不符合条件而被迫淘汰。同时，为了满足年龄和学历的结构比例要求，一些能力不足或个人意愿不强的干部被推上中层骨干岗位。

上述情况反映了当前普遍存在的"一管到底"现象。其根源在于上级对基层的不信任，对基层把握政策，因地制宜创造性开展工作的能力存在质疑。基层干部普遍希望上级部门在制定政策时，要么多与基层工作人员进行座谈，充分听取他们的意见和建议，要么只定方向性和指导性意见，允许基层根据实际情况进行适当的变通和调整。这样的做法有助于确保那些初衷利好基层的政策能够真正激发基层活力，规范基层行为，实现预期的积极效果。

想词不想事的创新

创新已成为体制内的流行词语，频繁被大家提及，基层更是成为创新的前沿阵地。为了更广泛地收集群众的意见和建议，除 12345 政务热线外，湖南省还推出了红网问政等平台，并设立了各类领导信箱。这些措施在名义上是渠道和方式的创新，但实际效果并非真正拓宽群众反馈问题的渠道。无论是 12345 政务热线、红网问政平台还是各类信箱，问题的最终处理还是回到具体负责该业务的部门或事发地的乡镇。不会因为群众向哪个信箱反映情况，就由哪个层级的领导牵头处理。最直接的后果是，多个部门需要管理不同的渠道，每增加一个渠道可能意味着需要增加一个部门来负责，进而需要安排专人来统筹和分析。而那些具体负责解决问题的部门和乡镇，可能有不同的处理标准，由于每个渠道的要求不一，这些部门不得不学习其他部门的业务，并安排更多的工作人员来具体负责和答复。甚至有的群众会在不同平台上反复投诉同一事件，增加了基层的工作负担。

在乡镇工作期间，我曾遇到专业讨债公司的工作人员致电乡镇办公室，要求协助追讨债务。当乡镇工作人员拒绝这一请求后，讨债人员转而在 12345 政务热线上多次投诉，指责工作人员服务态度不佳。尽管 12345 政务热线受理了乡镇的申诉，但讨债人员并未停止，而是改变策略，在红网问政平台上给领导留言，导致基层为了回应这一事件不得不准备四五份材料。这种情况不仅增加了基层的工作量，也反映了在处理群众诉求时，不同渠道可能导致的重复劳动和效率问题。

上级部门频繁开展各类创建活动和典型案例评选，基层单位为了获得表彰和奖励，常常将常规工作重新包装，提炼出看似新颖的观点和条目，上报为经验。仔细审视，这些往往只是新瓶装旧酒，换个说法或概念而已。无论是基层治理还是服务群众，简单直接的方式往往更有效。观察各地推出的工作法和机制，除重新包装旧有做法外，许多措施难以落到实处。尤其是上级部门推出的一些创新措施，要求基层严格对照文件执行，但在基层往往变成了形式主义。例如，为了走访群众，许多县市开发了小程序和 App，涉及安全生产、燃气排查、未成年人保护等多个领域。原本干部入户走访、宣讲政策、记录在册即可，但为了创新，各部门分别开发软件，声称是工作方式的创新，给基层带来了沉重负担。走访时，干部还需留出时间拍照打卡、录入数据，一些复杂的 App 甚至需要十几分钟才能完成录入，导致干部将大量时间浪费在留痕上。至于后台数据是否得到有效分析和利用，也值得怀疑。干部入户走访本应是亲近群众、赢得好感的日常工作，却因为拍照打卡的要求，反而引起了群众的反感，导致干群关系疏远和紧张。

当前，各种文件和总结材料的撰写越来越注重小标题的工整对仗，以至于对词语的雕琢超过了对内容的思考。上级的文风直接引起下级的跟风，导致牵强附会的词语层出不穷，文不对题的情况屡见不鲜。体制内的同志觉得这些内容晦涩难懂，普通群众和市场主体更是一头雾水。撰写文章时，本应直接陈述事实，需要什么方法就明确写出什么方法。然而，过度追求词语的创新往往导致文章忽略了最重要的方法和观察问题的角度。

作为基层干部，最需要的是清晰明了的指导：是什么、为什么、怎么干。我们不需要为了创新而创新，也不需要那种只注重词语而不解决实际问题的做法。我们真正需要的是一个良好的环境，鼓励并推动基层在解决问题时实现工作方法的创新，在处理系统性问题和矛盾时实现工作理念的创新，并在具体落实中成为具有创造性的执行者。这些是基层实践中最为缺乏，也是我们最为期待的。

不对下负责的考核让基层失去灵魂

县级卫健部门每年向乡镇下达"两癌"筛查和婚前优生检测任务，这些看似是为了更好地服务基层群众的民生措施，实际上往往是上级卫健部门确定的指标。县级卫健部门为了完成上级考核指标并获取相关补贴费用，将这些指标分解到乡镇一级。乡镇为了完成任务，不得不采取任务分解或出台发放纪念品等福利措施，引导群众参与"两癌"筛查和优生检测。如果这些政策真正符合群众需求，基层就无须费尽心思采取各种办法来推动参与。实际上，上级部门对基层的实际情况并非完全不了解，但为了完成高指标、维护部门形象和面子，只能将数据层层下压。这种以指标为导向的考核，出发点已偏离了整体推进基层工作的轨道，不再是对上负责，而可能只是为了维护部门自身的形象和利益。真正地对上负责应该与对下负责协调统一。如果所有单位对基层群众负责了，何尝不就是对上级领导层的负责。因为上级部门的根本出发点也是符合最广大群众的切身利益。

建设标准化的安监站、林业站、武装部和统计站，虽然以标准化场地建设为导向进行考核，但其出发点往往忽视了基层的实际需求。这种考核方式更多的是通过考核的"指挥棒"来强迫基层落实。然而，对于这些标准的建立是否真正符合基层的需求，是否能有效推动实际工作，缺乏深入的思考。

一些部门还设定了在一年或一个季度内必须在新闻媒体上发表几篇报道的考核要求。这类考核同样没有考虑到基层的实际需求，甚至忽视了基层是否具备完成这些任务的能力。由于考核的权力掌握在他们手中，基层和被考核单位不得不花费资金去购买媒体版面，以满足考核要求。

12345 热线和信访的满意率、解决率排名，虽然看似通过考核倒逼下级单位加强重视，提升服务质量来为群众排忧解难，但实际上可能导致基层单位为了追求数据而采取不当手段，如人为增加工单数量，这不仅增加了基层负担，也可能导致工作导向出现偏差。真正要衡量一个地方的干部作风好不好，解决问题能力强不强，基层治理实效是不是明显，考核的应该是 12345 热线和信访的万人发生率。一个地方打 12345 投诉和通过信访渠道反映问题的群众越少，应该就说明了干部作风越扎实，基层治理越好。因此，考核指标的调整和优化，对于提升基层治理实效具有重要意义。

乡镇在面对各种考核时，往往失去了根据自身实际需要进行优先建设排序的主体性和积极性。随着自上而下的考核任务不断增加，乡镇的主要工作逐渐转变为完成上级安排的考核指标和中心工作，甚至出现了考核排名焦虑症。这种现象导致乡镇自身规划的产业发展、乡村建设等重点工作被边缘化，只能摆在次要位置。为了完成上级工作，不被排名拖累、不被领导批评，乡镇不得不动员全镇之力优先完成上级要求的排名考核工作，导致基层疲惫应对。乡镇资源本就有限，而大量自上而下的部门考核工作已基本耗尽了这些资源。这导致乡镇既无积极性又无能力来做好自身的基层治理和乡村振兴等重点工作。

基层干部承担着推动地方经济社会发展和保障民众福祉的重要职责。在众多考核指标中，我们认为只有那些真正对全局经济社会发展和地方福祉有重大影响的指标，如税收和工业产值，以及关乎国家安全和人民生命财产安全的关键领域，如粮食播种面积、环境保护、安全事故发生率、食品安全、医保和养老保险覆盖等，才应当纳入考核体系。这些指标能够督促基层干部更加负责和努力，确保国家和社会的长远利益得到维护。对于那些主要服务于部门利益和面子工程的考核项目，我们建议取消。基层干部需要上级的信任，即使没有考核的压力，他们也会为了地方利益和群众需求而奋勇拼搏、不懈努力。地方利益和群众需求本质上也是国家和社会的需求，这两者是高度协调统一的。

干得越多可能欠得越多、出错越多

为了推动乡村振兴战略的实施，各地政府部门纷纷出台了政策和方案，以项目化的方式指导乡镇和村庄推进乡村建设和产业发展。然而，由于大多数乡镇和村庄缺乏财政收入和自我融资能力，这直接导致了"做得越多，可能负债也越多"的局面，给乡村振兴留下了沉重负担。

拓宽提质农村公路、建设美丽屋场、兴建村民文化广场、建设公益性墓地、山塘清淤、渠道建设等乡村振兴的项目，都得到了上级的大量资金支持。面对这些资金，如果不努力争取，不仅自己觉得可惜，人民群众也可能责怪乡村干部无能。然而，争取到这些项目后，它们可能变成"食之无味、弃之可惜"的鸡肋。因为项目越多，可能带来的烦恼和负债也越多，同时增加了接受巡察和被问责的风险。比如，在长沙地区，市规农村公路建设项目的资金安排是上级部门对乡村振兴支持的体现，每公里安排资金 20 万元。然而，实际建设成本远超这一数额。以 3 米宽的路幅和平均 20 厘米厚的混凝土浇筑计算，每公里至少需要 600 立方米混凝土。按照常规单价 500 元/立方米计算，仅混凝土成本就达 30 万元，再加上开挖老路面和浇筑工资，每公里道路的投入至少需要 40 万元。若路基需要拓宽护砌，成本更是大幅增加。面对这样的资金缺口，乡镇干部处于两难境地：不争取项目，群众行走不便，乡镇干部会面临指责；争取项目并完成道路修建，虽能提升群众满意度，却可能给乡镇带来沉重的债务负担。这种负担不仅需要乡镇不断寻求资金支持，还可能因拖欠施工队伍款项而遭受不满和非议。

一些上级项目的初衷是以奖代投、以奖代补，旨在对基层已有的项目进行政策性补充支持。然而，基层在缺乏资金的情况下，往往过分依赖上级资金来推进项目，有时甚至在申报时夸大项目预计投资总额，希望通过这种方式获取更多资金以维持运转。这种做法一旦面临审计，基层可能会因地方配套资金不到位、项目管理不规范，甚至虚报项目套取国家专项资金等问题而受到问责。

中西部地区的许多乡镇财政状况紧张，被形象地称为"吃饭财政"，在确保基本的"三保"（保工资、保运转、保基本民生）工作方面已显吃力，难以有更多资源投入乡村事业中。对于乡镇党委书记和村支部书记来说，每年面临的最大难题之一就是资金来源问题。以大成桥镇为例，为了维持机关基本的人员经费和待遇，就存在四五百万元的资金缺口。乡镇机关中有四五十名差额拨款人员，他们的部分待遇需要乡镇自筹，而全额拨款人员的每年一万元公用经费，仅基本的文印费就消耗殆尽。此外，食堂的年度开支需要八九十万元，全乡镇的监控、红绿灯、路灯等几十块电表的电费支出也高达几十万元，这些费用都需要乡镇党委书记外出"讨"回来。为了弥补资金缺口，乡镇党委书记通过打报告、包装项目向上级"讨"，而这些资金基本都是项目化的。在实际操作中，不可避免地需要从项目资金中"抠"出一部分来满足其他需求。

评价一位乡镇党委书记或村支部书记是否称职和有能力，干部和群众有着非常实际的标准：他们能否成功争取到项目，能否筹集到资金，以及能否为当地带来实质性的变化。由于上级资金分配和专项转移支付的规定与基层迫切的需求之间存在差距，许多乡镇党委书记和村支部书记不得不花费大量时间在县城、市里甚至省里奔波，他们的精力主要集中在争取资金和项目上。即便如此，他们争取到的资金也往往无法完全覆盖项目所需的全部投资，乡镇和村庄仍需自行筹集一部分资金。对于经济基础薄弱的农村地区而言，争取到的资金和项目越多，负债可能就越重，从而陷入一个难以自拔的发展怪圈。

当前的乡村流传着一种观点，哪里有大领导办点，哪里有后盾单位支持，哪里的日子就相对好过。我们期待上级在资金安排时，能够增加一般性转移支付的比例，这样乡镇和村级组织即使不通过频繁"跑步前进"争取项目，也能保障基本的运转。同时，对于项目安排，应更多考虑全额预算的方式，确保基层每完成一个项目都能取得实效，避免因项目建设而背负沉重的债务包袱，陷入恶性循环。

超编乡镇依然缺人的怪圈

在我国中西部地区的乡镇，机关干部的数量通常在80—120人。以大成桥镇为例，共有120名机关干部。在这120人中，35岁以下的干部仅有10人，其中4人是具有干部身份的大中专毕业生；其余的则是第一学历为高中甚至初中的职工身份人员。对于那些不熟悉乡镇基层实际情况的人来说，可能会误以为我们乡镇人才济济。然而现实是，我们的干部队伍面临着年龄结构老化和人才流失的问题。年初时，无论是否进行干部岗位调整，总有人希望从财务、项目、党建等关键业务岗位上退下来，他们更倾向于从事那些不需要太多思考和动手能力的工作，只想跟随他人，做一些附和性的工作。

随着大中专毕业生不再由国家统一分配工作，加之每年通过公务员考试招录的人员数量有限，乡镇机关面临严峻的人才短缺问题。乡镇工作条件相对艰苦，省市县各级单位还不断从基层选调工作人员，这使得本来就人才匮乏的乡镇更加难以留住人才。经过数年的培养，一旦有选调生或公务员被推荐到中层骨干岗位，他们很可能突然通过选拔考试离开。机关干部年龄老化、低学历、非专业化，已成为大部分乡镇机关的通病。某些市县为了增加岗位流动性，要求项目管理、财务、纪检等关键岗位的干部定期交流轮换，但乡镇往往难以找到合适的人选来接替这些岗位。

在乡镇层面，动员干部报考执法证，即便出台激励措施，响应者依然寥寥无几。部分人员甚至以不会操作为由逃避工作责任。经过调查发现，近几年分配来的退役士官中，竟有超过70%的人连基本的电脑打字都不会。尽管安排了学习，他们要么学不会，要么以视力不佳为由推脱。面对这种情况，我们不得不出台强制学习制度，规定三个月内未学会电脑打字的人必须待岗学习。在许多乡镇机关中，报表和撰写总结性文字材料的难度甚至超过了建设项目和征地拆迁工作，因为能勉强完成材料撰写的也就那么几个人，而且这些人可能并不熟悉具体的工作内容。

乡镇机关干部队伍的年轻化和专业化是当前亟待解决的问题。为应对这一挑战，需要采取以下措施：首先，应限制上级机关随意从基层选调工作人员，以减少乡镇人才流失现象。其次，须要加大公务员和选调生的选拔力度，通过提升招录和人才引进的质量，为年轻干部队伍注入新鲜血液。最后，应严格落实编制要求，确保公务员岗位和事业岗位不混岗混编，特别是对于事业编制的退役安置士官，应安置到有编制的事业单位，避免乡镇事业编制超编而公务员力量不足的问题。

产业发展与用地制约的矛盾

乡村振兴，产业先行。尽管国家层面的乡村振兴战略和每年的中央一号文件都强调"三农"问题的重要性，但对于中西部地区的农村来说，产业的发展依然困难重重。除了资金短缺和产业基础薄弱这些固有问题，还有两大难题成为乡村产业发展的"拦路虎"。

一是建设用地指标的紧缺。在县域范围内，工业园区的优质产业项目、重大基础设施如高速公路以及城区的商住项目已经占据了大部分可用土地资源，使得土地资源捉襟见肘。为了满足耕地占补平衡的要求，许多县市不得不支付高达20万元/亩的费用，从偏远地区购买耕地指标。除了昂贵的耕地指标，征地拆迁费用和建设用地报批等费用也是一笔巨大的开支。因此，大多数县市将有限的土地指标优先分配给了工业园区、城区建设和重大基础设施项目。这导致乡镇即便有能够促进就业、增加集体经济收入的产业项目，也难以在市县层面争取到建设用地指标。一些地方甚至要求乡镇项目达到20万元/亩的税收回报，这使得乡镇项目难以落地，乡村产业特别是农产品加工业的发展变得遥不可及。

二是特色产业发展与耕地非粮化的冲突。在执行上级下达的粮食播种面积和产能任务时，市县层面面临着诸多挑战。由于耕地保有量不足，加之部分耕地因位置偏远或缺乏水利设施而无法耕种，导致实际可耕种面积有限。尽管上级部门强调不能采取"一刀切"的做法，但在实际执行中，为了完成指标，市县层面往往不得不采取强硬措施。这种政策导向导致矛盾的局面：一方面鼓励农民种植经济效益更高的经济作物以实现脱贫，另一方面却因粮食生产任务的压力而迫使农民改种水稻等粮食作物。政策的反复使得不少地方出现了极端事件，如政府干部去年还在推广生姜、莲藕等扶贫产业，今年却不得不强行铲除这些经济作物，要求农民改种水稻。这种做法不仅损害了农民利益，也影响了政府公信力。

乡村产业的发展对于乡村振兴至关重要，不仅关系到人民群众能否在家门口实现就业和增收，还直接影响乡村集体经济的发展和其自身的造血能力，更是基层治理稳固的基石。因此，乡村产业的发展必须得到充分关注和重视。然而，乡村产业发展面临着建设用地指标供应不足和耕地政策限制的双重挑战。一方面，加工项目所需的建设用地指标难以满足；另一方面，水田基本被限定只能种植主粮，限制了乡村产业的多样化发展。为了突破这些限制，县一级政府需要从乡村振兴的大局出发，统筹考虑资源要素的分配。建议县一级政府出台政策，支持乡镇新增耕地指标，至少可以优先自用一半。对于那些没有合适项目不需自用的乡镇，可按市场价格进行调剂补偿。而不是仅仅下达新增耕地和耕地恢复指标任务，却不配套建设用地指标，也不给予经济补偿。在产业发展规划上，从"一镇一特，一村一品"的打造，转向制定县域农业产业发展规划，集中力量发展一到两个，最多不超过五个特色产业。根据地域和其他基础条件，几个乡镇或一个乡镇可以共同发展一个特色产业，努力实现"一县一特""一乡一品"。进入规划的功能区，应允许其不受非粮化制约，大力发展特色产业。同时，应将粮食生产的更多任务分配给那些适合种粮但无特色产业发展计划的乡镇和村，并给予一定的经济补偿，以此协调特色产业发展和完成粮食生产任务之间的矛盾。通过这种方式，可以平衡乡村产业的发展和国家粮食安全的需求，实现乡村经济的全面振兴。

信访不信法：基层治理中的"巨婴"

在某地区，一位农妇因一块不足十平方米且已荒废多年的菜地与邻居产生了长达十多年的纠纷。其间，双方曾三次达成调解协议，但不久后她便反悔并重新开始上访。乡镇和村委会为了处理这一诉求，投入了大量人力、物力和财力，组织了上百人次进行思想疏导和信访答复，数十次派人到上级信访部门接访，甚至法院也已走完所有诉讼程序。这场纠纷持续了十多年，连她的家人都认为这是对行政资源的严重浪费，建议不要再理会她的诉求。其他群众对她的行为也持有负面看法。然而，只要她的信访行为不停止，基层政府就难以忽视。一些信访户在结束了一个诉求后，不久又会找到新的由头上访。在某些地方，镇村出资出力为村民安装了路灯，但一旦需要支付电费或路灯出现故障，一些村民便会频繁拨打12345热线投诉，认为政府应终身负责路灯的维护，而不考虑自己能做些什么或应该承担什么责任。

在基层治理实践中，存在一种观点认为，基层干部将超过90%的精力投入处理极少数习惯拨打12345热线、闹纠纷、信访不信法的群众问题上，而忽视了与绝大多数群众的交流互动和服务。这种资源的空转不仅培养了一批依赖性极强的"巨婴"，而且可能导致大多数群众与干部之间的关系变得冷漠，类似于夫妻之间既不吵架也不交流的冷暴力状态。这样的结果使得群众对干部的好感越来越弱，信任越来越淡，与干部形同陌路，自然而然就丧失了干群同频共振、同心同力的基础。一部分群众受此冷落和影响，开始走上投诉加信访的道路，使得基层治理局面愈加严峻。

在基层治理中，部分群众倾向于通过信访而非法律途径解决问题，这种行为与家庭中任性的孩子有相似之处。孩子为了得到玩具或零食，会向父母提出要求，如果被拒绝，他们可能会向祖父母告状，甚至采取极端行为如躺在地上哭闹。父母可能想要坚持原则，不纵容孩子的不当行为，但祖父母往往出于对孩子的溺爱而介入，劝说父母迁就孩子，甚至直接出面解决问题。在基层治理中，我们希望上级领导不要介入具体的个案，避免给基层工作带来压力，让基层能够依法依规、理性地自主处理问题。我们同时也理解那些"祖父母"的角色和心情，有时甚至自己也会扮演这样的角色。这种不同立场所带来的视角差异，不可避免地导致了基层治理工作中理念和方法的冲突。

不正确的家庭教育方式可能导致越来越多的"巨婴"现象

发生，这些个体生活不能自理、依赖性强、不愿自食其力。类似的现象也开始在基层治理中显现。一旦培养"巨婴"的土壤形成，将对社会风气产生负面影响，促使更多人效仿。基层干部和广大人民群众希望将工作精力和行政资源更多地投入广泛的群众服务和基层治理中。基层干部期待上级能够摒弃一些不合理的数据排名和评价导向，在追责失职的前提下，允许不同声音甚至反对意见共存，给予基层更多自主权，支持基层依法依规、因地制宜地管好人、干好事。

过度重视导致的问责泛化和治理变形

在西部某地发生的一起交通事故中，一名醉汉在夜间横穿马路时被一辆外地车辆撞倒，不幸身亡。由于事发时期较为敏感，上级领导对此作出批示，要求开展事故调查。调查结果显示，该醉汉常有醉酒行为，村干部曾多次发现其醉卧路边并送其回家，同时进行了批评教育。按常理，村干部已尽到了交通安全的宣传和管理责任。然而，调查人员在回应上级批示的压力下，对当地村交通专干提出了批评，认为其未对重点高危人群开展精准宣教，需要承担一定责任。这意味着，无论对象的年龄、文化程度或手机使用情况如何，都必须按照精准宣教的要求，指导重点对象通过手机观看交通安全宣传教育视频。即使村干部在送醉汉回家的路上进行了宣传教育，并有照片和村民做证，这些努力也未被计入考量。

在某地发生的一起悲剧中，一家三口因酒后驾车不幸坠入池塘溺亡。原本家属已经处理好丧事，与乡镇相安无事。然而，在对这起导致三人死亡的交通事故进行调查后，上级领导对属地乡镇分管交通安全的领导进行了追责问责。得知这一消息后，死者家属开始每天到乡镇人民政府上访，要求赔偿。他们的理由很简单：如果政府没有责任，上级就不会追责，既然有领导被追责，就说明工作未到位，因此地方政府应承担责任，他们主张赔偿是理所当然的。这件事在当地成为一个冷笑话，也成为乡镇基层干部心中的一片阴霾。这样的做法导致的结果就是，医闹、事故闹增多，基层治理的成本不断升高。为了防范交通安全，更为了避免被事后追责问责，不少地方不计成本代价，把所有临水路段全部装上安全护栏，交通宣传的标语挂满乡村角落，甚至开会就打上与之有关的会标拍照留存。本来一些有逻辑规律可循的工作，因为特别重视和追责泛化，导致基层频出狠招，不走寻常路。

在基层治理中，一些突发事件或互联网上流传的视频，尽管初看问题不大，甚至可能是个别群众断章取义的结果，基层原本打算按照正常程序处理。然而，一旦这些事件引起了上级领导的注意并获得批示，原本的小事便迅速升级为大事。相关单位对领导的批示必须进行调查和回复，这导致基层面临一系列责任和问题，如可能被指责为敏感信息舆情上报不及时、事件处置不力等。面对上级领导的批示，基层单位往往会高度重视，层层加压督促，以期平息群众诉求，确保领导满意。这种反应虽体现了对上级指示的尊重，但也可能导致基层治理过度紧张，甚至产生不必要的治理负担。

基层干部普遍怀有一个朴素的愿望，希望上级领导能够减少对他们日常工作的具体干预，类似于父母不过多介入孩子的学习生活。对于基层干部而言，拥有一定的自主性是他们最大的激励因素。上级领导只需明确工作目标，并提供建设性的指导性意见，让基层干部能够自主决策和发挥，按照自己的思路和节奏推进工作。基层工作的核心在于与群众的互动，而群众工作没有固定的模式，也没有一成不变的规律可循。这项工作需要依赖基层干部的经验、主观能动性和创造性。如果基层干部能够在自己的职责范围内实现"我的地盘我做主"，他们的自主性将得到增强，更可能将工作视为自己的事情、自己的事业，从而达到最佳的工作状态。

被部门建议左右的领导决策权

　　食品安全监管领域实行领导干部包保责任制，要求领导干部定期对所联系的食品企业进行检查和指导。但许多基层领导干部缺乏食品安全方面的专业知识，甚至有些连基本常识也不具备。尽管如此，他们仍需按照要求每季度上门检查一次。在实际操作中，部分领导干部的检查流于形式，未能深入发现和解决问题；而另一部分非专业的领导干部则可能不顾企业实际情况，提出不切实际的整改要求，反而增加了企业的负担。真正能够发现、指出并协同解决问题的领导干部却是少数。当然，也有部分领导干部在检查时坦承自己不熟悉相关业务，并表示食品安全检查和问题整改主要依靠专业人员，他们只是按照工作要求履行职责。

在与西部某县委书记交流时，他无奈地表示，尽管他个人并不愿意推行包保工作责任制，也明白其实际效果有限，但面对省市文件和会议精神，以及下属局长和分管副县长的汇报，他不得不组织相关工作会议，进行检查指导。这种开会发文的做法，更多是为了表现出对某项工作的重视。同样，我在与湖南多名乡镇党委书记交流时，也常听到他们对这种情况的诉说。除了自身承担的安全生产和食品安全责任外，他们每周至少有一天的时间需要陪同上级领导到辖区企业进行检查。一些新上任的年轻乡镇党委书记，为了显示对上级领导的重视，无论来的是县委书记、县长还是其他领导，都会尽量放下手头工作陪同，每周至少有两三天时间在陪同检查和调研的路上。

西部某县新成立的部门向县政府提交了请示，请求解决开办经费问题。该部门共有 16 个编制，需要 8 间办公室，以及相应的办公设备：每人一台电脑（国产品牌约 8000 元 / 台），其中 2 台专用于财务和文件收发，一台彩色复印机（1.5 万元以上），以及办公桌、沙发、文件柜、保密柜、茶水柜和茶具等。请示报告申请的资金为 50 万元，这一预算既考虑了实际支出，也参考了该市其他区县的拨付额度。其他区县的资金安排从 48 万到 70 万元不等，因此预期该县政府至少会安排 30 万元。然而，最终领导批示的资金仅为 10 万元。在审查批示件的流程中发现，县财政局最初提出的资金安排为 10 万元，经过市政府办副主任、主任、常务副县长、县长的层层批示，财政局的初步意见最终成为终审意见。

是否可以假设，即使请示件中申请了 100 万元，如果该部门负责人和财政局局长私交良好且沟通顺畅，他们可能会支持较高的经费申请，如 100 万元。在理想情况下，县领导在审批时应基于全局工作考量，独立做出决策。然而，从这个案例中可以看出，10 万元的资金安排显然不符合实际需求，但决策过程中无人提出异议。这表明，尽管表面上尊重程序和下属意见，实际上一级放弃了统筹考虑和独立决策的职责。这种现象反映出行政体制内一些工作，如资金安排、项目管理，以及食品安全领导包保联系、河长制、路长制等，存在领导决策权被部门建议左右甚至"绑架"的情况。在基层管理工作中，领导的信息知晓权和话语权是最大优势，同时也最需要领导具备前瞻性的分析判断和自主决策能力。

　　基层领导干部，包括县级领导干部、乡镇班子成员以及村支部书记，常常发现自己受到部门规章制度和政策文件的严格限制，甚至被一些可能并不合理的部门意见左右。这种情况导致他们在决策时处于被动地位，有时不得不做出不合时宜的决策，甚至参与一些缺乏社会效益和经济效益的活动。这不仅浪费了他们自己的时间和精力，还给基层增加了不必要的负担，而他们对此往往感到无能为力。

事权下放的迷茫与无力

　　镇村两级作为基层治理的前线，对违法情况和治理问题有着直接的接触和深刻的理解。拥有执法权的部门往往远离基层，对基层实际情况缺乏了解，有时即便收到情况反馈，也可能选择性忽视，不愿意行使执法权。镇村两级相对了解具体情况，却因无执法权而在工作上显得苍白无力。这成为基层治理的一大困境。

为破解这一困境，北京市坚持党建引领，首推"街乡吹哨、部门报到"工作机制，吹响基层治理"三声哨"。全国各地都在借鉴北京的"街乡吹哨、部门报到"工作机制，但是一些地方的运行情况并不理想。原因在于街乡吹哨，部门并不积极响应，街乡解决不了、需要吹哨的一般是比较棘手的问题，部门能推就推。部门推诿几次后，街乡也习以为常，有情况、有困难不再联系反馈了。在一些地方，为了解决街乡在吹哨后得不到部门积极响应的问题，市委办或组织部尝试成立临时协调机构，建立了吹哨应哨的联席会议机制。这种机制旨在加强街乡与上级部门之间的沟通协调，确保街乡反映的问题能够得到及时有效的解决。然而，街乡诉求高、问题解决难度大，最终矛盾焦点往往集中到了牵头部门，最后导致问题不了了之。大成桥镇就曾遇到这样的问题。一名群众在20世纪80年代建房，2001年电力部门在其房屋上方架设了110KV的高压线，当时未给予补偿也未拆迁。现在，由于房屋老化和家庭人口变化，当事人希望在原址重建房屋。根据农业农村部和自然资源部的相关规定，农村宅基地审批和建房规划许可管理应由乡镇人民政府审核批准，且涉及临路、临线、涉水等区域的建房需先经过交通、水利、电力等部门审批。然而，电力部门以安全为由拒绝签字盖章，农业农村部门因缺少电力部门的前置审批而无法进行下一步流程。当事人多次拨打 12345 热线、在网络问政平台发声，地方政府也多次向相关部门吹哨反映情况，但一直未能成功办理。电力部门依据行业规定，而农业农村部门遵循其审批流程，导致老百姓的利益无法得到保障。乡镇虽然希望同意其自行拆除重建，但又担心违法或施工安全问题，因此难以做出决定。

当前，一些地方正在推进执法权下沉至乡镇，设立副科级事业编制的行政执法大队。理论上，这似乎能够解决"看得见管不着"的问题，让乡镇有能力处理眼前的事情。部分乡镇领导可能也乐观地估计手中有权就好办事了。然而，实际情况远比预期复杂，执法权下沉可能是个烫手的山芋。乡镇干部队伍人才严重缺失，愿意主动担任执法队员，从事业务工作的人少之又少。乡镇面临的问题处理时间紧迫，而执法程序烦琐，加之乡村熟人社会的特点，刚性执法可能带来诸多后遗症，使得乡镇执法之路充满坎坷与挑战。执法一次可能会得罪一个人甚至一批人，使他们成为乡村治理的坚定反对者，甚至转变为执着的信访户。过去，执法权在上级部门时，镇村两级可以此向群众解释疏导，现在乡镇直接成为执法主体后，矛盾将更加尖锐。乡镇要辞退一个不胜任现职的村干部都相当难，不是没有程序和依据，而是考虑被辞退的村干部可能带来的后续震荡与困扰。要落实拆除违章建筑、罚款拘留人等行政执法措施，工作的难度和后续的影响可想而知。大成桥镇也曾面临一些由执法行为引发的复杂问题。例如，一名党员干部因聚众赌博被判刑、开除党籍后，持续进行上访；一名群众则因非法毁林搭建养殖场，在被执法拆除并受到刑罚后，加入了上访的行列。

这些案例需要镇村两级持续进行思想工作和提供一定的资助来安抚当事人。若这些情况是由于乡镇执法引起的，其后续可能引发的社会反弹和后果将更为严重。上访不仅仅是对事件本身的不满，还可能转化为对执法干部个人的投诉，甚至升级为人身攻击。此外，住建、消防等部门将执法权下放至乡镇，但由于乡镇缺乏相应的人员力量和专业知识，这些执法工作很难正常开展。在这种情况下，大家都在依赖运气，希望在自己的辖区内不要发生任何问题。

乡村治理的复杂性意味着，单纯的一纸委任或执法权下沉并不能完全解决治理中的难点、痛点和堵点。要有效解决这些问题，关键在于进一步明确事权，确保责任部门承担起相应的责任。执法权的归属需要明确，要么由各个县级部门独立行使，要么乡镇的行政执法大队像派出所一样归属于一个县直部门直接管理。为了加强部门间的协调和提高问题解决的效率，可以参照信访联席会议机制，建立由某个常委部门牵头的联席会议机制，协调"街乡吹哨、部门报到"的工作，加大对部门落实主体责任的督促力度，切实为乡镇解决问题，减轻负担。乡镇应继续承担组织发动群众、对群众进行思想教育的责任，以温和的方式为主，并配以适当的执法来提升基层治理的能力和实效。

附录一 做四有干部，享健康生活

——在全镇党风廉政建设大会上的讲话（节选）

湖北省巴东县县委原书记陈行甲是一名非常有操守、有个性、勤政爱民的县委书记，他于2015年获评"全国优秀县委书记"，在2016年县级集中换届时，辞去县委书记公职，全身心投入公益事业。陈行甲在巴东县工作期间推行了干部结亲帮扶活动，推动干部作风和干群关系全面好转，大力推行反腐倡廉，营造了风清气正的政治生态。陈行甲在一次省委理论学习中心组学习会上的发言中强调"做一个有信仰的人，我感觉活得才有力量；做一个干净的人，我感觉活得很轻松；做一个有爱的人，我感觉活得很幸福；做一个心存敬畏的人，我感觉活得才踏实"。结合陈行甲的发言，我谈一谈个人的一些体会和心得，与大家共勉。

做一个有信仰的人，让生活更有力量

第一，把工作当成事业，生活才会更有力量。担任基层干部，特别是基层领导干部，我们不能简单地把工作当成谋生手段，而是要当成事业。这样，我们干工作才会有情怀。陈行甲说道："县委书记就是党在一个地方的形象代言人，头顶三尺有党性，县委书记是干部群众精神的灯塔、行动的坐标、道德的尺度。"作为乡镇党委书记，我扪心自问，没有简单地把党委书记的工作当成谋生的手段。乡镇党委书记也许只是个人重要的驿站，乡镇却是乡村干部人生永远的舞台和故乡。如果我们仅仅把工作当成谋生的手段，当成获取工资待遇最简单的岗位，我们的工作就不会有进步、不会有激情、不会有动力。乡镇干部不论在哪个岗位上，心中都要有信仰。只有心中有信仰，行动才会有力量；只有心中有信仰，才能增强理想信念，增强发展的信心。现在不要我们像革命烈士那样抛头颅、洒热血，也不要我们像焦裕禄、孔繁森那样在艰难困苦的条件下开展工作，但放眼当前，我们的身边并不缺少楷模，我们的支部书记队伍里不乏有情怀的同志，我们的机关干部队伍里不乏面临退休却依然在兢兢业业工作的同志，我们的志愿者、协会会长队伍里不乏不计报酬，把乡村民生事业当成毕生追求和事业的先进楷模和标杆，他们值得我们学习。

第二，把家庭视为责任，生活才会更有力量。我们组建家庭既是营造一个港湾，又是找到一个依托，相互依靠，更重要的是，我们要主动承担家庭责任。我们有个别同志，毫无家庭责任感，对孩子的教育和管理撒手不理，工资任性挥霍，用在吃喝玩乐上，不愿将钱用来养家糊口，还有不少"啃老族"在父母的庇护下，不愿意承担家庭责任，永远是一个长不大的"巨婴"。作为乡镇党委书记，我愿意把每一名镇村干部看成我们家庭成员的一分子，希望每一名镇村干部能自力更生、自强不息，成为父母的骄傲、配偶的依靠、子女的表率。如果我们连自己都做不好，何谈管理好家庭、培养好孩子。所以，我一直要求所有领导班子成员，必须履行党风廉政主体责任。我也对所有乡镇干部谈话敲警钟，强调如果因聚众赌博被刑事拘留，就要失去工作；如果达到醉驾标准，必将被起诉，被起诉的后果就是被判刑，公职人员被判刑必定会被开除公职。我为什么反复跟大家强调家庭责任？如果说你连家庭责任都没有，何谈社会责任和工作责任？我们羡慕其他家庭的孩子，亲子关系、学习成绩俱佳，虽然学习能力存在基因遗传，但都离不开父母和师长潜移默化的影响。

第三，把人生理解为奋斗和奉献，生活才会更有力量。人终其一生真正值得留恋、珍惜的，我认为是时间、过程和情感。所谓的位子、票子、房子，其实并不是我们真正拥有的财富，人的一生本质上是个租赁的过程，到了一定的时间要还回去的。时间和过程如何把握？我认为，人生要有奋斗的理想和奉献的精神，波澜壮阔的奋斗过程才会让你的人生变得更加精彩。只有奉献，你的精神世界才会更加强大，更有意义。我希望大家一起耕耘乡镇，永远保持激扬的奋斗姿态，让奉献的精神氛围越来越浓，能够更好地发扬传承下去。我们协会的陈命桂、陈桂先、郭燕辉等会长，他们不计报酬，舍弃原来的工作和事业，全身心投入志愿服务，这就是奋斗，这就是奉献。我们不仅要向书上的典型学习，向历史人物学习，更要向身边的典型学习。只要大家真正具备奋斗精神和奉献精神，遇到困难、问题和矛盾就不会退缩、回避。我们都要以奋斗者的姿态来多做一些事、做好一些事。

做一个干净的人，让生活更加轻松

第一，形象上要干净，生活才能更轻松。作为党员干部，如何维护自己的形象？一是要在乎自己的身份和别人的评价。乡镇干部走出去，总要让人民群众认为你是一名干部，并且像一名干部。我和大家掏心窝子地讲，我们机关工会每年都要就几个重要的节日开展慰问活动，很多熟人、朋友向我打招呼，希望我们购买他们的特产和消费券，但是我从来没有答应。因为那些特产与消费券或多或少不实用，价格相对虚高，我若是答应购买，虽然照顾了朋友的面子，但是损害了大家的利益。我反复向工会同事强调，尽量发超市卡，超市里有大家需要的日常生活用品，也无须照顾熟人和特殊关系户，最是心安理得。我拒绝了熟人和朋友的要求，原因在于我在乎大家对我的评价和看法，我不希望我们的干部认为，贺伟在党委书记的岗位利用手中的权力，讲面子和人情，不管大家的利益得失。我若答应了，哪怕一两个人讲，也觉得对不住自己。所以，但凡手中有一点权力，我们在做决策、说话时，要多想想自己的身份，多听听别人对自己的评价和看法。二是爱好一定不能太多。凡是出事的干部，基本上爱好既广泛又庸俗，比如唱歌、跳舞、打牌，可以说既爱粑粑又爱糖。一个人爱好多，就会浪费时间、耗费精力、花费金钱，难免结识一些不三不四的朋友。不是说反对大家有爱好，跑步、游泳、旅游、看书都是值得推荐的爱好。但爱好不宜过多，更不能够庸俗化。平时有时间，多陪伴一下孩子，在家里多看点书，在小区里多散下步，这样会让你形象更好、更干净。

第二，经济上要干净，生活才能更轻松。莫伸手，伸手必被抓。我刚刚讲了房子、票子都不是谁能永久拥有的财富，我们大家都是要离开这个世界的，即使有了很多钱也没用。当然我们乡镇基层干部都不是有很多钱的人，但是我们实实在在地讲，如果现在凭空掉100万、1000万元到我们头上，我们大部分人也还是住现在的房子、开同样档次的车，所以对金钱的追求要适可而止。大家一定不能染指几个事：一是不要合伙做工程项目，用职权谋取私利。同事们，你不要想着自己只是一个一般干部或者村干部，只要利用职务的便利谋取私利，哪怕你是一个协警、一个临聘人员，都是违纪违法的。二是不能够雁过拔毛，截留资金。前年我们就有村组干部私自把已故对象的社保存折放在自己手里领钱，这就是典型的雁过拔毛，截留惠民资金。或许有人觉得这不是一个事，或者觉得只要不事发就无关紧要，千万不要存这种侥幸心理，任何违纪违法行为，无论大小，都不可接受。三是不能收红包礼金。我在乡镇党委书记和乡镇长岗位上干了近十年时间，我反复和同志们强调不要给我送东西，也不要给其他领导、其他干部送东西。我今天如果收人家一条烟，大家觉得没事，下一次人家送5000元钱，我怎么拒绝？所以，不收礼绝对不是本人要端架子，要和同志们拉开距离，而是真真实实地保护自己，也是保护各位，并减轻大家的负担。以后我不在咱们这个乡镇工作了，还有镇干部、村干部愿意送我点土特产，愿意请我在他家吃餐便饭，那我由衷地感谢，那就是对我莫大的支持和鼓励。

第三，交友上要干净，生活才能更轻松。如果我们总是与那些吃吃喝喝、缺乏原则的朋友为伍，与那些阿谀奉承、不守规矩的人混在一起，那么我们又怎会干净做人、干净做事？有句古话说得好，"近朱者赤，近墨者黑"。社会就像一个大染缸，你选择与什么样的人交往，往往就决定了你将成为什么样的人。

上次我给几个年轻干部发了一条信息："最好的工作和感情，是能让你因为对方而越来越喜欢自己，并愿意为了对方，而不断提升自己。"因为在这个集体工作，我越来越喜欢自己，并且愿意为这个集体不断提升自己。这就像我们平时讲的琴瑟和鸣、比翼双飞一样，在婚姻和爱情中，你会因为对方很优秀，而越来越欣赏自己，并愿意为了对方来不断提升自我。我们跟什么样的人做朋友，在很大程度上决定了我们会有一条什么样的路，会有一个什么样的归宿和结果。

做一个有爱的人，让生活更加幸福

第一，要爱所在的地方和单位，生活才会更幸福。一般干部"挪窝"难，在一个地方和单位，很可能要待五年、十年，甚至工作到退休。所以，我们一定要让自己全身心投入地方发展中去，融入岗位职责中去。这样，我们才能在地方和单位里找到存在感，在工作中找到价值感，才能激发心中不断进取的动力。你越爱这个地方，越爱这个单位，你会越觉得你的付出有意义，觉得单位是你温暖的怀抱，是你内心深处最美好的存在；如果说你心中充满不满、愤懑，那你对这个单位、这个地方失望和不满会与日俱增，负面情绪会不断呈现在你的脸上，影响你的心态和状态，从而进入一种恶性循环。

第二，要爱身边的同事、朋友，生活才会更幸福。为什么我总是说，我们单位是一个大家庭？因为很多时候我们和单位的同事、镇上的朋友相处交流的时间比我们和家人还多，在攻坚克难的时候，需要同事、朋友支持，加一把劲；在获得成功的时候需要有同事、朋友共同分享喜悦；在迷茫无措的时候需要同事、朋友解疑释惑。同事、朋友之间要多理解、多包容、多支持，而不是横加指责，记恨在心。工作中的一些分歧，很多时候并没有对错之分，只是每个人立场不同、看法不同而已，要学会换位思考，更好地理解对方，很多问题会因此迎刃而解。

第三，要爱群众，生活才会更幸福。群众是我们的衣食父母，我们要服务好群众，把心贴近群众，把群众当成自己的亲人，而不是把群众当成完成任务的对象。如果只把群众当成工作对象，那就可能会变得麻木不仁，对群众的需求和感受视而不见。人的内心一定要柔软一点，再柔软一点。对群众"心软"一点，才能当好群众的贴心人，更好地为群众服务。群众到我们这里办事，同志们应该多点贴心、多些换位思考。我们都到交警队去交过罚款，去医院排过队，那时总希望有个熟人能帮忙指引我们。同样，到我们乡镇机关和村部来办事的群众何尝不是这种心理，他们来这里碰壁、在那里兜圈子，感到不愉快，最终会丧失对我们政府和干部的信任和信心。

做一个有敬畏的人，让生活更踏实

第一，要敬畏法律法规，生活才能更踏实。有个别镇村干部根本不知道什么是规矩，比如说，我们多次强调过汽车不能逆行进办公区，既发过通知，又在大会上说过，但前天有个村干部，开着面包车逆行进了办公区，这是典型的不敬畏规矩。我们是从事基层管理工作的人，如果自己都不敬畏交通安全规定，那怎么能管理好交通安全，怎么能教育引导好群众？我们农村有一句老话："小来偷针，大来偷金。"如果对一些小事你无所谓，对一些细节你不注意，那在大事上又怎么指望你有所作为呢？我们绝对不能只照别人不照自己，只许州官放火不许百姓点灯。打牌的问题、酒驾的问题，出了事不是我们能够承受得住的。如果你不讲规矩，对规矩没有敬畏之心，即使你自己心里踏实，我也替你感到不踏实；即使你自己心里踏实，你的家人也替你感到不踏实。

第二，要敬畏组织，生活才能更踏实。一是要严守政治纪律和组织纪律。在村级换届选举和"两代表一委员"推荐选举中，一定要贯彻落实组织意图，不要看见荣誉就上，看见困难就让。荣誉并非我们追求的唯一目标，党代表也好，政协委员也好，人大代表也好，在推荐的时候组织会统筹考虑。有些同志就跟我讲，当人大代表、政协委员能够更好地跟其他领导接触，更好地争资。我告诉他们，这话不无道理，但不当人大代表、政协委员，他们要争资一样可以争得到。你把自己各线的工作做到了极致，有特色、有亮点，自然会有领导知道你、关心你。你善待乡友，把乡友的积极性调动起来，即使不当人大代表、政协委员，也会有乡友在外面说你的好话，给你链接资源；你没被评为优秀共产党员，组织要提拔你的时候一样会看重你的能力和贡献。

二是理性看待个人的进退。对干部职权分工，大家都要端正态度。所有的职权分工都是一时的，不是哪个人永久拥有的。我们在这个岗位上时有这个岗位的职权，但这个权力是组织和人民给的。一旦不在这个岗位上，相应的职权也就没有了，因此，不要以为当个村干部就很了不起，不要觉得搞会计管项目是个吃香的岗位，也不要调整岗位了就心里不满，心生意见。镇村干部不但要做到、做好这一点，还要教育引导下面的党员明白受人尊重并不是因为有什么荣誉或在什么岗位。

第三，要敬畏权力，生活才能更踏实。我们从警示教育片中看到，那些出事的干部往往对权力缺乏应有的敬畏。他们独断专行，一手遮天，利用手中的项目和工程来套取资金，以为只有天知地知、你知我知，最终却难逃法网。我是发自内心地跟大家说，如果一个人十恶不赦、又懒又庸，他出事时没人替他惋惜。如果说是我们一些想做事、能做事的人，因为不敬畏权力、滥用权力而出事，那将是我们班子队伍的损失，是地方的损失，是我们共同事业的损失。我们镇的村支部书记个个都是精英，所以大家在做决策的时候，一定要敬畏权力，不能因为自己是"一把手"就想怎么弄就怎么弄。当然，敬畏权力并不意味着在决策时过分谨慎、束手束脚。在需要担当的时候，我们必须勇于承担责任。上级部门会理解并区分敢于担当与滥用权力之间的差别。但是，如果有人因为村里有人违法被拘留而来打招呼，或者有个项目工程的负责人也来打招呼，这是绝对不允许的。我个人非常反感这种行为。如果大家想要进步、想要做事，可以直接和我沟通。对于司法问题，我们要学会保护自己，不参与打招呼。今天它可能只是轻微的违法行为，只需治安处罚；一旦你打了招呼，就可能留下案底，甚至成为未来的隐患。我们关心群众，首先要教育群众。关心群众不是在他们违法之后滥用权力去说情、打招呼，而该在教育和预防上下功夫。

第四，要敬畏生命，生活才能更踏实。当前全市正以空前的力度和史上最严的标准整治交通安全。上面很重视，但下面似乎不够积极。我们要反思，为何在日常工作中对交通安全的重视不够？同志们是否算过这样一笔账：因交通事故死亡一人，就可能让一个家庭陷入困境，出一个问题少年和一个贫困户。那我们为什么宁可出事后拿更多的精力去善后，而不事前多进行劝导和宣传？我希望全体镇村干部重视交通安全，扎实开展交通文明劝导宣传。敬畏生命其实就是对自己负责。长沙县某经济发达乡镇 2020 年交通事故死亡 25 人，2021 年 1—3 月交通事故未死一人，这与他们全面跟进宣传教育手段密不可分。希望我们本着敬畏生命的立场，更扎实有效地推进工作。我们努力了、尽心了，即使不幸发生交通事故也不会内疚。

结合陈新甲同志的发言和乡镇的实际工作，我和大家分享我自己的这些体会。尽管我们不断进行理论学习、警示教育，并且以无数鲜活的案例作警示，但总有一些同志似乎难以被唤醒。这种人或缺乏自知之明，或心存侥幸，总有一些这样或那样的无所谓，直到面临严重后果，如身处监狱或病房，才开始深刻反思。我们常常在身体遭受极大痛苦时，才后悔平时没有多搞些体育锻炼，少喝些酒，培养更健康的生活方式。我始终担心，这种侥幸心理和缺乏自知之明会在不经意间占据我们的内心，影响我们的决策和行为。因此，我希望大家能够真正倾听这些教训，不仅仅是听，而是要内化于心、外化于行，朝着"自律即自由"的方向努力。

附录二 "不忘初心、牢记使命"，做有方向、有担当、有作为的共产党员

——在鹊山村讲的党课

最近我一直在思考，我们在做任何一件事的过程中，往往会逐渐明晰自己为什么要做这件事。例如，人们为什么会努力工作、努力赚钱？有人说，工作是为了赚钱，赚钱则是为了让物质生活更加优越。也有人认为，努力工作和赚钱是为了开创一番事业，实现人生的价值。还有的观点是，既为了赚钱过好日子，也为了实现人生价值，同时为社会创造就业和财富，为国家做出贡献。尽管我们的初衷往往会随着年龄的增加和人生阅历的增长而发生变化，但一个明确且积极的初衷，能够指引我们更有方向性地提升自我、努力奋斗。如果我们仅仅将努力工作视为一种养家糊口的手段，那么在工作或创业的过程中，可能就不会投入那么多的精力和情感，人生的事业也可能因此无法做得更大、走得更远。

党中央提出在全党范围内开展"不忘初心、牢记使命"主题教育，与我们日常生活中的许多事务其实遵循着相同的原则。我认为，党中央在全党开展"不忘初心、牢记使命"主题教育的原因主要有四点：一是用习近平新时代中国特色社会主义思

想武装全党的迫切需要，二是推进新时代党的建设的迫切需要，三是保持党同人民群众血肉联系的迫切需要，四是实现党的十九大确定的目标任务的迫切需要。

借这个机会，我跟同志们就"不忘初心、牢记使命"，做有方向、有担当、有作为的共产党员，分享七个方面的心得。

不忘初心，就要强化爱心

要有爱党、爱国、爱村的意识。就像一个子女如果不爱自己的父母，就无法发自内心地尊重父母、孝敬父母，也无法履行好作为子女的角色一样。作为子女，我们尊重并孝敬父母应当成为一种潜意识中的本能。同样，作为党员，我们应该有深厚的爱党、爱国、爱村的意识。对于已经有这种意识的党员，需要进一步强化这种情感，并将其广泛传播给更多的人；对于那些尚未形成这种意识的党员，通过"不忘初心、牢记使命"主题教育的学习、交流和探讨，逐步培养和建立起这种意识至关重要。

要有爱党、爱国、爱村的言行。作为子女，我们可能会面对父辈因时代和生活经历的不同而与我们产生的知识、年龄上的代沟，但这绝不应成为子女不尊重父母，更不能成为嫌弃父母的理由。同样，作为党员，我们在面对党、国家和村庄的问题时，应当持积极的态度提出批评和建议，全面而客观地看待问题，而不是无端指责，更不能因为一时的比较或者片面的信息，就盲目地认为国外的月亮比家乡的圆。我们共产党员一定要在党言党，在村言村，坚决反对那些散布负面情绪、损害党的形象和利益的行为。

要养成爱党、爱国、爱村的行为习惯。我们基层党员应该怎么努力呢？我认为，一是像对待自己的父母一样，在自己的子女面前树立尊重、孝敬、感恩父母的榜样，这样才能教育并影响好自己的孩子，让良好的家教家风得以传承。党员同样要以身作则，成为群众的楷模。许多家庭在教育孩子时遭遇困境，尽管道理已讲明，老师也已拜托，但孩子仍然我行我素。这往往缘于家长未能树立良好的榜样。试想，如果家长一回家就沉迷于手机，孩子怎能不沉迷于动画片？如果家长懒散地躺在沙发上，孩子又怎会勤奋自律？如果家长随意丢弃垃圾，孩子又怎会懂得环保？因此，共产党员应深刻意识到，正如家长在孩子面前须谨言慎行一样，自己也应时刻铭记党员身份，在普通群众中起到示范引领和带头表率作用。二是共产党员需要与村里的群众和支村两委干部紧密团结，这就像对父母表达关心与呵护一样，更多时候需要的是陪伴与交流。共产党员要通过实际行动团结群众，号召大家一起履行爱党、爱国、爱村的义务。

不忘初心，就要增强信心

要增强对党组织自我净化和领导能力的信心。虽然党内出现了一些腐败分子，暴露出一些不正常的个别现象，但我们必须始终坚信，党在不断地进行自我净化和革新。特别是党的十八大以来，党的要求越来越严格，治理力度越来越大。作为共产党员，我们一定要对组织有信心，对组织的领导能力有信心。在大成桥镇，我希望所有党员对大成桥镇党委、对我带领三万多名群众抓好工作、解决遗留问题、推动发展有信心。只有大家对镇党委有信心、对我有信心，我们才会更自信、更有底气，才会更努力去想办法。同样，我也希望在座的各位，一定要对支村两委、对陈剑同志有信心。

要增强对党员身份的信心。虽然在过去，一些党员的党员意识可能有所淡化，但是自党的十八大以来，情况发生了很大的改变。每位党员在任何场合都应牢记自己是一名光荣的共产党员，并以此为荣，保持身份自信。城郊街道有名党员84岁了，他在79岁时才加入梦寐以求的党组织。这表明，无论年龄大小，对党的忠诚和向往都是不变的。同样，习近平总书记近期接见的那位80多岁才入党的电影表演艺术家，也展现了对党员身份的崇高追求。这些例子深刻地告诉我们，党员身份在他们的内心深处被视为崇高和神圣的。我们的老党员不仅要向后代传承这种观念，更要不断强化这种自信，以党员的标准严格要求自己，无论在工作还是生活中，都要展现出共产党员的风采和担当。

要增强对本村振兴发展的信心。鹊山村是长沙市级乡村振兴示范村。大成桥镇马上要依托鹊山村，打造全国乡村治理示范乡镇，并申报全国特色小镇。鹊山村已经从全镇最贫困的村逐步转变为基础设施改善、产业聚集、群众信心增强的活力村庄，越来越多的人选择回乡创业，民风日益向好，这正是我们所期望的最佳发展趋势。只要各位引导全村群众对鹊山村的未来充满信心，就能够实现梦想有多大、舞台就有多大的愿景。过去，我们未曾想过一名支部书记能成为省党代表，未曾想过陈剑同志能提出鹊山产业发展集团化运营的构想，但现在这些已不再是遥不可及的梦想。事实证明，只要有方向、有信心，只要我们共同努力，一切皆有可能实现。

不忘初心，就要保持恒心

要有走好新长征之路的恒心。要将鹊山村的发展历程谱写成一部波澜壮阔的史诗，这不仅需要一代又一代人的不懈努力，也需要一个又一个项目的持续推进，还需要我们一名又一名党员引领群众为之奋斗和努力。

要有困难面前永不言弃的恒心。推动发展、解决问题必然会遇到一些困难和挫折，就如我们教育子女也会遇到一些挑战，小孩子有青春叛逆期，大人会有更年期，同样，一个村的发展肯定会遇到一些困难。共产党员、支村两委干部只要咬定目标，只要方向没错，在困难面前坚持走下去就一定能成功。保持革命的乐观主义，把困难想在前面，但更多的是看到乐观又有曙光的一面。支村两委在国土用地、基础设施建设上遇到了一些困难、一些小挫折不可怕，这是在大的政策转型时期的阵痛。我相信，国家的政策大力推进乡村振兴，围绕配套乡村振兴的一些政策都会落地生根，眼前的困难都会迎刃而解。作为经营主体，在生产经营中总会遇到困难，但我们一定要有恒心，既要不气馁更要不浮躁。组长和党员都想搞好组里的建设，调解邻里纠纷，即使在进展不顺利的时候，也绝对不要放弃，任何一把锁都能找到打开它的钥匙。

要有坚持立足本职发展自身的恒心。在座的各位不论年龄大小、身份职业，我们都应该坚信，在当前中国改革转型的大好时期，以及在以人民为中心的发展理念的大背景下，发展自身就是对社会发展做出的最大贡献。年轻人通过创业为社会注入活力是一种贡献，老同志参与环境卫生改善也是一种贡献，女性同志通过巾帼风采志愿服务队展现服务精神同样是一种贡献，甚至老同志照顾好孙辈，为家庭和社会的和谐稳定做出努力，也是一种宝贵的贡献。关键在于，我们不应因自己的职业、年龄或能力大小而放弃自我提升、自我努力、自我发光发热的机会。

不忘初心，就要痛下决心

要痛下刮骨疗毒、自我革新的决心。尽管党中央不断强化党的作风建设，我们却发现在基层党员中，包括大摆宴席等不良习惯仍然根深蒂固。镇村干部作为基层治理的关键力量，应该以身作则，在遵守生活纪律和财经纪律方面带头进行彻底转变。这种转变应当从内心觉醒开始，进而带动行为上的改变。

要痛下革除陋习倡树新风的决心。要坚决杜绝大操大办的歪风陋习。前段时间有人发信息给我说："你在大成桥镇这样推进移风易俗，他们还在一个同志家都吃了四趟酒了，这种行为严重影响社会风气，我们都受不了他。"尽管每个人都痛恨大操大办，但真正能下定决心坚决抵制的人寥寥无几。有些人可能能做到自己不操办，但难以做到不送人情。鹊山村作为湖南省文明村，到了痛下决心的时候了，我们要抓好带头示范作用。鹊山村发展到了一定程度，不仅要追求面上的干净整洁，更要追求内在的文明健康。原来在大成桥镇，有些地方的人只看谁的房子建得高些、哪家的围墙大些，都是相互攀比心理在作祟。一个人真正的品位和社会地位，不在于你开多好的车、建多高的房子，而在于精神世界强不强大，能否得到别人的认同与支持。

要痛下破旧立新、争先创优的决心。一是学生读书撤并学校的事要痛下决心。许多家长，包括陈剑书记在内，都认为鹊山村的人，在鹊山小学读书，是最理想、最好的状态。可能在座的大部分人也都有这种认识。但是我跟同志们说一个你们不知道的现实：在鹊山小学、成功塘小学、成功塘中学，就有体育老师教历史，英语老师教体育的现象。学生在学校读书是来受教育长知识的，是来养成良好生活习惯的，不是图路程近，来贪图安逸的，也不是鹊山有个学校就是有面子的事。所以我要痛下决心把鹊山和成功塘小学撤并，而且明年要拉出一部分资金在外面引进一批优秀的老师，提升教育质量。这件事党委政府不勉强，但我一定要把我的想法告诉在座的党员，告诉这三所学校的家长，贺书记把道理和想法跟你们说清，你们的小孩子还要在这里读书，那我也尽力了，但我断言在这里是不容易成长成才的。因为做任何事都是术业有专攻，一个班六个或八个学生，留得住好老师吗？即使有好老师，能不能尽心尽力？在座的各位心知肚明。我们小时候读个小学要走六公里路，冬天手脚冻得烂掉，打着手电筒去读书，也没看到身体不好，关键还是要接受良好教育。这件事，我希望党支部、在座的党员能够适当地统一思想，能够帮助本人把这个观点告诉你周边在这几所学校读书的学生和家长，要把学生送到大成桥镇小学、大成桥镇中学去读书。一个班四五十个学生，教语文的老师教语文，教数学的老师教数学，这样孩子才能读得好书。二是村务公开需要我们痛下决心进行整合。我们将拆除大成桥镇所有村的牌子，不再搞那些花花绿绿的形式，一年能省下好几万元。今后所有村都将使用一台电脑，就像银行取号机一样，村民在手机上就能查看所有信息，村里将专门培养一名年轻干部来操作此事。三是村级发展要痛下决心。在一些重点铺排的必要设施建设中，要坚决做通一些群众的思想工作，该拆围墙的坚决拆，该兑土调田的坚决落实到位，一定要下定决心，勇往直前推进。

不忘初心，就要围绕中心

要紧紧围绕乡村治理和乡风文明。为什么呢？真正幸福的地方是那些家庭和睦、邻里相亲的地方。要营造文明乡风，就要从每个人、每个家庭做起。夫妻关系好了，婆媳关系顺了，父子关系通了，人们的心态自然会趋向平和，随之而来的是群众对干部和党员的看法更加积极。所以，要拜托群团组织更好地发挥作用，引导大家努力营造文明乡风。我们期待有一天，鹊山村能够实现自我管理，即使没有村干部，也能维持良好的秩序。那将是我们实现中国梦、鹊山梦的具体体现。

要紧紧围绕环境保护和生态优先的中心。无论鹊山村处于哪个历史阶段，无论发展水平如何，无论在鹊山的哪个角落、哪个项目，我们都必须坚决抵制那些可能污染环境、对子孙后代造成影响的行为。在座的各位都有责任和义务，对任何损害环境的行为进行叫停和纠正。鹊山村任何时候、任何角落都要践行环境保护、生态优先的理念。只有这样，若干年以后我们才不会走弯路，不会走回头路。这一条在陈剑书记的领导下现在做得很好，今后还要坚持，还要提升。

不忘初心，就要对标民心

要立足就业增收来对标民心。许多同志在推动项目时，往往将重点放在税收上，但我可能有所不同。我坚信，就业问题是中国面临的重要挑战。虽然项目能带来税收、让企业赢利是一个重要方面，但项目能否促进地方就业问题同样重要。红薯叶项目，虽然不能跟财政交一分钱税，但是能够安排不少人就业，我个人认为就是好项目。今后引进项目，我认为要把促进就业增收放在首位，这才是对标民心，对标老百姓的需求。

要立足弱势群体对标民心。在工作中，我们不能只看光鲜的一面，而对普通人的疾苦视而不见，要多做雪中送炭的事。大成桥镇虽然整体经济发展算中等偏上的地方，但是还有不少包括残疾人、困难户在内的弱势群体，陈剑书记对这一块非常有情怀。在座的各位，我们应当关心日常生活困难的人，哪怕给予一些言语上的关心和鼓励，这些对于他们来说可能都是极大的支持。在处理邻里之间的事务时，我们要多站在弱者的立场思考和发声，这就是关注弱势群体的体现。作为普通党员，关注弱势群体并不一定要送钱送物，更重要的是展现出一种关怀和支持的态度。

要立足群众认同来对标民心。我们做所有的事都不能想当然，而要考虑做这个事能不能得到大多数群众支持，能不能通过做这个事，把朋友搞得多多的，把反对的人搞得少少的，从而凝聚更多的人心和力量。现在很多时候存在"官不知民所想，民不知官所为"的信任壁垒，要通过每月搞一次义务大扫除和干部入户走访增进干部和群众的交流，干部要多到群众家中去，群众朴素地认为干部去自己家就是对自己的尊重。

不忘初心，就是要负责用心

要扎实做事，用心负责。不用心的话，再聪明的头脑都做不好工作。就如同每个人买了新房子后都能把家里装修搞得很好。为什么都搞得好？因为用心。自己不懂的，会请人画图，会到邻居家参观学习，会在现场琢磨。抓工作只要有自己家搞装修的这种心态，就一定能成功。

要立足全局，用心谋划。大成桥镇乡风怎么转变，每天要在头脑中思考；美丽乡村产业规划，今后两三年的路怎么走，村干部要一起谋划。放眼鹊山，支村两委要积极申报项目，推进乡村建设和产业发展；广大党员要建言献策，为规划整村蓝图想办法、出主意。

要立足细微，用心钻研。细节决定成败，很多事情要靠我们用心去钻，靠在会上喊是行不通的。负责每一项具体工作的同志，都要立足本职不断钻研，把握细节，力争把每一项工作做到极致，做成品牌。

鹊山是我家，发展靠大家。我是鹊山人，我为鹊山好。你的样子就是鹊山的样子，你怎么样，鹊山就怎么样，你是什么，鹊山就是什么。希望大家"不忘初心、牢记使命"，做有方向、有担当、有作为的共产党员，一起努力实现鹊山梦。

附录三　我是儒安人，我为儒安好

——在儒安组屋场夜话会的讲话

儒安组的各位父老乡亲：

大家晚上好！

刚才到儒安组时，看到群众在跳广场舞，笑容满面，还主动和干部打招呼，我感觉大伙儿没有在贺伟和陈梦良的领导下生活在水深火热之中，深感欣慰。同时感受到我们大成桥镇干部和群众之间的关系越来越亲密与和谐，这是个非常好的趋势。

大成桥镇154个村民小组，2020年我选择五个村民小组进行深入走访并召开户主会议。我为什么选择到儒安组来？主要是因为这里有两个人深深地感染和打动了我。一个是刚刚发言的陈桂先老师，他在教育岗位默默耕耘几十年，桃李满天下，退休以后更是把社会禁毒工作视为己任，一名老共产党员无私奉献的精神深深地打动了我。还有一个就是我们儒安组走出去的女儿杨青兰同志，她在宁乡的科局担任领导干部，低调、从不张扬，大家可能不晓得，她在外面工作的这些年一直关心家乡发展。包括她的爱人刘向华同志，一直默默地为大成桥镇的发展排忧解难，为家乡的基础设施建设筹措资金，包括在外面不同场合毫不吝啬地推介青泉社区，讲好大成桥镇人民的故事，传递大成桥镇的正能量，发挥了非常好的作用。

他们两位在我心中留下了深刻的印象，我觉得作为镇党委书记，应该到儒安组来和大家交流交流，把他们的奉献精神和心系家乡发展的情怀讲出来、宣传出来，鼓励更多的人向他们学习，也只有这样，儒安组和大成桥镇的社会风气才会越来越好。再加上前期我在儒安的走访，接触了我们不少户主，借这个机会跟大家谈一谈我对儒安组的整体评价，我感觉有三个好。

一是环境卫生好。走进我们儒安组，到处干干净净，没有白色垃圾，也没有焚烧垃圾的现象，至少90%群众屋里地坪扫得干干净净，这个环境卫生整体意识和整体情况得到了很大的提升和改变，为我们自己营造了良好的生活环境。

二是民风好。据我了解，全组基本没有大操大办的现象，能够响应镇党委政府和支村两委的号召，推进移风易俗。更难能可贵的是，儒安组基本没有违法犯罪的现象，对青少年、未成年人的教育和管理比较成功，尤其是在我们组没有我在其他一些村组了解到的那种子女不赡养老人的情况。

三是人心好。在儒安组走访的过程中，我感受到了陈桂先老师几十年如一日的敬业奉献精神，看到了欧阳洋同志在身体有一些不适的情况下，主动拿起劳动工具在路上搞卫生，李胜军夫妻在自己身体有残疾的情况下仍十多年如一日地照顾瘫痪在床的五保户叔叔。

这就是我认为的三个好。同时我也认为有两点不足，当然不一定准确。

在对儒安组的深入走访中，我注意到了两个需要我们共同关注和改进的问题。

一是开放不足。从儒安组的围墙就可以看出，大家习惯于把自己封闭在围墙里面。其实，广阔的农村邻里之间相互走动，开门就能看见绿水青山，是最宝贵的财富，而我们恰恰用围墙把视线和人与人之间的感情隔离了，尤其是一些围墙建在道路的转口处，不仅影响了交通，还埋下了安全隐患。

二是凝聚力不足。杨青兰告诉我儒安组的水泥路，是大家筹钱修起来的，当时凝聚了力量、汇聚了人心。但是我们修好水泥路以后，基本上没有再自发搞过美丽屋场和水利农田等乡村建设。我相信每一名群众都有把自己的家乡建设得更加美好的愿望，关键是缺少人来组织这支力量。所以我们很有必要在这个户主会上推选几名屋场召集人，拜托召集人经常组织大家来做一些集体公益活动。

借这个机会，我想把镇党委政府的一些决策部署和我个人的一些想法告诉在座的各位，与大家交流。概括来讲，那就是："我是儒安人，我为儒安好。"就这个主题，我想讲六个方面的想法和建议供大家参考。

要主动倡树孝老爱亲的家庭风尚

孝老爱亲是中华民族的传统美德。但是在大成桥镇，这种家庭感情在一定程度上在减退。

为什么这么讲？因为我在全镇每个村都进行了详细的调查。那天，我了解到一名70多岁的老人家，她有三个儿子，每年每个人打一百斤稻谷给她。我问她一年需要多少稻谷？她说包括喂鸡一年需要五六百斤。我问她，过生日、端午节、中秋节，儿子有没有拿点钱给她？她说没有，只有过年200元。我问她孙子孙女在外边有工作，有没有拿钱给她，她说也没有。听到后，我立马打电话给她孙女，说她在外边上班，一年省一件衣服的钱拿给奶奶不难吧？她有点不好意思地说回来就会给奶奶拿钱。了解这种情况后，我又在周围调查了几名老人家，基本的情况如出一辙。

我因此得出一个基本结论，在大成桥镇乃至更多的农村地区，能够父母要多少钱就给多少钱的不到10%，能够一年拿两三千元钱给父母的应该不超过50%，40%的人可能没有尽到子女赡养老人的义务。

我拜托大家一定要孝敬父母。我们每个人，都是为人子女，也都要为人父母，如果我们对父母是这种态度，那么我们辛辛苦苦培养出来的孩子未来也可能不孝顺我们。这样代际传承下去，民风怎么能好呢？我们培养的孩子也不会成为社会有用之才。

同时，我们在座各位做父母的，如果子女过年过节打电话来说，要回来陪父母吃顿饭，我们不要疼惜他们时间和精力不够，而要大方热情地欢迎他们回来。如果子女过年过节拿三四百元给我们，我们要愉快地接受，哪怕我们现在不用他们的钱。这是宣扬子女赡养父母的一种良好习惯和思维。如果子女关心我们，我们要当面表扬他们，要在周围邻居面前宣传他们，把自己子女的孝顺告诉周围的邻居，让更多的人来学习，让我们的孙辈来向他们学习，这样地方的风气和传承才能够越来越好。

要教育好我们自己的小孩子。教育子女，要从小开始，等到八岁、十岁就有点晚了。为什么有的孩子教育得好，有些孩子教育得不好？这是有原因的。

前段时间，我在大成桥村走访一名吸毒人员家庭。他爷爷告诉我："贺书记，我家里没有钱，但孙子每天要吃十元的零食，不买就打滚耍赖。"我告诉他，我的小孩儿一个月都没吃十元零食，就是因为我从小就教育她，不能吃零食就不能吃，不论她怎么哭闹都没有用。前段时间，我家两岁多的孩子在看动画片时，又哭又闹，不允许她姐姐一起看。第一次我没出声，第二次姐姐不让着她，她就撒泼打滚，第三次还是这样，我就狠狠地教训了她几下，并且电视也不准她看。我母亲想当和事佬，我对我母亲讲，你现在怕她哭，同情她，她长大了胡作非为可能就会急得你哭。我们对孩子的教育，既要有父母的爱，也要有师傅一样的严厉。

我们陈老师刚刚讲了，有些孩子吸毒、不务正业、不做事，就是因为从小娇生惯养，没有哪个孩子生出来就是不听话的。这是第一个方面，我们要倡树这种孝老爱亲的良好家风，希望在座的每一位，都要重视起来。家庭是我们社会最基础的单元，每一个家庭都搞好了，社会就没有违法犯罪，就没有吸毒，就没有邻里纠纷，就没有这些是是非非。

要痛下决心革除乡村陋习

有些陋习，我们儒安组可能有，也可能没有，但是今天，我都要跟大家讲一讲。

一是赌博买码的陋习。十赌九输。我们还有一些麻将馆的老板很无聊，来了两个人，就给第三个人打电话："这里只差一条腿了，你凑一条咯。"来了第三个人，就打第四个人的电话，让一些本来那会儿不想打麻将的人都不好意思，丢了手中的活儿来到麻将桌上。还有一些女同志，带着孩子天天打牌，乌烟瘴气，男人工作回来没有饭吃。还曾经有老人带孙子，因为打牌忽视了责任，孙子摔到塘里淹死了。打牌既影响家庭和睦，又影响经济收入，还影响下一代成长，所以说，不管是赌博还是买码，我们都要尽量远离。

二是大操大办的陋习。刚才陈老师也说了，大家应该也有这个感受，原来我们一个老人逝世，少则用六万元，多则用八万元，甚至十万元。队里如果有一人去世，那上上下下都去帮忙，一个家庭去一个，搞三四天，甚至一些在宁乡、长沙上班的，碍于情面，都要请假回来帮忙。我们这里的人情开支，一个家庭应该每年超过一万元了。通过移风易俗，一起丧事能够节约三五万元，全镇一年有 400 人去世，那一共能节约多少钱？ 2000 万元！如果一个家庭，36 岁、周岁生日宴不做了，搬家宴也不做了，邻里之间不上人情了，只去亲戚的红白喜事，一个家庭每年少则节约 5000 元，多则节约 10000 元。全镇 10000 个家庭，每年可以节约多少钱？一亿元！很多时候，我们都说没钱，孝敬父母没钱，搞建设没钱，小孩子读书没钱，但是我们把大笔的钱花在了无谓的人情礼金方面。

永盛村有一个屋场，村里为了群众出行方便，安装了十几盏路灯，但路灯需要用电，得交电费。前段时间，村支部书记到屋场召开会议，号召党员每人出100元，群众每人出50元，把这些钱集中放在组长手里交电费，遭到大家一致反对。最后，村支部书记发脾气了，说："你们这样没钱那样没钱，张三家做36岁生日，你送150元的礼，没看见你说没钱。李四家里娶媳妇你去上人情，没看见你说没钱。你们上人情有钱，打牌有钱，但凑钱搞公益建设就说没钱。"很多人平时赡养父母没钱，给父母办丧事却用六万、八万元。如果平时每年给父母2000元可以给多少年？30年！前段时间，成功塘村有个人，父母在世的时候不好好赡养，去世了却花费八九万元办了三四天丧事。邻舍个个在背地里指责议论他，但非常遗憾的是，在他虐待父母的时候，在他准备大操大办丧礼的时候，都没有人出来说真话，都不愿意得罪人，都当好好先生。

现在镇党委政府发出移风易俗的号召和倡议，希望我们儒安组的各位父老乡亲主动响应。我们不要想双凫铺镇、益阳市没有推行，为什么只有我们大成桥镇这样搞。这是一件好事，是减轻大家的负担，每年万元左右的人情钱，我们挪到别处，可以做好很多事情。大家绝不要想着，我曾经送了人情出去，也要搞一次收回来。如果你搞了这一回，那么明年别人办红白喜事、办36岁生日宴……你就非去不可，人情永远没有斩断的时候了。鹊山村前段时间有人逝世了，家人在丧事中收了每户

120元的人情费，但不办宴席请吃饭了。后来，为了响应镇里的号召，他们退了80元，收了40元。对此，我跟他们说："你们一尺都来了还要争这一寸，一户收40元，100户也就4000元，以后组里其他人有事你得去，150元一次，4000元搞不了30次。与其这样，你不如在搞白喜事的时候贴张白纸：'感恩悼念，谢绝礼金。'搞红喜事的时候贴张红纸：'感谢祝贺，谢绝礼金。'这样多好啊。"我们有结婚的就打个电话道个喜，有白喜事的就烧点纸钱鞠躬慰问一下，这样邻里关系轻松了，人情负担减轻了，也不是不讲感情、没有体面。这其实是一个认知问题，我希望通过今天这么一讲，我们儒安组的人能够幡然醒悟、坚决落实。

三是建围墙的陋习。今后大成桥镇建房，首先单独一个地方绝对不允许再建房。我们前面大路边的一片农田里建的三四个房子就是我们这里的一道败笔。其次绝对不允许建围墙，无论房子是在山里还是在山外，如果是在路边上，更不允许，因为围墙非常影响出入车辆的视线。再说，现在我们建围墙有什么用？第一，现在地方上没有小偷，大家不用担心东西被偷了去，到处都有天网；第二，我们喂养的鸡，基本上都圈养起来了，很少有鸡还在菜园里走；第三，我们小时候，可能还去摘别人家的黄瓜，掰别人家的玉米，现在基本上没人来摘黄瓜、掰玉米了。要是哪个小孩子真的拿走我们的黄瓜、玉米，那也无所谓，就这么大点损失。我们天天住的家，一堵墙封着，看不见阳光，看不到风景，对我们自己的身体健康也不好。可以说，这围墙是有百害而无一利，所以有围墙的要逐步拆除，没有的今后也不要建了。大家就不要当土豪，如果想搞，就搞点绿化，搞点绿篱替代围墙。

另外，我们还有一些载孩子骑摩托车逆行的，不戴头盔的，到处讲人坏话的，大家要慢慢地改进。

要齐心协力建设美丽整洁的家园

我们刚才选拔的召集人，最重要的一个职责，就是组织大家搞义务劳动，把我们这个地方打扫得干干净净、清清爽爽。大家看下，路边的草如果两三个月没人修理，就会倒在路上占去三四十厘米，覆盖路面百分之二三十；还有路边的树如果没人修剪，就会长到路上来，把车剐坏。

这个事情要解决，容易吗？容易。要一个人去搞容易吗？不容易。儒安组的路边由一个人去搞，一天两天搞不完，但是只要有人号召，比如说我们在这里跳完广场舞以后，牵头的同志拿着话筒和大家讲："明天星期六，除了跳广场舞的同志，还包括在家里的老同志和放假的学生，七点半集合，带好锄头、扫把、铁锹，把我们儒安组的杂草清理一下。"只要有人号召，容易吗？容易。半个小时就可以把这里清理得干干净净，而且打扫卫生的过程就是一个交流的过程，是一个增进感情的过程，是一个培养子女养成良好习惯、培养奉献精神的过程。关键是要有人来牵头，要有人来组织。

所以我们今天选的这三位召集人，拜托你们今后多组织一些有益的活动。昨天我在大成桥村玉河八组走访了一圈后，在组里的微信群里说:"我今天做通了你们隔壁组另一户人家的思想工作,要他把围墙拆了,方便两个组的出行,你们明天组织人去拆,然后把路边上的草搞干净。"那户自愿拆围墙的人家有位党员,在做她的思想工作时,我说:"你是党员,今天我党委书记到你家来,有个事情跟你打商量。你这里砌的围墙应该也花了些成本,原来是防小偷,但现在基本不要防了。我开车出来从你这里转弯,看不到路对面,生怕被对面的车撞了。我在想,你这个转角每天这么多人和车进出,万一哪个人被车撞伤了、撞死了,一是你心里应该会过意不去,心想要是没有这个围墙可能不会出这个事;二是血淋淋的场面对你的屋场都是一个破坏,你睡在床上会有好多天想起这场面睡不着。所以我觉得你家这个围墙可能拆了好一点。这样,自己心里没压力,邻舍也安全。"她就说:"要得,听贺书记的。"当即我在群里和玉河八组的组长反馈了这个情况。他们第二天一早就组织起来,最开始是七八个人,后面又来了十几个,还有女同志主动泡了茶、买来西瓜。我们儒安组群众的积极性应该比玉河八组还要高,关键是要有人组织起来。城里的别墅为什么值钱?就是因为它周围的环境好。我们在农村盖一座好一点的别墅,如果周围的道路坑坑洼洼、杂草丛生、垃圾遍地,是不是还不如环境好一点地方的平房呢?所以,每个人都有责任想一想,能不能把节约出来的办丧事的钱、上人情的钱,搞美丽屋场建设。

2019年我在大成桥村玉河八组开了一个会,我只是跟他们开了一个玩笑,我说我开车的技术不好,你们进来的路太窄了,我想多来几次都怕翻到田里去,你们能不能凑钱把路基搞好。

当时群众就响应，按300元/人、1000元/车来筹资，还有些群众把嫁出去的女儿都算一户，立马凑了七八万元。他们把路基搞好，我在外面找支持，搞来混凝土把路修好了。有两根电线柱子影响视线的，也把它移了。美丽乡村建设也好，其他建设也好，都是一个认识的问题。

为什么玉河八组嫁出去的女儿会出钱？我跟大家讲个故事。我曾经在煤炭坝工作的时候，搞美丽屋场建设，大家的积极性非常高。其中一个老奶奶，她说她家没有儿子，但她绝对会支持，而且不能落后，于是当即给大女儿打电话说："组里搞美丽屋场建设，要筹10万元，我们家虽然没儿子，但在地方上要讲得起话，你跟你其他两个姐妹商量，把你逢年过节给我的钱，按十年的一次性捐到组里搞美丽屋场建设。"事后我问老人家为什么这样做呢？老人家说："女儿每个人拿一二千元给我，我也没地方花销，别人也不知道我的女儿女婿有没有出息，对我好不好。这样把钱捐给组里，大家都知道我女儿有出息，我女婿看得岳母娘屋里重，多好！"这是煤炭坝镇一个村搞美丽屋场建设，三个女儿家每家出了两万元的故事。

玉河八组在修这条路的时候，有一名贫困户户主叫任国强，家里七口人。组里不要他筹钱，他都筹了2100元，最后，他又额外加了1000元，拜托组里在他家前面的一方池塘那里加个护坡，把门前路例外修宽一点。他家是建档立卡的贫困户，同志们可以去调查，老婆中风瘫痪在床，他都主动捐了3000多元钱。菁华铺镇陈家桥村的每个美丽屋场群众筹资均超过50万元。所以咱们儒安组今天开了会，大家好好商量一下，如果在座的各位，有筹资投劳的决心，又愿意拆除围墙，那我代表镇党委政府表个态，大家筹了多少资我就帮大家到外面去讨多少资回来，投入组里搞建设。同时我也代表从儒安组出去的乡友杨青兰同志表个态，组上筹了多少资，她就尽一切努力争多少资回来。那就是个什么概念？大家能够筹 10 万元，就能搞 30 万元的建设；大家能够筹 20 万元，就能搞 60 万元的建设。如果我们筹得 10 万元、15 万元，儒安组就可以全部装上路灯，主干道全部沥青化，路边还可以搞点绿化，那这个地方瞬间就提升了档次。我也跟大家讲，我到大成桥镇当党委书记，2019年主要是整顿民风、解决遗留问题，2020 年主要是把面上的一些措施铺开，那 2021 年就是拿"补药"给大家吃。哪个地方群众基础好、积极性高，"补药"就往哪里投。同志们决心有多大，政府的支持就有多大。哪个地方如果路烂了找村里、圳堵住了找村里，自己却不出一个工、不筹一分钱，那即使你把12345 热线打烂、政府的门敲烂，我贺伟和镇党委政府的态度也非常鲜明，群众不出力的，哪怕你天天走烂路，哪怕你田里天天进不得水，政府也不支持搞建设。

咱们儒安组的未来还会越来越好。前面这条路，我是有想法全部要铺沥青的，万一 2020 年没有实现，2021 年肯定会要落实到位。2020 年我们的第一步是把所有的沥青路铺到村，2021 年我们优先考虑那些积极性高的屋场、能到外面去争资和动员群众的支部书记，帮他们把沥青路铺好，把太阳能路灯装起来。咱们儒安组至少也有两百来口人，我们如果能够定个基数，300 块钱一个人，千把块钱一台车，应该能筹到五六万元，对那些家庭条件比较好的村民、乡友，还可以鼓励他们多支持一些，相信还是有人愿意出的。我们的陈桂先老师就讲，按户算的话，我家嫁出去的女儿和户口在外的儿子，可以算三户来筹资。所以，大家要看到这是一个机会，地方上的建设和家庭的发展如出一辙，只有抓住机遇，才会走到别人的前面，如果只是坐等，那这个地方永远还是老样子。

人人自觉推进平安建设

第一，抓禁毒工作。大家别小看了毒品，现在的新型毒品几十种，吸毒现象呈现低龄化、未成年化的趋势，一些刚初中毕业甚至还在读初中的孩子就开始吸毒了。毒品对家庭和社会构成严重危害，一个家庭有一个人吸毒，这个家庭基本上就毁了；一个屋场有一个人吸毒，可能会在周边带两三个"徒弟"出来，这个屋场也有可能毁了。毒品的危害是毁灭性的，它不仅造成生理上的依赖，更可怕的是心理上的依赖，即"心瘾"。就像喝酒一样，我们今天晚上喝醉了；到第二天早上头痛，自己骂自己怎么这么蠢，喝这么多酒做什么，明天再也不喝了；到第三天身体恢复了，有人一起哄又开始喝，等喝得胆水都吐出来了，到隔天又自己骂自己。酒尚且这么难戒，吸毒更是难上加难，只要人没脱离吸毒的那个圈子，就很难戒掉。我们一定要跟子女讲清楚毒品的极端危险性，告诫他们一旦沾染毒瘾，就很难戒除，必须坚决远离。除此之外，如果我们发现身边有疑似吸毒的，一定不要碍于情面不闻不问，一定要及时向陈桂先老师、派出所报告。哪怕搞错了，也是出于保护大家的安全考虑。毒品问题最终会影响到每个人，他今天在家里吸毒可能只有他一个人吸毒，但稍不留神哪天带着你的儿子孙子也去吸了，事不关己高高挂起最终会"城门失火，殃及池鱼"，所以我们每个人都有责任关注和参与禁毒工作。

第二，抓交通安全。重点讲两个事，一是拜托各位女同志，都买个摩托车头盔，每天嘱咐老公要戴头盔再出门，咱们自己骑摩托车也要养成戴头盔的习惯，头盔可以保命。我们接下来就准备买500个头盔到集镇的路上去发，凡是看见骑摩托车没戴头盔的，抓住教育一番再送个头盔。二是不管骑摩托车还是骑单车，一定不要抱着侥幸心理。我母亲有时在马路上是红灯也走出去，等着车来让她。我父亲有一次逆行被别人撞得鲜血直流，我们去了以后那个人就只问我们要赔多少钱，我说不用赔，是他自己逆行的责任，撞了这回看长不长记性。我们不要想着每个开车的人都是技术过关的人，都处于精神高度集中关注路况的状态。我们好多爷爷奶奶去接孙子的时候，骑着摩托车在宁横公路上横冲直撞。开车的有可能在打瞌睡，有可能在看手机，有可能是个技术不好的新手，你的侥幸心理有可能葬送一人甚至一个家庭的生命。

第三，倡导大家和谐相处。家庭成员之间也好，邻里之间也好，每个人都要学会换位思考。面对同样一件事，我们的立场不同，看法就往往不同。下了雨，种田的人讲春雨贵如油，行人却讲雨天路滑不好走。我在大成桥镇当党委书记，如果大家今天讲大成桥镇没搞得好，明天拿大成桥镇跟回龙铺镇去比，那我这个党委书记会越搞越不行；如果每天讲我搞得好，鼓励我继续加油，我就越搞越有劲。就像家里请了一个保姆一样，今天我们讲她孩子没带好，明天讲她地没拖干净，后天又讲她陈芝麻烂谷子的事，她越搞就越懈怠。但我们要是今天告诉她孩子要怎么带，明天告诉她地要怎么拖，她就会认真改进，对不对？所以，我们讲老公也好，讲子女也好，多一些包容，多一些鼓励，家庭就会越来越和睦。无论是老人也好，小孩也好，都爱听表扬的话，不爱听讽刺的话，不要拿自己的老公跟别人家的老公对比，不要拿自己的孩子去跟别人家的孩子对比，要善于发现他们身上的闪光点，要包容谦让，退一步海阔天空。

第四，化解纠纷和矛盾。前段时间梅鸣村发生了一件事，一块地本来是张三的，李四非说是他的，多次争吵。村里多次去调解，但在组里询问情况，没一个人作声，既不讲张三也不讲李四，村里也没办法，最后的调解结果是，只这么大的事，维持原状不去动。有一天，李四拿着工具到地里去钉个桩子，张三知道了就背把锄头去："我家的东西，讲了要你不动，村里也要你不动，你干什么？"李四起身拿着钉桩子的工具对着张三面前一划拉，没打到，张三看到李四动手了，也是一锄头上去，结果李四在医院里治疗费花了 19 万多元，最后还是不幸去世了。伤人者至少判刑十年。出了事以后，组里的人就说这块地本来是张三的，李四不该来钉，他们怎么不早出来说句公道话呢？后来，我到梅鸣村其他组去走访，在随意聊及这件事情的时候，好多群众跟我讲："贺书记，这种事一是不可能发生在咱们组，二是发生在咱们组上也不会打架更不会死人，我们这里五年之内，没一起吵架的，没一个做生日的，2019年还筹了87个工和5000多块钱，修了一口池塘，您去看看我们这里的家家户户，庭院都是整整洁洁的，还栽了很好的绿植。"那个组上还有一个83岁的老党员杨迪清，几十年来每天看新闻联播，用本子记下满满的一页，再给大家宣传党的动态和思想。你们觉得这样的地方还会出事吗？肯定不会。所以我们邻里之间出现了一些纠纷，碰到一些不讲道理的人，我们要及时地站出来做思想工作，做和事佬。

人人带头弘扬社会正能量

第一，要重视"功德银行"建设。尤其是在座的各位党员，如果你今年的积分没达到10分，党支部年底评议只能把你评为基本合格党员；如果你明年还没有积满10分，就会被评为不合格党员。党员评先评优要求积分超过30分。同志们不要小看了"功德银行"，今后你的亲戚朋友到你家里来不光看你房子漂不漂亮，屋里干不干净，"功德银行"也是一个很好的家风传承的证明。今后看人家、娶媳妇，对方的功德积分就是很好的依据。我们还在学校做了安排，每名学生都要拿着家里的"功德银行"存折到班主任那里去登记，如果张三、李四家有20分，你家里只有零分或者几分，那孩子在学校也会没面子。同时做了好事一定要登记，一是让你在做好事的过程中，找到成就感；二是你做了好事通过"功德银行"的积分，让你的子孙把这种精神传承下去；三是引导更多的人来做好事。所以说，我们今后谁参加了自愿献血，你就自己填一笔到村里去盖章；在组里参加了一次义务劳动，自己找个证明人填一笔到村里去盖章；为美丽屋场建设捐了300块钱，你也同样可以填一下到村里去盖章。这个"功德银行"是为同志们、为大成桥镇营造好的氛围，我们想出的一个措施。

第二，要传递正能量。首先，不发一些负面的东西。什么是负面的东西？两辆摩托车相撞，我们拍照、拍视频，发到网上说大成桥镇出车祸，伤亡了几个人；那边有人打架，我们又拍照、拍视频，发到网上说，大成桥镇发生打架斗殴事件，死伤几人。这些事我们看到了，但是要传到网上吗？假如你家里儿子和媳妇打架，你会拍个视频发出去吗？假如你孙子走路摔一跤，你会拍个视频发出去吗？所以，大家要把大成桥镇当成我们自己家一样，一些负面的东西不拍、不发、不讲。如果我们一年四季发些这样的东西，一来搞得地方上的士气低落；二来跟大家讲良心话，搞美丽屋场建设，假如大家自筹10万元，我贺伟也要去争取10万元，我去哪里争取呢？不就是打报告、找领导。如果领导看到我们大成桥镇今天牛斗架明天火烧山，讲到这个地方就没劲，那领导还会支持吗？不会！如果领导听说大成桥镇今天搞美丽屋场，明天又搞义务劳动，后天在搞自愿献血，每天欣欣向荣，民风越来越好，环境越来越好，群众的热情越来越高，领导们都愿意支持。同样的道理，假如你有五个儿女，手头有点余钱，这个儿子和媳妇每天喊娘喊得沁甜，回来就帮你做事，到他们要买房子时，你肯定会多掏点钱；那个儿子和媳妇天天对你横眉瞪眼，今天两夫妻吵一架，明天把娃打得哇哇叫，看你还会不会看好他那个家庭。其次，是刚才陈老师讲的民意调查。每年有多次民意调查，比如调查大成桥镇的禁毒宣传是不是到位、有没有赌博等不良现象，干部是不是深入基层。如果我们每个人都积极传播正能量，将大成桥镇干群的努力和所取得的成绩通过我们自己宣讲出去，那大成桥镇的声誉和形象就会不断提升。大成桥镇是个什么形象？大成桥镇的形象是由 35000 个大成桥镇村民共同塑造的。我们的样子、我们的态度、我们讲出来的话，就代表大成桥镇的形象。

第三，拜托大家理解支村两委和政府的工作。当前大成桥镇还面临着一些困难，尤其是我们青泉社区，原来煤矿开采期间就遗留了一些问题。自从陈梦良同志担任村支部书记后，我们青泉社区越来越好。因为陈书记和大家的努力，镇党委政府对青泉社区的工作给予了大力支持，我们的乡友们也团结一心，共同为社区的发展贡献力量。尽管如此，我们仍有许多工作尚未完成，所以请大家多一份理解和耐心，不要村里欠了你的钱，你就轻易起诉打官司；不要一点点事没有做好，就打 12345 热线。有些事我们能够解决的尽量解决，有些暂时不能解决的只能相互理解，用时间换空间，慢慢去解决。正如我们家里一样，儿子要在长沙市或宁乡市买套房，父母去支持似乎天经地义，但是如果现在真拿不出钱来也没办法。父母得了病，子女有责任、有义务拿钱给父母治病，但如果父母得的大病需要几十万元、百把万元治疗，子女硬拿也拿不出来，那也没有办法，只能够给予一些理解。

要充分发挥志愿者和屋场召集人的作用

当前摆在我们面前就有这样几个事，拜托我们组长和刚才推荐通过的三位召集人共同努力。

第一，我们的美丽屋场到底搞不搞，怎么搞？如果要搞，那就拿一个方案出来，明确哪些围墙要拆，哪些水泥路要拓宽，哪里要铺沥青路，哪里要装路灯。在这个基础上，要拿一个计划出来，预算要花多少钱，再来征求同志们的意见。你们自己能筹到三分之一的钱，我们就搞。要凑齐这三分之一的钱是多少钱一户还是多少钱一个人，也要明确标准。等这些方案都形成之后，我们这三个召集人和组长上门落实，统一思想，收到的钱不放到政府，也不放到村上，而是你们这几个人把钱管住。

第二，继续组织跳广场舞。拜托跳广场舞牵头的同志，不但要把我们儒安组的群众组织起来，还要把周围其他组的群众组织起来，形成一种健康向上的生活方式。

第三，继续组织义务劳动。我建议一个月或者两个月由三个屋场召集人组织在家的群众搞一次义务劳动，把路边的杂草和屋边堆积的东西处理一下。一个月或者两个月搞一次真的不难。一次搞半个小时、一个小时足矣，只要我们家家户户都来一个人。大家吃了饭去散步也要散，跳广场舞也要跳，搞半个小时、一个小时义务劳动，有什么压力、什么困难呢？没有！所以拜托我们三个屋场召集人把这件事组织好。

第四，加快推进移风易俗。今后我们组里再有准备做36周岁生日酒的，准备做周岁生日酒的，准备做搬家酒的，麻烦我们组长和屋场召集人第一时间就要把镇党委政府的要求以及贺书记今天讲的这些话，跟他们阐明，要把这个利害关系跟他们讲清。如果还劝不动，就要报告支村两委和镇里凝成文明劝导服务中心的同志，一定要把这个事情抓好，这是为了同志们好，可以减轻大家的负担和压力。如果工作做不通，那就大家一起来做。

我长期讲的两句话，一是场面不等于脸面。不要以为摆了八九十桌酒就是有脸面，别人虽然在你家种了人情，但背地里讲你家去年娘做了80岁酒、今年嫁女又办酒，做得有点多，各种埋怨。二是人情不等于感情。真正的感情是什么？有困难的时候鼎力相助一把。现在大成桥镇的干部都不相互送人情礼金了，镇里有村支部书记或其他干部的父母去世，我们都只去上香鞠躬，关系好点的陪一晚上。移风易俗的事是我到大成桥来必须抓好的一个事，邻里之间人情的移风易俗事关千家万户，人人都是受害者，人人都是被动的。所以，我拜托我们组的召集人一定要把这件事管定。

我在煤炭坝镇工作的时候，曾经有村干部跟我讲："贺镇长，我当这个村干部一年四五万元的收入，但人情礼金就要支出三四万元，您倡导的移风易俗搞得好，但是我不去给组长、不去给党员送点人情礼金，又觉得过意不去。哪天我送了人情礼金我主动告诉您，麻烦您在广播里点名批评我。您点名批评以后，我就有理由不去别人家送人情礼金了。"既然镇党委政府有号召，村里有要求，就请同志们自觉遵守，都是为了地方好，都是为了大家自己好。借这样一次机会，我啰啰唆唆就党委政府的一些决策部署和个人对农村工作的一些感受和体会，跟各位父老乡亲进行了这样一次交流。

最后，祝愿我们儒安组环境越来越好，民风越来越好，也祝愿在座的各位父老乡亲身体健康，家庭幸福！感谢大家！

后记　倾情五年　感恩惜别

人事有代谢，往来成古今。

转瞬间，我到大成桥镇工作已经五年有余。这不长不短的1900多个日夜，是我最难忘、最珍贵、最值得铭记的一段时光。在大成桥镇这片孕育希望的沃土上，我经历了难得的淬炼，取得了丰厚的成果。大成桥镇的大地和人民培育了我、成就了我。初入大成桥镇，我面临的皆是挑战和压力，曾让我惶恐、焦虑。深入大成桥镇，我感受到扑面而来期盼涅槃重生、破茧成蝶的美好愿望和工作动能，让我心潮澎湃。扎根大成桥镇，我收获的是满满的信任、浓浓的关心和成功的喜悦。

原本，我只想捧起一簇浪花，大成桥镇却给了我整个海洋。此时此刻，回想起那一张张熟悉的面孔，回首那一幕幕鲜活的往事，我百感交集。欣慰的是，我终于兑现了与大家共同奋斗五年时光的美好承诺。遗憾的是，我不能和大家一起把大成桥镇的事业继续推向前进，也难有常挂嘴边"大成桥镇只是我人生重要驿站"的云淡风轻和洒脱豪放。

永远难忘的是重情重义、可亲可敬的大成桥镇人民。在大成桥镇的五年，我走过了每一个村组，走访了上千户群众，在聊家常式的攀谈中熟知了这里的人文，读懂了这里人民的情谊。

在我一次次走访中放下心结，回归创业并积极投身志愿服务，每年都邀请我去他家小聚几次，过年还送给我肘子的友良大哥；因我的来访与倾听渐渐对镇村产生了真切认同，并以一面锦旗和一封情真意切的来信表达了对基层干部最诚挚情感的海燕嫂子一家人；从最初对基层政府抱有成见，频繁上访起诉到主动面对电视镜头说出心中感恩的谢芬女士；以一句"你是我在我们组上的屋场夜话会上认识的第一个乡镇领导"给了我极大肯定的青泉社区村民小组长陈凯；因我们请市委统战部领导帮助他推销滞销的橙子而对各级干部念念不忘的陈亚坤；年满60岁却义无反顾地回乡担任志愿者和村民组长的彭军辉；自身家庭困难却几次请我在家里吃饭、送我鳝鱼的杨望平；看见我路过就挽留我吃饭的曾福乾、陈跃飞、朱少山、许国全、徐章文等，还有总是对在外的子女念叨着"不搞点资金回来支持家乡建设就对不起贺书记"的大妈大叔，只要我们做了一点点事，他们总是以最朴实无华的方式给予最真诚的鼓励，即使我们做得不够，他们也给予理解和包容。

永远难忘的是心系家乡、倾心尽力的乡友乡贤。在大成桥镇工作期间，我结识了很多乡友乡贤。他们无论是在家乡创业，还是在外地打拼，都把大成桥镇当成永远的故乡。宁乡县驻京办原主任刘跃华"解甲归田"，把湘都生态农业公司当作孩子一样呵护，做成了全省知名的生态农业；黄玉辉、周德林、喻强斌、张建山等诸多在外工作的乡友，在家乡美丽屋场建设过程中慷慨解囊，动员一切资源支援家乡建设；体制内的乡友，时刻不忘对我们的指导和对家乡建设的支持，持续用心传播家乡好声音。他们始终关注家乡，全力支持家乡，与家乡息息相通，同向同行，令人感动和钦佩。

永远难忘的是无私奉献、播撒爱心的志愿者和屋场召集人。八个志愿社团组织从无到有，从萌芽到茁壮成长，发展了2000多名志愿者。扶贫帮困、爱心助学、义务巡防、纠纷调解、文明劝导、社会禁毒，哪里有需要，哪里就有志愿者服务的身影。因为他们的付出和努力，大成桥镇先后捧回了全国首批乡村治理示范乡镇、湖南省文明村镇、全国文明村的烫金牌匾，获评湖南省基层治理创新实验单位和长沙市新时代"枫桥经验"创新单位。大成桥镇"六化社团织密善治网络"治理工作经验入选全国乡村治理典型案例。大成桥镇乡村治理和平安建设工作经验被《人民日报》大篇幅报道，在全国宣传。陈命桂、陈桂先、郭燕辉、陈庆福、张伏强、周盈科、李海霞、杨思合、李均安等一串串闪光的名字就是大成桥镇大地最耀眼的明星。不久前，年过七旬的禁毒协会会长陈桂先老先生在我办公室交流时，说起相互鼓励、共同努力的五年点滴突然潸然泪下，让我也情不自禁地感伤。在美丽屋场建设过程中，陈国文、易合明、谢金华、许顺芳、颜海军、杨益知、袁四雷、胡四清等超过100个我能够说得出名字的屋场召集人，舍小家为大家，义务投工上百个，带动家乡美丽屋场的建设。易禄坤等老同志在自身家庭经济状况并不特别富裕的情况下捐资十多万元支持屋场建设。巾帼不让须眉的召集人欧才香、美丽屋场淬炼出来的"抖音大嫂"王凤玲用凡人小事诠释大成大爱。每一个美丽屋场都是一部可歌可泣的群众自力更生的奋斗史诗。

永远难忘的是敢打敢拼、善作善成的大成桥镇干部。大成桥镇干部有情怀、有能力、有担当，不怕苦、不服输。我深知，力量来自团结，成功在于团队。五年多来，三任镇长给了我巨大的信任和支持。铁强镇长虽然和我共事时间不长，但对初来乍到的我给予无私的支持和巨大的鼓励。伟军镇长与我亲如兄弟，我们两个脑袋思考、一个声调发声，大成桥镇的干部不需要琢磨书记的想法和镇长的决策，我们始终坚持了大事讲原则，小事相互尊重。我按照"多说话，少管事，只做主，不当家"的思维方式履职，正是伟军镇长务实工作、持续补台，才有了大成桥镇党政同台唱好戏的和谐篇章。尤其记得伟军镇长调离的当天，他联系的永盛村长盛组几十名群众带着母鸡、鸭蛋、腊肉、花生来送他，我在欢送会上故作淡定地读了一遍前一天晚上草拟的《致伟军镇长》，没想到自己在台上几度哽咽，台下同事啜泣一片。2023 年到任的尹翔镇长，不仅有能力、有视野，而且接地气，能够快速熟悉基层工作。他不但在工作上给予我巨大的支持和帮助，而且还因他的能干与担当，我差点成了"甩手掌柜"。五年多来，大成桥镇的班子成员给了我足够的尊重和巨大的支持。他们敢于担当，踏实做好本职工作，并且善于想事谋事，让我们共同撑起的大成桥镇有了发展的良好局面。大家带头落实联组服务群众，以身示范带领群众，烈日下推进项目建设，夜幕下召开屋场会议，值班日坚守在交通安全的执勤劝导岗位上。改任非领导职务的利军、德明、伏文三位同志义无反顾地支持我，他们退职不褪色，退职未离岗，协助我和镇长分管人居环境、农业农村、自然资源规划和村民建房等重要工作，不但乐意担当干事，而且敢于冲锋担责，让我时常默默感叹："干于大成，有此知己，夫复何求？"党委副书记郑小玲在大成桥镇的三年里，联系最复杂的村和网格，干着"挑腿"和"救火"的工作，从无怨言，始终如一。志光、跃文、湘锋、邓毅在包装策划项目方面眼光独到，主动作为，为大成桥镇的乡村建设和财政自主做出了巨大贡献，尽管在组织的关心下，他们已经或即将得到提拔，但为大成桥镇多思考一点、多奔走一点成为他们毕生的财富和技能。海兵兄弟一肩挑两担，被信访群众恶意诽谤却从不退缩。吕端大事不糊涂的可夫总是比我举重若轻，在关键时刻帮我支着、出主意。最让我感动的是利平同志，在我刚到大成桥镇时，在社会矛盾突出、信访量居高不下的情况下，陪着我在大成桥镇度过了半年的锤炼和三年多的考验，时至今日，我依然没有感谢你协助、支持我破解了多少信访难题，扭转了多么顽固的镇村干部作风问题，而是调侃作为大成桥镇纪委书记的你荣升了，竟然还有那么多机关干部和村干部请你吃饭。五年多来，大成桥镇的干部为了共同的信仰、共同的追求、共同的事业，始终想在一起、干在一起，一起担负责任、承受压力，一起殚精竭虑、并肩战斗。朱江、周杰等好几个从办公室主任岗位退下来的干部，又因为共同的追求重新走上办公室主任岗位，挑重担、付辛劳，不求任何回报。唐晓华、谢达明、胡赛兰、刘秀知、张龙山等三年内即将退休的老同志坚守工作岗位，一直到退休的那一天。因为你们的坚持，大成桥镇没有一名老同志和改非干部提前脱离岗位休养。刘畅、刘思博、周小林等同志勇挑重担，冲锋在前。李文、卜赫、王忆、刘国利、吴蓉等同志积极进取，追求天天有进步。李锡斌、王正伏、刘柳青、邓鹊桥、胡日珍等同志不是骨干胜似骨干，竭尽全力做好本职工作。八个村的支部书记因干事创业的激情和责任凝聚在一起，始终把工作当事业在经营，坚持民本民生为上、社会治理为基、乡村建设和产业发展为要，没日没夜奋斗在乡村一线，为工作付出巨大的努力，也承受了太多的压力，经历了无数的委屈和无奈。易仁杰、张国强在个人事业小成的关键时刻，舍小家为大家，毅然走上支部书记岗位，仅用3—5年干成了很多村10—20年也干不了的事业。陈梦良、王欣辉、刘猛、赖正武高度讲政治、顾大局，毅然接过发展基础较差村的支部书记的"接力棒"，从不叫苦，从不诉苦，顶着压力，扛过风雨，"厚着脸皮"争取资金项目，持续修复社会风气，终于让所在的村迎来雨后彩虹和焕然一新。陈剑、谢明勇于开拓创新、担当作为，不但将鹊山村、永盛村打造成全国的明星村，而且把自己的事业推向了村干部的高峰。荣退的村干部贺芝华、谭伏明等退休不褪色，始终为大成桥镇的事业出谋划策，身体力行。八个村（社区）在2020年换届的时候，新担任村干部的有28人，比例超过50%，因为老同志的风格和新同志的情怀，我们不但实现了换届平稳过渡，还做到了退的人退得口服心服，上的人上得顺顺当当。在这五年时间里，我们一起经历风雨、迎来彩虹，一起分享喜悦、收获成功。大家对事业的忠诚、对发展的执着、对工作的热忱、对胜利的渴望，时刻感动和激励着我，为我增添了砥砺前行的巨大勇气，提供了拼搏进取的强大动力，使我即便身处逆境，也绝不放弃、言败，使我即便遇到困难，也从不抱怨低头。

永远难忘的是默默支持帮助、持续指点鼓励我的各界朋友。武汉大学社会学院贺雪峰教授和他的团队，连续几年前来大成桥镇调研指导乡村治理工作，让我们在与顶级乡村治理专家的交流碰撞中获得方法、增强信心、激发灵感。中南大学公共管理学院许源源，湖南师范大学公共管理学院孙雯波，湘潭大学哲学与历史文化学院暨碧泉书院张今杰、林艳，农业农村部管理干部学院王俏、韩洁等专家持续给予我指导帮助，湖南省民政厅陈苏宁像师长一般指导我们推进基层治理创新实验项目，长沙市委宣传部副部长唐曙光专程调研指导大成桥镇移风易俗工作，亲自执笔进行宣传推介。各级发改、农业农村、财政、交通等部门的领导和朋友，给予了我巨大的支持和帮助，还有很多领导在旁人对我高调行事冷嘲热讽的时候，给予我坚定的支持和鼓励，是他们让我不断接受新知识，探索新方法，始终如一坚守本心做人做事，一切朝着只要有利于地方治理和发展就心无旁骛地大胆前行。

永远感恩的是一直关心和培养我的党组织和各位领导。在党组织的培养下，我从一个农村出身的中专生成长为主政一个乡镇的基层领导干部。我认为自己"大德常有，小节不拘，大错不犯，小错偶有"，在党组织持续的关心呵护下不断成长和前行，终于能够在理解和执行上级决策部署的基础上画一些图、做一点事、服务一方百姓。前后三位联镇市领导给了我巨大的指导关心和包容鼓励，他们是我放开手脚、奋勇拼搏、敢于斗争、敢于胜利的精神支撑和坚强后盾。特别是在党组织的关心下，大成桥镇这个过去十多年不怎么出干部的地方，在这五年多的时间里，先后提拔重用了十几名优秀干部。没有党组织的关心信任，就不会有大成桥镇干部的进步，更不会有大成桥镇干事创业氛围的形成。

惜别之际，我向一直以来关心支持帮助我的同事们、朋友们表示最诚挚的感谢并致以最崇高的敬意！丈夫非无泪，不洒离别间。原以为大成桥镇只是我工作过程重要的驿站之一，回首凝望，我才真实感觉到这方为之奉献的热土已成为内心深处最柔软的铭记，是为故乡。原以为大成桥镇的同事和群众只是我人生路上的战友和服务对象，深情品味，我才恍然感悟这群并肩奋斗的朋友必成为内心最深处的记挂，是为家人。

永远难忘的是昼夜兼程、风雨无阻的奋斗岁月，永远难忘的是相互扶持、并肩走过的希望之路。时间是最忠实的记录者，也是最客观的见证者。五载芳华，我与大成桥镇共同成长，和大家一起参与、见证、推动大成桥大地日新月异的变化和涅槃蝶变。

还记得，我们推行干部联组包户服务群众，根本性扭转了社情民意复杂、干群相互不信任的局面。2019 年 4 月 25 日，我们召开了第一次三级干部大会，主题为"党建＋服务群众、人居环境提升"。在那次会上，我们把全镇最执拗的 20 多名信访群众请到了会场，让他们坐到了第一排，会场出奇地静默，会风出奇地好，颠覆了所有参会人员的预判，也开始了我们修复干群关系的破冰之旅。服务群众要努力到无能为力，努力到感动自己。我们是这样说的，也是这样做的。接下来的日子，我们俯下身子倾听群众的声音，竭尽全力解决群众的合理诉求，要求干部示范带领群众每月一次义务大扫除，推行干部联组包户每月走访 10 户以上的群众，为他们提供贴心的服务，打破"民不知官所为，官不知民所想"的信任壁垒，最大限度地组织、动员群众参与家乡治理和发展。

还记得，我们开拓创新、大胆探索，使大成桥镇成功获评全国首批乡村治理示范镇。"支部扎桩、社团织网、三员共治"工作机制焕发出强大的治理动能，自治、法治、德治"三治融合"协同发力，以"三联""三破""三树"[①]为核心的工作措施深入推进，全面推动乡村治理走深走实。"功德银行"纪实积分、"三零"村民小组创建、屋场召集人制度制定、电子一张屏管到底、基础设施建设"三个三分之一"以奖代投、组账村代管等一系列创新改革在大成桥镇落地生根，不断彰显强大的治理生命力。这些创新举措不仅提升了治理效能，使大成桥镇获评湖南省基层治理创新实验单位，还让我在全省及全国的乡村治理推进大会上分享经验和做法，受邀参加两任长沙市委书记主持的基层干部座谈会做典型交流发言。2020 年 9 月 17 日，《人民日报》政治版报道大成桥镇的乡村治理和平安建设经验。2022 年，《新华社·高管信息 湖南》先后五次报道了大成桥镇的乡村振兴和改革创新工作。2022 年，长沙市委办公厅主办的

---

① "三联"指的是联系群众、联动治理、联合发展，强调与群众的紧密联系和多方协同治理；"三破"指的是破解难题、破除旧习、突破瓶颈，即解决乡村治理中的难点问题，改变不良习惯，以及在发展中寻求突破；"三树"指的是树立新风、树立典型、树立形象，即通过树立正面典型和良好形象来引导和激励村民。

《长沙要情》专题报道大成桥镇组织发动群众参与乡村建设，长沙市委政策研究室的《长沙调研》、长沙市委的《长沙通讯》也对大成桥镇的乡村治理工作进行了推荐。

还记得，我们抢抓机遇推进移风易俗。我们审时度势，利用疫情期间不聚集的有利时机，出台政策，果敢地关闭经营性麻将馆，引导群众弃馆从舞，以婚事新办、丧事简办、余事不办为方向在全镇推进移风易俗，在全省第一个实现了镇域范围无经营性麻将馆、婚丧以外无酒席、邻里之间无礼金往来的文明新风尚。2024年，《长沙通讯》、长沙市委组织部的《长沙组工通讯》、《思想政治研究》、红网新媒体栏目《观潮的螃蟹》等先后采写报道大成桥镇的移风易俗和基层治理工作。

还记得，我们依靠群众、发动群众，率先推进全域美丽屋场建设。"三个三分之一"的投入模式深入人心，屋场会是我们与群众沟通的最好平台，劳动现场是我们与群众连通的最好载体。2020年，16个美丽屋场悄然绽放。2021年，17个市级美丽屋场和8个镇级美丽屋场串珠成链，两次接受市领导调研观摩。2022年，我们又超前谋划、快速启动了近50个美丽屋场的拆违治乱和筹资投劳工作。2024年，启动永盛美丽屋场示范片和两个美丽屋场点建设，一年内全镇发动群众乡友筹资投劳完成近60公里改性沥青路建设，永盛村和鹊山村基本实现美丽屋场全域覆盖，成功塘村和青泉社区基本实现改性沥青公路通达每一个村民小组。美丽屋场等基础设施建设让群众得实惠，让乡友齐参与，让地方面貌和社会风气焕然一新。我们坚持生态优先，在过去"晴天一身灰，雨天一身泥"的基础条件下，与群众共建共管美丽家园，人居环境逐年改善，先后获评长沙市人居环境管理优秀乡镇和长沙市卫生乡镇。

还记得，我们不断改革探索，集体经济和特色产业不断发展壮大。我们乘农村综合性改革试点试验的东风，吸引更多有志之士返乡创业，产业主体数量以年均 20 个以上的速度增长，湘都、贪吃侠、尚果等一批优质产业项目不断发展壮大。面对采矿后带来的基础设施破损和遗留问题，我们积极争取项目资金，投入近亿元先后完成了花容公路、长煤公路、梅喻公路、成珊公路、金成公路、鹊山产业环线、成功塘环村公路、农业产业大道等近 200 公里的道路提质黑化；争取资金，解决了永盛村沉重的债务包袱，兑付群众期盼已久的应付资金；敢于担当，解决了泰成钢构、奔地圣等诸多遗留近十年的土地办证和资产盘活难题。

还记得，我们坚持人民安全至上，狠抓安全宣传和管理，打造社会治理崭新模式。三年时间，大成桥镇没有发生一起造成人员死亡的安全事故。交通事故造成的人员死亡由 2018 年14 人逐年减少到 12 人、7 人、3 人、2 人。少死亡一人就是守护至少两个家庭的平安幸福。五年时间，因为爱心人士的帮扶和志愿者的努力，没有新增一个吸毒人员（户口迁入除外）。

还记得，因为我们的努力付出和可喜成就，省市领导把关注的目光投向大成桥镇，调研的行程选在大成桥镇，省外、市外的同人把学习的目标对准大成桥镇，武汉大学中国乡村治理研究中心把调研的样本选在大成桥镇。我个人也因此受邀参加农业农村部管理干部学院举办的培训班做典型经验介绍，赴常德、岳阳、益阳，山西垣曲、吉林公主岭等市县的乡镇党委书记抓党建促乡村振兴培训班和市（县）委理论学习中心组上做经验交流介绍。大成桥镇因此每年吸引全国各地近百批次市县乡镇来考察调研，每一个团队的考察就为村集体和湘都带来超过20000元的收入。每一次接待和交流都是一次鼓舞，更是一次提升。

在荣誉和赞誉面前，我们始终心如磐石行如矢，一路泥泞一路歌，坚持改革创新，务实作为，不断谱写大成桥镇乡村治理和乡村振兴的崭新篇章。

这是一个创造奇迹的时代，也是一个易生焦虑的时代。我们身处基层一线、身处群众之中，亦是身处风口浪尖，常因各种困难而焦头烂额，常因各种挑战而绞尽脑汁，也不经意间被各种指标和考核裹挟。好在，我们从来没有忘记从何处来，为何出发。我们从来没有忘记我是谁，为了谁。回顾初心，擦拭梦想，我们一直走自己的路，与大成桥镇人民的美好期盼相向而行。

往事历历在目，一件件、一桩桩、一幕幕，像放电影一样在脑海中闪现。此时此刻，我由衷感谢市委的信任关怀，由衷感谢大成桥镇干部群众和志愿者的默默付出，由衷感谢大成桥镇人民的倾情奉献。

在大成桥镇工作期间，大成桥镇群众给予得太多，而我回报得太少。尤其遗憾的是，由于个人能力的局限，许多工作我还做得不够好，许多事情我还没有来得及做，一些战略性举措才刚刚起步，一些长远性规划才刚刚谋篇。特别是干部常态化学习提升起步太迟，全域美丽屋场的目标要实现还任重道远，长沙市乡村振兴示范镇与我们失之交臂，才找准路子的香芋产业规模还不够大，全域土地综合整治项目未能启动，集镇提质改造还有很大的空间。

尽管我们为群众做了一批好事实事，但不少群众"急难愁盼"的问题仍没有解决，安置区遗留问题还没有解决好，个别村村集体债务未能一次性解决。我相信，新的镇党委班子一定能迎难而上，一定能实现梦想。

我还要特别讲到的是，在担任大成桥镇党委书记的这几年，我因为工作要求高、工作节奏快，同事们跟着我吃了不少苦、受了不少委屈，而我对大家的关心远远不够，甚至还因为未能换位思考，盲目提要求、压担子，压痛了一些同志的筋骨，伤害了一些同志的情感。今天，也借此机会，向大家表示歉意，请大家多理解、多包涵。

基层是最好的舞台，也是最难的舞台。惜别之际，我有几句话送给最亲爱的战友和同事。一是工作再难，际遇再坎坷，我们也要始终怀着革命的乐观主义精神。如果我们乐观，世界终会向我们微笑；如果我们悲观沮丧，困难也会接踵而来。二是即使我们再优秀、平台再好，也要始终清醒地认识到这一切都是组织给的，不要误以为自己真的优秀到无以复加的地步。现实选择了我们，可能是我们恰好遇见了伯乐，也可能是机遇垂青于我们，并不是离开我们，地球就不转了，更不是组织或群众求着我们来干什么工作。我们可以在合适的时候选择洒脱地离开，但绝不应该在遇到困难时不合时宜地嚷嚷着"不干了"。三是大成桥镇的社情民意依然复杂，社会风气的治理永远在路上。我们始终要坚信，成就伟大事业必将经历伟大斗争，妥协不会有和平，更不会有和谐。四是把人民群众组织动员起来是基层工作制胜的法宝。如果我们一直把工作当成事业经营，请不要丢掉这个传统和法宝。五是要始终把群众需求作为工作的根本遵循，做到问需于民、问计于民、问效于民。群众盼望什么，我们就干什么；群众忧虑什么，我们就狠抓什么；群众缺少什么，我们就补充什么。我们应该顶住压力，拒绝污染环境的洗砂项目，千方百计引进有利于就业和集体经济增收的项目。六是要从长计议，不断强化基层组织建设。来年换届搭好每一个班子，换届后精心安排选好每一个组长、邻长。七是要严守作风纪律。我们可以为了工作而担当作为，甚至打点擦边球，做有创造力的执行者，但绝不能为了个人私利、贪图享受去违反作风建设要求，更不能把公家的钱揣进自己的口袋，只有无私才能无畏，也才能行稳致远！

沩水河畔，大成桥旁，我留下的是美好的记忆和难舍的乡愁。甲辰龙年，也是寡年，走得有点形单影只，走得有点猝不及防！我将离开我深深眷恋的大成桥镇，心中却有万般不舍。我相信，心若在，梦就在；情若在，缘就在；牵挂若在，守望就在。我将把对大成桥镇的美好情感和在大成桥镇汲取的奋进力量装进行囊、装进脑海，时刻温暖我心田、伴随我人生、引领我前行。

从此以后，我不再是大成桥镇的施工队长，但我永远是大成桥镇的啦啦队队员。大成桥镇作为我人生的重要驿站将就此定格，作为我人生的第二故乡将就此开启。我将时刻关心、爱护、守望大成桥镇，为大成桥镇和大成桥镇的同事、朋友取得的每一项成绩感到骄傲，发生的每一点变化而欣喜，推进的每一步发展而喝彩。

于 2024 年 5 月 31 日